KAJA ANDREA OTTO
Du bist die Antwort auf deine Fragen

arkana

KAJA ANDREA OTTO

DU BIST DIE ANTWORT AUF DEINE FRAGEN

Mit Ahnenarbeit zu
deiner kraftvollen Lebensvision

Sollte diese Publikation Links auf Webseiten Dritter enthalten, so übernehmen wir für deren Inhalte keine Haftung, da wir uns diese nicht zu eigen machen, sondern lediglich auf deren Stand zum Zeitpunkt der Erstveröffentlichung verweisen.

Die hier vorgestellten Informationen und Ratschläge sind nach bestem Wissen und Gewissen geprüft. Dennoch übernehmen Autor und Verlag keinerlei Haftung für Schäden irgendeiner Art, die sich direkt oder indirekt aus dem Gebrauch dieser Informationen, Tipps und Ratschläge ergeben. Im Zweifelsfall holen Sie bitte ärztlichen Rat ein.

Dieses Buch ist auch als E-Book erhältlich.

Penguin Random House Verlagsgruppe FSC® N001967

2. Auflage
Originalausgabe
© 2021 Arkana, München
in der Penguin Random House Verlagsgruppe GmbH,
Neumarkter Straße 28, 81673 München
Lektorat: Diane Zilliges
Umschlaggestaltung: ki 36 Editorial Design, München, Petra Schmidt
Covermotive: Illustration: © Daniela Hofner;
Hintergrund: © creativemarket
Satz: Satzwerk Huber, Germering
Druck und Bindung: CPI books GmbH, Leck
Printed in the Czech Republic
ISBN 978-3-442-34266-2

www.arkana-verlag.de

Besuchen Sie den Arkana Verlag im Netz

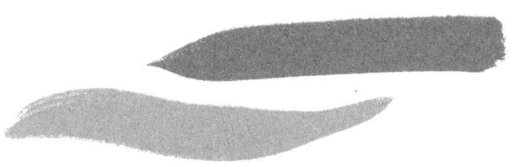

Inhalt

Aus der Kraft der Wurzeln hin zur Vision 7

1. Den Boden schaffen 13
Meine Begegnung mit den Ahnen 15
Wer sind unsere Ahnen? 25
Intergenerationales Wissen, Irrglaube & Trauma 32
Traumata und die Sicht der Welt 38

2. Aus den Wurzeln schöpfen 47
Die Basis der Ahnenarbeit 49
Mit den Ahnen in Kontakt sein 55
Mit der eigenen Linie in Kontakt gehen 72
Dein Ahnenteam entdecken 79
Die eigene Linie heilen und transformieren 97

Traumata 116
Die Linie heilen durch Integration 130
Das Ende der Linie 136
Ahnen an verschiedenen Orten und
in Kulturen ehren 139

3. Der starke Stamm 147
Das Sein als Essenz der Schöpfung 150
In die eigene Kraft als Frau kommen 159
Aus den Wurzeln Kraft schöpfen 164
Den eigenen Nordstern finden 171
Was willst du wirklich? 191
Die Macht der Worte 200
Feminine Visionsenergie 221
Im Geiste deiner Vision leben 225

4. Die Krone wachsen lassen 231
Sich die Krone aufsetzen 234
Der eigene Übergang 238
Weiblichkeit als politisches Statement 247

Quellenverzeichnis und Download-Link 252

Register 254

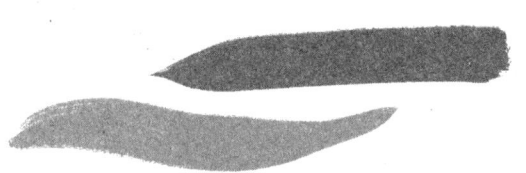

Aus der Kraft der Wurzeln hin zur Vision

Noch heute finden wir im Alltag Hinweise auf unsere Verbindung mit unseren Ahnen. Ausdrücke wie »ich ahne etwas« oder »ich habe eine Vorahnung« sind Bestandteil unserer Sprache. Zu Allerheiligen und Allerseelen kümmern wir uns um die Gräber der Verstorbenen, und mittlerweile feiern wir auch in unseren Breiten Halloween. Dahinter stecken uralte Traditionen aus vorchristlicher Zeit, die uns daran erinnern, dass unsere Ahnen auch in unserem Leben immer präsent sind.

Oftmals kreisen wir jedoch in unserer modernen westlichen Spiritualität um das mögliche Potenzial und um Visionen für die Zukunft. Wir versuchen, uns zu optimieren oder durch spirituelle Praktiken aus Fernost oder Südwest zur Erleuchtung zu kommen. Was wir dabei außer Acht lassen, ist die Tatsache, dass wir nicht dauerhaft kraftvoll voranschreiten können, ohne wirklich mit unserer eigenen Basis verbunden zu sein.

Der Kern ist dabei eben nicht die Erleuchtung »nach oben«, sondern die Verkörperung dessen, was wir sind. »Wir sind hier als das Resultat der Gebete unserer Ahnen«, heißt es bei den Lakota in Nordamerika. Zu erkennen, welches Potenzial in der Kraft derjenigen liegt, die vor uns kamen, und wie wir es im Hier und Jetzt nutzen können, ermöglicht uns, eine klare Vision von der Zukunft zu gestalten. Auf persönlicher, familiärer und gesellschaftlicher Ebene.

In diesem Buch begeben wir uns auf die Reise zu den Ahnen und unserem ursprünglichen Wissen um ihre Kraft. Denn jede und jeder von uns hat Vorfahren, und wir können lernen, sie um Unterstützung zu bitten und damit Heilung im Hier und Jetzt zu erzielen.

Dieses Buch ist mehr als eine klassische Anleitung für die Arbeit mit den Ahnen. Es zeigt dir, wie du die Ahnenarbeit dafür nutzen kannst, die Vergangenheit loszulassen, wirklich voll und ganz in der Gegenwart anzukommen und auf dieser Basis eine kraftvolle Vision für die Zukunft zu entwickeln. Denn solange die Energie unserer Ahnen unbewusst in uns und um uns herum fließt, solange wir ihre Muster ahnungslos wiederholen, solange wir ihre einschränkenden Gedanken durch unseren Kopf fließen lassen und meinen, es wären unsere, so lange können wir nicht wirklich voll und ganz präsent im Hier und Jetzt sein. In diesem Buch lernst du, wie du das, was dich zurückhält, gehen lassen und erlösen kannst. Du erkennst, wie du die positiven Einflüsse deiner Ahnen bewusst für dich nutzen kannst. Und du lernst, das Hemmende vom Förderlichen zu unterscheiden. Mit all dem kannst du in deine wahre Präsenz kommen und kraftvoll deine Zukunft gestalten.

Mit weiblichem Blick

Dieses Buch ist von mir – einer Frau – für Frauen geschrieben, was nicht heißt, dass Männer es nicht lesen dürfen. Denn ich selbst habe festgestellt, dass es in der klassischen Ahnenarbeit bisher keinen Ansatz gibt, der die Tatsache ehrt, dass wir als Frauen andere Erfahrungen und Lebenswelten in uns tragen als Männer. In all den Jahren, in denen ich mich mit Ahnenarbeit und ihren Effekten beschäftige, habe ich noch keinen Ansatz gefunden, der die weibliche Perspektive einnimmt. Dafür gibt es nun dieses Buch.

Neben der Basis der Ahnenarbeit und verschiedenen Zeremonien, die du für dich selbst durchführen kannst, werden wir uns auch dem Aspekt des kollektiven Erlebens von Frauen widmen. Das erlaubt es dir, aus gesellschaftlich geprägten Mustern auszubrechen und veraltete Denkstrukturen ein für alle Mal gehen zu lassen. Es ist eine Perspektive, die es schlussendlich auch mir selbst erlaubt hat, mich aus lange bestehenden Mustern zu befreien und endlich wirklich freie Entscheidungen zu treffen. Erst dieser Ansatz hat es mir ermöglicht, eine wirklich tragfähige und langfristig stimmige Vision für mein Leben zu entwickeln.

Noch heute erleben wir an allen Ecken und in unzähligen Momenten, dass Männer und Frauen eben nicht gleich behandelt werden und definitiv auch nicht die gleichen Erlebnisse teilen. Die #metoo-Debatte hat es deutlich gezeigt. Auch in meinem Umfeld gab es Männer, die erstaunt, geschockt oder betroffen waren von den beschriebenen Erlebnissen und es teilweise gar nicht glauben konnten, dass dies tagtäglich quasi vor ihrer Nase passiert. Diese Momente, in denen eine Frau einen Umweg nach Hause nimmt, weil dieser beleuchtet ist, in denen eine Frau die

Firmenfeier früher verlässt, da der Alkoholpegel der männlichen Kollegen steigt, in denen eine Frau mitten auf der Straße anzüglich angesprochen oder bewertet wird. Und auch wenn dieses Buch kein feministisches Manifest ist, so hat mir meine Arbeit in mehr als zehn Jahren deutlich gezeigt, dass in unserer DNA eben andere Erlebnisse abgespeichert sind als in der von Männern. Und es wurde deutlich, dass diese Informationen bei uns komplett anders aktiviert werden, eben weil wir Frauen sind. Aus diesem Grund widmet sich dieses Buch auch kollektiven Verhaltensweisen und Themen, die von unseren Ahninnen an uns weitergegeben wurden, die vielleicht noch in uns aktiv sind und unser Handeln im Hier und Jetzt beeinflussen. Und das oftmals sehr viel mehr, als es uns bewusst ist.

Zugleich widmet es sich den Erlebnissen, die wir auf individueller Ebene erfahren. Persönlichen Geschichten, die durch unsere Ahnenlinie weitergegeben wurden. Erfahrungen, die unsere Großmütter und deren Großmütter machten und die sie so sehr prägten, dass sie immer noch in unserem System existieren und aktiv sind. Dieses Buch zeigt dir, dass du entscheiden kannst, ob du deine Familie als Last oder als Kraftquelle ansehen willst.

Der (Stamm-)Baum

Die meisten von uns werden nicht gelernt haben, mit ihren Ahnen in Kontakt zu gehen. Sind sie gestorben, sind sie oftmals einfach verschwunden. Manchmal erinnern uns noch Bilder an sie, doch sie sind nicht mehr präsenter Bestandteil der Familie. Es ist fast so, als ob wir unsere Wurzeln gekappt hätten. Kollektiv und individuell. In diesem Buch aber werden wir unsere Wurzeln wieder lebendig werden lassen. Wir werden uns mit ihnen verbinden und dadurch Kraft und Klarheit erfahren. Denn nur wenn wir unsere Vergangenheit befreien, können wir wahrhaftig präsent in der Gegenwart sein. Und nur wenn wir wahrhaftig präsent in der Gegenwart sind, können wir aktiv unsere Zukunft kreieren. Nicht ohne Grund gibt es das Bild des Stammbaumes. Hat ein Baum starke und gesunde Wurzeln, kann er seine Krone weit in den Himmel richten. Das Gleiche gilt für uns: Ist unsere Verbindung zu unseren Wurzeln – unseren Ahnen – klar und kraftvoll, dann können wir voller Vitalität leben und unsere Visionen quasi krönen, indem wir sie in die Welt bringen.

Der Kontakt und die Arbeit mit unseren Ahnen erlaubt es uns, das Erbe von Traumata, Schmerz und Missbrauch, das zum Teil über Generationen weitergereicht wurde, zu transformieren und damit den positiven Fluss in der Familie wiederherzustellen. Durch die Heilung der Linie können wir im Hier und Jetzt Frieden und Freiheit erfahren. Wir können negative und destruktive familiäre Muster in Segen transformieren. Auf diesem Weg kann Gesundheit auf allen Ebenen entstehen, das Selbstwertgefühl gestärkt und eine klare Vision entwickelt werden. Die Arbeit mit den Ahnen hat dabei nicht nur Auswirkungen auf uns persönlich, sondern auf unser ganzes Familiensystem. Und gleichzeitig kann durch Ahnenarbeit auch eine kulturelle Heilung herbeigeführt werden. Für uns und die nächsten sieben Generationen.

Das Buch gibt dir nicht zuletzt auch Einblicke in meine persönlichen Erlebnisse und meinen Weg mit den Ahnen. Wir schauen uns die verschiedenen Qualitäten von Ahnen und Ahnenverbindungen an, und ich leite dich zu praktischen Übungen und Zeremonien an, die du eigenständig durchführen kannst. Die Grundvoraussetzung für all das bringt jede von uns mit: Wir alle haben Ahnen.

Ich habe dieses Buch geschrieben, da ich selbst erfahren habe, wie kraftvoll die Arbeit mit den Ahnen ist, und es täglich auch bei den Frauen, mit denen ich arbeite, erlebe. Für mich war die Verbindung mit meinen Ahnen der entscheidende Schritt in ein wirklich selbstbestimmtes Leben. Für dich wünsche ich mir, dass dir dieses Buch Klarheit und vor allem Freiheit bringt. Auf dass du das Leben gestalten und leben kannst, das du wirklich liebst. Für dich und all diejenigen, die nach dir kommen..

In Sisterhood
    KAJA

1

DEN BODEN SCHAFFEN

# 1. Den Boden schaffen

Wenn du an Ahnen denkst, wer oder was kommt dir in den Sinn? Nimm dir vielleicht jetzt gleich mal einen Moment, um deine Antwort auf diese Frage zu hören oder zu spüren. Wenn du an Ahnen denkst, was kannst du wahrnehmen, wer zeigt sich dir, welche Gedanken kreisen durch deinen Kopf?

Egal, was dir kommt, nimm dir gern ein paar Minuten Zeit und schreibe oder male es dir auf. Vielleicht sind es Namen und Worte, oder du hast das Bedürfnis, deinen Stammbaum zu zeichnen.

Es kann gut sein, dass die Bilder und Gedanken, die dir jetzt begegnet sind, im Laufe des Buches immer wieder auftauchen und dass sie sich lösen, verändern oder auch erklären werden. Lass zu, dass sie deinen Prozess begleiten und vertiefen, und lass dich überraschen, wohin deine Reise mit diesem Buch geht.

Für jede und jeden von uns sind Ahnen eine biologische und historische Tatsache, absolut unabhängig davon, was wir glauben, wie unsere Religion ist, welchen ethnischen Hintergrund wir haben oder welcher Kultur wir angehören. Jede von uns ist hier, da es Menschen vor uns gab, die uns in die Welt gebracht haben. Und am Anfang dieser Linie von einzelnen Menschen und Familien steht unser gemeinsamer Ursprung als Menschheit.

Was das genau für uns als Spezies und für jede und jeden Einzelnen von uns bedeutet, ist mir selbst auch erst vor einigen Jahren bewusst geworden. Und auch wenn wir uns in diesem Buch nicht der biologischen Ahnenforschung widmen, so bildet sie doch eine Basis für das, worum es hier geht. Die Arbeit mit den Ahnen dient uns als Instrument dafür, aktuelle Themen, Herausforderungen und Muster durch den Blick in die Vergangenheit zu lösen und zu transformieren, sodass wir frei unseren Weg in unsere bestmögliche Zukunft gehen können. Bis heute bin ich immer wieder fasziniert von der Kraft der Ahnenarbeit und der Bandbreite der Themen, die mit ihr verwoben ist. Und ich kann für mich selbst sagen, dass sich mein Leben in dem Moment spürbar verändert hat, in dem ich begonnen habe, mich bewusst meinen Ahnen und auch den Ahnen der Orte, an denen ich mich befinde, zuzuwenden.

Wie du aus diesen wenigen Zeilen schon herauslesen kannst, gibt es ganz unterschiedliche Arten von Ahnen, mit denen wir arbeiten und auch kooperieren können. »Unsere Ahnen«, das ist mehr als nur unsere unmittelbare Familie, die Generationen unserer physischen DNA, die sich durch die Zeit ziehen. Auch wenn wir uns persönlich nicht weiter zurückerinnern als an den Urgroßvater, hatte auch dieser Eltern, und diese entsprangen ebenfalls einer Linie von Ahnen. All dies vereint sich in uns. In unserer physischen DNA, aber auch in unserer spirituellen und emotionalen DNA. Lange war mir das Ausmaß der Bedeutung dieser Verbindungen nicht klar. Ich erkannte die Kraft und die Macht, die in der Ahnenarbeit liegt, als ich auf meiner persönlichen spirituellen Reise an einen Punkt kam, an dem ich das Gefühl hatte, dass ich mich im Kreis drehte.

Meine Begegnung mit den Ahnen

Über Jahre dachte ich, dass ich nur tief genug an und mit mir arbeiten müsse, und dann würde sich schon alles finden. Das ist schließlich auch die Botschaft, die in den meisten Selbsthilfebüchern der letzten zwanzig Jahre zu finden ist. Und ich glaubte sie. Ich vertraute der Weltsicht, die ich in den Büchern gedruckt vorfand und von der ich heute weiß, dass sie patriarchal geprägt ist und damit die Sicht auf die Dinge ziemlich eingeschränkt darstellt. Es ist eine Weltsicht, in der alles um uns als Individuum kreist und in der die Gemeinschaft als Ganzes ausgeblendet wird. Es ist eine Weltsicht, die uns entwurzelt, denn je mehr ich »Ich« denke, desto weniger realisiere ich, dass ich ein Teil von etwas Großem und Ganzem bin. Niemand von uns ist allein auf dieser Welt. Niemand ist eine Insel, die aus dem Nichts entstand. So wie jede Insel aus Mutter Erde entsteht, so ist jede und jeder Einzelne von einer Mutter getragen worden, vom Moment der Zeugung an. Genau genommen entstanden wir bereits in der Gebärmutter unserer Großmütter. Durch ihre Hüften wurden wir quasi das erste Mal geboren, das zweite Mal im Moment der Empfängnis im Bauch unserer Mutter und das magische dritte Mal, als wir schlussendlich den ersten tiefen Atemzug nahmen und das Licht der Welt erblickten. Als ich diese tiefe Verbindung das erste Mal klar vor mir sah, konnte ich endlich mit meiner Großmutter Frieden schließen, während ich gleichzeitig verstand, dass ich all das, was sie ab dem Zeitpunkt, von dem an sie mit meiner Mutter schwanger war, mit ihr miterlebt habe. Denn Fakt ist: Ein weiblicher Fötus wird mit all den Eizellen, die diese Frau jemals in ihrem Leben hat, geboren. Sobald unsere Großmutter mit unserer Mutter schwanger ist, ist daher in unserer Mutter bereits die Eizelle angelegt, aus der wir entstehen werden. Damit existiert ein Teil von uns schon in der Gebärmutter unserer Großmutter.

Impuls
Was fällt dir zu deiner Großmutter ein? Wie war euer Verhältnis? Was weißt du darüber, wie sie aufgewachsen ist? Kennst du ihre Lebensumstände, bevor sie die Mutter deiner Mutter und damit deine Großmutter wurde?

Ich selbst habe lange an mir herumgedoktert und versucht, ungünstige Muster und Verhaltensweisen zu lösen. Zum Teil erfolgreich, oftmals aber eben auch nicht wirklich nachhaltig. Ich habe irgendwann bemerkt, dass ich zwar bestimmte Themen im Hier und Jetzt gelöst hatte, doch weiterhin einige unpraktische Verhaltensweisen an den Tag legte. Ich ertappte mich in so manchen Situationen, in denen ich gegen meine innere Eingebung handelte und fast schon machtlos diesem Mechanismus erlag. Und das, obwohl ich es als Coach, Energy Worker und Healer doch eigentlich besser wissen und können musste. So dachte ich damals jedenfalls. Ich hatte all die Techniken und Einsichten, die Ausbildungen und das Wissen – doch was ich zu dem Zeitpunkt nicht hatte, war eine Verbindung zu meinen Ahnen und die Weisheit, die aus dieser Verbundenheit erwächst. Es war die Arbeit mit meinen Ahnen, die schlussendlich dazu führte, dass ich wirklich frei wurde und seither endlich ein Leben führen kann, das ich voll und ganz liebe und zu dem ich hundertprozentig Ja sagen kann. Für mich bedeutete dieser Weg eine vollkommen neue Sicht auf die Dinge, darauf, wie unsere Welt funktioniert und wie Energie wirkt.

Das Beispiel meiner Familie

Ich bin schon früh mit unterschiedlichen spirituellen Praktiken in Berührung gekommen. Meine Mutter bekam die Diagnose Schilddrüsenkrebs, als ich vier Jahre alt war, und beschloss, nicht auf die Schulmedizin zu hören, die ihr ein mehr oder weniger sicheres Ende diagnostizierte. Sie wollte einen Ausweg suchen. Und so begab sie sich in eine psychosomatische Klinik. Was sich heute relativ unspektakulär anhört, war damals ein ziemlich großer Schritt. Denn in den 1980er-Jahren waren das noch Orte, an denen »merkwürdige Dinge« geschahen und Menschen »megaemotional« mit ihren Themen umgingen. Zucken wir heute nicht mehr mit der Wimper, wenn es um Ausdruckstanz oder gemeinsames Weinen geht, so wirkte es damals auf den Großteil der Bevölkerung doch noch mehr als befremdlich.

Für mich blieb die Erinnerung an eine abwesende Mutter und eine Kindheit, die nach ihrer Rückkehr definitiv anders war als davor. Ich wuchs auf zwischen der akademischen Weltsicht meines Vaters und der spirituellen Weltentdeckung meiner Mutter. Ich besuchte meinen ersten Reiki-Kurs mit elf Jahren und hatte meine erste Rückführung mit vierzehn. Ich lernte von Avalon und meditierte im Stile des Zen-Buddhismus, ich frühstückte mit Medien und kochte mit Schamanen. Meine Freundinnen fanden meine Eltern immer ein wenig merkwürdig, und meine Kindheit war definitiv anders als die meiner Mitschüler.

So lernte ich in meiner Jugend, dass wir alle vergangene Leben haben und was Karma ist. Ich erfuhr, was es bedeutet, Besetzungen zu lösen und mit verlorenen Seelen zu kommunizieren. Ich half Seelen, die in der Zwischenwelt festhingen, ihren Weg ins Licht zu finden, ob es nun ein Schock oder Schuldgefühle waren, die sie am Weitergehen gehindert hatten. Und auch wenn ich mich quasi in der Welt derjenigen befand, die vorausgegangen waren beziehungsweise ihren Körper verlassen hatten, so brachte ich das Ganze irgendwie nicht mit meinen Ahnen in Verbindung. Lange Zeit waren meine Ahnen für mich meine Großmütter und meine Großväter, die schon verstorben waren, als ich das Licht der Welt erblickte. Erst später erfuhr ich von einer Urgroßmutter, die einen Blitzschlag überlebt hatte, von einer Großtante, die stärker als die Kinderlähmung war, von einer Ururgroßmutter, die Kindermädchen am Hof des Zaren war ... und dass ich mich mit all diesen Frauen verbinden kann, dass ihre Kraft durch mich fließt und dass ich die Energie meiner Ahninnen auch im Hier und Jetzt aktivieren kann.

Impuls
Wie weit zurück weißt du Bescheid über deine Familie? Welche »Legenden« wurden vielleicht immer erzählt, und welche Hinweise gab es auf Eigenarten einiger deiner Ahnen?

In der westlichen Spiritualität wollen wir häufig nichts anderes als nach vorn in die Zukunft und nach oben in die vermeintlich edlen geistigen Sphären. Wir vergessen, dass wir zunächst gut verwurzelt sein müssen, wenn wir einen solchen Weg beschreiten wollen. Während uns Techniken wie die Meditation nach oben verbinden und unsere Sinne noch feiner und freier machen sollen, ist die Arbeit mit den Ahnen die Verbindung mit unserer Basis. Es ist das Betreten und Bearbeiten des eigenen Nährbodens. Manchmal ist dieser Boden saftig, fruchtbar und nährend – so wie guter Mutterboden. Manchmal aber ist er steinig, ausgedörrt, trocken und staubig – er erscheint wie eine Wüste. Doch auch in der Wüste können wir Wasser und Nahrung finden – wir müssen nur herausfinden, wo und wie.

Ich habe auf meiner Reise bis heute gelernt, dass der wahre Kern der Spiritualität eben nicht die Erleuchtung und das »Oben« ist. Das Konzept der Erleuchtung und des ewigen Nach-oben-Strebens zu einem vermeintlichen Gott oder einem Ort, an dem alles besser ist, führt in den allermeisten Fällen dazu, dass wir zwar irgendwo dort, aber nicht hier sind. Wir sind nicht dort, wo das Leben spielt. Die wahre Kunst besteht darin, unsere Erkenntnisse und Erfahrungen auf die Erde zu bringen. Es gilt, eine Verkörperung dessen zu werden, was die vermeintliche Erleuchtung ist. Es gilt, ein wandelndes Gebet zu sein.

»Wir sind hier als das Resultat der Gebete unserer Ahnen«

2011 teilte Nathan Blindman, Minniconjou-Oglala-Lakota, Sohn von Unci Rita Long Visitor Holy Dance, diesen Satz mit mir. Wir spazierten gemeinsam durch den Teutoburger Wald nahe der Externsteine – einem der heiligsten Orte für die Menschen in dieser Gegend vor etwa eintausendzweihundert Jahren. Zusammen nahmen wir uns eine Pause von den Vorbereitungen eines Wochenendes, an dem seine Mutter und die Großmutter Marie Alice Campos Freire aus dem Amazonas-Regenwald in Brasilien ihre Weisheit teilen und Zeremonien abhalten würden. In der Unterhaltung mit Nathan wurde mir zum ersten Mal in vollem Umfang bewusst, was die Verbindung mit unseren Ahnen wirklich bedeutet. Bis heute bin ich Nathan tief dankbar dafür, dass er mir diesen Schatz geschenkt hat.

Als er ihn aussprach, schaute er mir tief in die Augen, und in diesem Moment, während ich barfuß im Teutoburger Wald stand, konnte ich zum ersten Mal spüren, welche Kraft durch meine Ahnenlinie und durch die Linien derjenigen fließt, die vor mir durch diesen Wald gewandert waren. Ich spürte die Energie all derjeniger, die im 8. Jahrhundert ihr Leben gegeben hatten, um ihr Heiligtum der Externsteine zu verteidigen und vor Karl dem

Großen zu schützen. Ich spürte ihre Liebe zu all denen, die nach ihnen kamen und für die sie in dem Kampf zogen. Ich spürte, wie diese Liebe von Generation zu Generation weitergegeben wurde. Wie sie sich in jeder neuen Generation manifestiert hatte – fast schon als verkörperte Zuversicht im Hinblick auf bessere Zeiten und eine lebenswerte Zukunft. Ich spürte, dass in der großen Schlacht im Teutoburger Wald nicht allein diese tapferen Männer und Frauen gekämpft hatten, sondern dass ihre Ahnen ihnen zur Seite standen. Ich spürte, wie auch die Weisheit derjeniger, die vor ihnen gelebt hatten, weitergegeben wurde und noch immer in diesen Wäldern existierte. Und ich spürte, wie ich Teil von derjenigen wurde, die durchströmt werden von der Liebe, der Weisheit und dem Wissen, die jeder erfahren darf, der seine Schritte auf dem Weg eines zukünftigen Ahnen macht.

Der Hintergrund, vor dem sich unser Spaziergang zutrug, ist nicht unwesentlich für unser Thema hier im Buch. Lass mich ihn kurz erzählen: Im Jahre 772 zerstörte Karl der Große die Heiligen Haine und die Irminsul, den heiligen Weltenbaum unserer Vorfahren in Deutschland. Im Jahr 782 wurden 4500 Menschen an einem Tag getötet, weil sie ihre Stammestraditionen beibehalten hatten und nicht der christlichen Lehre folgten. Nur drei Jahre später zerstörte und sprengte der christliche Kaiser Teile der heiligsten Stätte – die Externsteine. Widukind, der der weltliche und geistliche Führer der Menschen dort war, gab nach: Er zeigte sich bereit, sich taufen zu lassen, um sein Volk zu retten. Doch er wurde in einem Kloster eingesperrt, wo er hungers starb, und das Morden ging weiter. Die Menschen wollten ihr Land und ihre Spiritualität nicht aufgeben.

797, nach langen Kämpfen und aggressiven Missionstätigkeiten, wurden mehr als zehntausend Menschen umgesiedelt. Sie mussten das Land, auf dem sie geboren wurden, verlassen, um sich woanders niederzulassen. Im Jahre 802 existierten die Stämme nicht mehr. Ihr spirituelles Erbe überlebte nur im Verborgenen, ihre Traditionen wurden heimlich weitergegeben. Das alles geschah innerhalb von nur dreißig Jahren in einem Land, das wir heute Deutschland nennen. Der ehemalige heilige Ort ist heute ein Ort der Vergnügung, ein künstlicher See hält die Menschen davon ab, die heiligen Höhlen zu betreten, und ein ständig schreiender Lautsprecher zerstört die Stille und die Heiligkeit, die nach wie vor zu spüren wären. Ich gehe immer noch dorthin, mache meine Zeremonien und spreche meine Gebete. Und ich weiß, dass andere es auch tun. Ich tue es, weil mir bewusst ist, dass meine Vorfahren noch da sind. Aber ich sehe auch, dass wir alle noch immer unter dem, was damals geschehen ist, leiden, auch wenn wir uns nicht daran erinnern.

Mit all dem im Bewusstsein und dem Satz, den mir Nathan mitgegeben hatte, erkannte ich: Es war an der Zeit, mich intensiv mit den Ahnen auseinanderzusetzen. Ich hatte zuvor schon Familienaufstellungen gemacht und war selbst in dieser Arbeit ausgebildet, doch ich spürte, dass das hier tiefer gehen würde. In diesem Moment im Teutoburger Wald hatte ich einen kleinen Einblick in das Potenzial der Kraft derjenigen erhalten, die vor uns gingen. Und es fühlte sich für mich fast so an, als ob sie mich anschauten und sagten: »Auf geht's.«

Als Nathan mir tief in die Augen blickte, wusste ich, dass wir unsere Zukunft nur dann wirklich frei und in Frieden gestalten können, wenn wir uns unseren Wurzeln widmen. Nur mit starken Wurzeln können wir eine prächtige Krone bekommen. Ich erkannte, dass wir all das, was vor uns geschehen war, für uns nutzen können. Wir müssten nur verstehen, wie. Wir könnten eine große Klarheit im Hier und Jetzt erlangen und von dort aus eine wirklich kraftvolle und persönliche Vision von der Zukunft gestalten. Wie von selbst würden wir auf persönlicher, familiärer und gesellschaftlicher Ebene zu wirken beginnen.

Ahnen – zwischen dunklem Schicksal und heller Kraft

Die ersten Begegnungen mit meinen nicht mehr inkarnierten Ahnen hatten schon stattgefunden, als meine Mutter ihre Familiengeschichte aufzuarbeiten und mit mir zu teilen begann. Dabei ging es allerdings weniger um leichte, nette und angenehme Themen, sondern um die Bewältigung von schweren Themen und Traumata. Mir eröffnete sich eine ziemlich dunkle Vergangenheit, und ich hatte noch mehr das Gefühl, dass das Ideal der Rama-Familie – so wie ich sie aus der Fernsehwerbung kannte – in diesem Leben nicht erreichbar sein würde. Rückblickend kann ich sagen, dass ich meiner Mutter zutiefst dankbar dafür bin, dass sie begonnen hat, den Ahnenteppich zu lüften und darunter zu schauen. Mittlerweile weiß ich, wie viel Mut und Unerschrockenheit dazugehört, und ich habe durch die Reise meiner Mutter auch verstanden, wie groß die Widerstände dabei sein können. Denn eine Familie ist ein System. Wenn wir an einem Zahnrad drehen oder eine Schraube versetzen, dann wird das gesamte System aufgefordert, sich zu verändern. Und nicht immer ist das System damit einverstanden.

Jede von uns hat es mit Sicherheit schon mal erlebt: Wir haben eine fantastische Idee, wir wollen unser Leben ändern, wir planen beispielsweise den Umzug in eine andere Stadt oder ein anderes Land und sind total begeistert von dieser Idee. Es fühlt sich wie ein potenzieller Befreiungsschlag an – und dann schlägt die Familie zurück, bevor wir überhaupt so richtig anfangen. Es sind oft unsere engsten Familienmitglieder, die uns Katastrophenszenarien ausmalen, die uns all die schlimmen Dinge aufzählen, die passieren könnten, die uns unendliche Listen von Krankheiten auflisten oder einfach in Tränen ausbrechen und uns deswegen ein schlechtes Gewissen machen, weil wir unsere Wurzeln nicht mehr ehren würden. Kurzum: Das System bäumt sich auf und tut alles, um unseren Ausbruch zu verhindern. Denn die Identität der anderen baut darauf auf, dass die Dinge schon immer so waren, dass wir schon immer so waren, dass es in unserer Familie eben so ist, wie es ist. Wehe, da tanzt jemand aus der Reihe. Und wehe, sie hat ein buntes Kleid an, das im Wind weht, und ein breites Lächeln auf den Lippen, während sie es tut.

»Jedes System ist so krank wie die Summe seiner Geheimnisse«

So sehr ich mir als Kind auch zwischendurch wünschte, meine Mutter wäre normaler, würde Kuchen backen und das Haus dekorieren, so wie die anderen Mütter, so dankbar bin ich mittlerweile dafür, dass sie es nicht war. Durch die stetige und mutige Arbeit meiner Mutter hatte ich die exklusive Option, quasi aus der ersten Reihe zu beobachten und zu erfahren, was Ahnenarbeit heißt, wie sie funktioniert und welchen Effekt sie auf das komplette Familiensystem haben kann.

Denn in jeder Linie braucht es die eine mutige Frau (oder den einen mutigen Mann), die bereit ist, sich umzuschauen, die bereit ist, die unter den Teppich gekehrten Geheimnisse zu lüften und die ausgedienten Glaubenssätze auszumisten. Gleichzeitig lassen sich auf diesem Weg wunderbare Schätze entdecken und wahre Kraftreservoirs auftun, die uns fortan zur Verfügung stehen – wie meine Urgroßmutter, die den Blitzschlag überlebt hat.

Was durch unsere Ahnen durch uns fließt, ist eben so viel mehr als unsere Gene. Es sind ihre Erlebnisse, ihre Traumata und ihre erfüllten Träume, es sind die Glaubenssätze und Ideen davon, wie das Leben ist oder sein kann. Unsere Ahnen sind unsere Wurzeln. Und so wie sich ein Baum, dessen Wurzeln immer ausreichend Zugang zu klarem Wasser haben und der in fruchtbarem Mutterboden steht, wunderbar entfalten kann, so können auch wir bei optimalen Bedingungen hervorragend wachsen. Für die meisten von uns ist dies jedoch nicht automatisch der Fall. Doch die Arbeit mit unseren Ahnen kann dafür sorgen, dass ausgetrocknete Wurzeln wieder gewässert, dass gekappte Wurzeln wieder belebt werden und dass uns die dadurch in Bewegung kommende Lebensenergie und Kraft wieder zur Verfügung steht.

Wer sind unsere Ahnen?

Ich habe in der Arbeit an mir und in der Arbeit mit meinen Kundinnen festgestellt, dass unsere Ahnen mehr sind als nur all diejenigen, die vor uns gelebt haben. Natürlich gehören zu unseren Ahnen diejenigen, die dafür gesorgt haben, dass wir auf dieser Welt existieren. Es sind diejenigen, die Generation für Generation die Linie fortgeführt haben, an deren Ende wir stehen. Die Linie, die wir weitertragen beziehungsweise die durch unsere Geschwister, Neffen und Nichten weiter existiert. Ich unterscheide mittler-

1. Den Boden schaffen

weile nicht mehr zwischen inkarnierten oder exkarnierten Ahnen, sondern sehe die Energie, die durch die Linie läuft und die auch in mir wirkt.

Ahnen sind letztlich aber all diejenigen, die ihre Fußspuren auf dieser Erde hinterlassen haben, in denen wir gehen und aus denen heraus wir unsere eigenen Schritte machen können. Um jedoch wirklich eigene Schritte zu setzen, ist es essenziell zu erkennen, welche unserer Schrittfolgen tatsächlich unsere sind und welche wir nur von anderen übernommen haben. Natürlich ist nicht jede fremde Schrittfolge negativ, manche sind kraftvoll und erfüllt von Energie. Andere jedoch können uns immer wieder im Kreis herumschicken oder unserem Weg einen Drall verleihen, der uns nicht guttut. Erst wenn wir diese Schrittfolgen identifizieren, können wir unseren wahren eigenen Rhythmus finden und unseren eigenen Tanz tanzen.

Ich erinnere mich gut an das erste Mal, als ich dachte: Oh mein Gott, ich bin wie meine Mutter! Von den meisten Frauen weiß ich, dass dieser Gedanke nicht unbedingt ein positiver ist, sondern dass wir in so einem Moment meistens vor uns selbst erschrecken. Wir tun etwas, sagen etwas oder fühlen etwas, das sich nach unserer Mutter anfühlt. In dem Moment zerfällt die Illusion, dass wir vollkommen und total wir selbst sind. Auch jetzt können wir feststellen, wie viel von unseren Ahnen durch uns fließt.

Impuls
Kennst du auch diesen Moment oder vielleicht auch mehrere, in denen du denkst: »Oh, ich bin wie meine Mutter!« Wie geht es dir damit? Welche Eigenschaften fallen dir dabei besonders auf?

Unsere Mutter ist die erste Ebene von Ahnen, mit denen wir verbunden sind. Durch unsere Eltern öffnet sich ein unermesslicher Stammbaum für uns, aus dessen Wurzeln wir uns nähren. Hat dieser Baum starke und gesunde Wurzeln, kann er seine Krone weit in den Himmel ragen lassen. Sind die Wurzeln allerdings krank, verletzt oder abgeschnitten, dann spüren wir es durch Unsicherheiten, fehlende Kraft, mangelnde Klarheit oder durch eine ungesunde Lebensweise. In solchen Fällen lohnt es sich, einen genaueren Blick »unter die Erde« zu werfen und die eigenen Wurzeln genauer zu betrachten.

Wenn wir unseren Blick über die moderne westliche Weltsicht hinaus erweitern, dann finden wir unzählige Traditionen, in denen die Ahnen noch sehr präsent sind. Sie erhalten regelmäßige Gaben, es wird mit ihnen gefeiert, sie sind Teil des Alltags. Sie werden weiterhin als Familienmitglieder betrachtet – nur eben als diejenigen, die mittlerweile in einer anderen Form weiterleben. Es gibt Kulturen, in denen lebhaft mit den Ahnen kommuniziert wird, in denen sie aktiv um Rat gefragt werden und man sie in weitreichende Entscheidungen mit einbezieht.

Weltweit sprechen Schamanen, Medizinleute und weise Frauen von den sieben Generationen, die uns beeinflussen. Diese Perspektive geht davon aus, dass die sieben Generationen, die vor uns gingen, noch aktiv auf unser Leben einwirken und dass das, was sie erlebt haben, auch in unserem Leben zu spüren ist. In meinem Fall würde das bedeuten, dass ich noch die Energien meiner Vorfahren von vor über zweihundert Jahren in meinem System spüren würde. Und wenn ich kurz zurückrechne, bedeutet das, dass ich bis ungefähr in das Jahr 1780 zurückverbunden bin.

Als ich im Rahmen meiner Ahnenforschung recherchiert habe, was zu dieser Zeit in Deutschland passierte, bin ich auf das

Folgende gestoßen: Am 19. August 1738 fand der letzte Hexenprozess am Niederrhein statt, in dem die damals erst vierzehnjährige Helena Curtens sowie die dreifache Mutter Agnes Olmas wegen Hexerei auf dem Scheiterhaufen hingerichtet wurden. Knapp zwanzig Jahre später wurde Anna Schnidewind als Hexe hingerichtet, und die fünfzehnjährige Veronika Zeritschin wurde als Hexe verbrannt, nachdem sie geköpft worden war. All dies würde als kollektives Erleben noch durch meine Zellen laufen, wäre vielleicht sogar als ein Trauma präsent.

Die Epigenetik, die sich wissenschaftlich an das Thema Traumata und Ahnen wagt, hat mittlerweile festgestellt, dass die Proteine unserer DNA, die Traumata, Emotionen und daraus resultierende Glaubenssätze speichern, bis zu neunzehn Generationen lang wirksam sind. Wenn ich diese Rechnung aufmache, lande ich irgendwo zwischen 1410 und 1440 und damit in der Zeit des Römischen Reiches, dem Beginn des Geldhandels und den Anfängen der Hexenverfolgung.

Während meiner Arbeit mit den Ahnen habe ich die ursprünglich sieben Generationen deutlich erweitern können: Ich beziehe mittlerweile wirklich alle mit ein, die vor mir kamen. So gesehen gehören zu meinen – und damit auch zu deinen – Vorfahren der Blutlinie die Tausenden von Frauen und Männern, deren Geschichte zurück zu den ersten Menschen in Afrika führt. Zweihunderttausend Jahre vor unserer Zeitrechnung. Und auch wenn du adoptiert oder verwaist bist und nie erfährst, wer deine biologischen Eltern sind, sprechen deine Ahnen immer noch durch die DNA in jeder Zelle deines Körpers. Sie zeigen sich in deinen körperlichen Eigenschaften, deiner Gesundheit und vielen deiner Veranlagungen. Über deine Blutlinien hinaus kannst du außerdem jeden als Vorfahren beanspruchen, dessen Leben dich persönlich oder kulturell inspiriert hat. Diese Liste könnte die Groß- und Adoptivfamilie ebenso umfassen wie geliebte Freunde und Menschen, die dir besonders nahestanden. Beispielsweise die Tagesmutter, die dich über ein paar Jahre begleitet hat, oder der Sportlehrer, der wie ein zweiter Vater war.

Ahnentraditionen weltweit

Die meisten Menschen glauben an eine Art Jenseits oder die Kontinuität des Bewusstseins nach dem physischen Tod. Ich selbst gehe in diesem Buch davon aus, dass Energie nie verschwindet, sondern sich einfach wandelt. Damit ist auch die Energie unserer Ahnen nie verschwunden, sondern einfach in anderer Form weiterhin vorhanden.

Bis vor etwa fünftausend Jahren glaubten die Menschen überall auf der Welt daran, dass sie Kinder der Großen Göttin, der Mutter Erde, seien. Erkennbar war dies auch an der Art und Weise, wie sie sich begraben ließen: Die Embryohaltung sollte die Rückkehr zur Großen Mutter symbolisieren, und den Verstorbenen wurden Körner und Samen zur Seite gelegt, die den ewigen Kreislauf symbolisierten. Es wurde also davon ausgegangen, dass wir alle wiederkehren.

Erst mit den Pharaonen wurde die Beerdigung auf dem Rücken modern, gepaart mit der Idee, dass es das Himmelreich gebe, einen Ort, der fernab von der Erde existiere. Um an diesem Ort gut »leben« zu können, wurden die materiellen Grabbeigaben üppiger. Diese Trennung der Welten haben sämtliche monotheistischen und damit auch patriarchalen Religionen übernommen.

1. Den Boden schaffen

Bevor Karl der Große Europa um 770 christianisierte, glaubten die Menschen in Mittel- und Nordeuropa daran, dass es drei Welten gibt: unsere Welt, die Welt der Verstorbenen und die Welt der Götter. Jedoch war dies nicht, wie später im Christentum, mit »oben« und »unten« verbunden, sondern es waren Welten, die parallel nebeneinander und miteinander existierten. Erst mit dem Einzug des Christentums wurde die Welt der Verstorbenen, die als Hel bekannt war, zur Hölle uminterpretiert und das Konzept von »oben« und »unten« eingeführt – eine Trennung.

Hel oder auch Helheim, war ursprünglich die Welt von Frau Holle, die auch als Holla, die Waldfee, weiterhin im Volksmund erhalten blieb. Es war die Welt der Verstorbenen, wo niemand per se bestraft wurde, sondern in der es wie bei den Lebenden auch Regeln gab, an die man sich im Umgang miteinander halten musste. Frau Holle ist einer der Namen für die Große Mutter, die Göttin, in deren Schoß wir alle zurückkehren.

So ist der Glaube daran, dass unsere Ahnen weiter existieren und wir weiterhin mit ihnen in Kontakt sein können, über die Jahrtausende präsent und absolut natürlich gewesen. Erst mit dem Einzug des Christentums hat sich die Idee eines weit entfernten Ortes als Paradies oder Hölle durchgesetzt.

Wie bereits erwähnt finden wir noch heute in Traditionen weltweit einen lebendigen und natürlichen Umgang mit den Verstorbenen. So werden in asiatischen Ländern Opfergaben zu Ehren der Ahnen gemacht, die ihnen die Zeit versüßen sollen. In Mexiko treffen sich zum »Dia del Muertos« alle auf den Friedhöfen, sprechen mit den Verstorbenen, verspeisen deren Lieblingsgerichte und teilen Geschichten über die Ahnen mit den Kindern, damit sie lebendig bleiben. Auch bei uns gab es mit dem Fest Samhain einmal im Jahr den Anlass, um sich mit den Verstorbenen zu treffen. Es war traditionell das Fest am elften Neumond des Jahreskreises und den Verstorbenen, der Anderswelt und dem ungeborenen Leben gewidmet. Allein in dieser Kombination erkennt man die Idee des ewigen Wiederkehrens. Wir ehren all diejenigen, die gerade nicht in der physischen Welt sind. Es ist das Fest, das die dunkle Jahreszeit einläutet, in der Frau Holle ihre Schneedecke über die Erde ausbreitet und zur Innenschau einlädt. Es geht in die Ruhezeit, bevor es zu Imbolc (dem Fest des wiederkehrenden Lichtes) wieder mehr ins Außen geht. Zu Samhain haben sich unsere Vorfahren ihrer Wurzeln besonnen und sich mit den Ahnen verbunden, um gleichzeitig den Segen für das Neue zu erbitten.

Die Kirche legte dieses Mondfest im Jahre 835 auf den 1. November fest, und der Segen galt ab da nur noch für die Getauften. Noch heute sieht man bei uns den Rest der Tradition zu Allerheiligen, wenn wir die Gräber säubern und herrichten und Kerzen auf ihnen entzünden. Und zu Halloween am Abend davor, an dem wir uns abschreckend verkleiden, um die bösen Geister zu vertreiben, die zwischen den Welten hin und her ziehen.

Überall in der Welt finden sich solche Beispiele, die zeigen, dass unser Kontakt zu den Ahnen weiterhin lebendig ist. Der Glaube an und die Verbindung mit unseren Ahnen ist also ebenfalls Teil unserer spirituellen DNA. Und jede und jeder von uns kann diese Energie für sich und für uns alle wieder aktivieren.

Intergenerationales Wissen, Irrglaube & Trauma

Wir sind mit unseren Ahnen auf verschiedenen Ebenen verbunden. Zum einen über die offensichtlichste, die physische, dann über die emotionale und schließlich über die spirituelle. Jede dieser Ebenen hat ihren Einfluss darauf, wie wir in die Welt gehen und wie wir sie wahrnehmen und gestalten.

Die physische DNA

Die physische DNA zeigt sich in Bezug auf unsere Ahnen durch körperliche Merkmale und Angewohnheiten. Das können die roten Locken oder die braunen Augen sein, die wir von unseren Vorfahren haben, aber auch Krankheiten oder typische Ticks. Unsere physische DNA ist quasi der manifestierte Einfluss unserer Ahnen, es ist das, was uns zeigt: »Ja, wir sind eine Familie.« In meinem Fall waren es zum Beispiel die bernsteinfarbenen Augen meiner Mutter, die sich durch ihre Linie hindurchzogen. Interessanterweise kommt die väterliche Linie meiner Mutter, die diese Augen hat, aus Estland, wo 99 Prozent der Bevölkerung blaue Augen hat. Estland ist das Land mit dem höchsten Anteil Blauäugiger weltweit.

Ebenso markant waren die kräftigen Augenbrauen, die meine Mutter mir und meinem Bruder vererbt hat. Durch die uns mitgegebenen Merkmale erkennen uns die Menschen immer sofort als Geschwister.

Eine andere Ausprägung der physischen DNA können vererbte Krankheiten sein – beispielsweise ist es auf der Seite meines Vaters die Rotgrünblindheit, die mein Vater hat und die bei meinem Neffen auch auftritt. Für meinen Vater war es trotz des vermeintlichen Defekts immer ein Hinweis darauf, dass die beiden eine Familie sind. Man sagt ja auch: »Das hat er von mir.«

> **Impuls**
> Welche physischen Merkmale fallen dir ein, die dich und deine Familie verbinden? Welche Merkmale gibt es, die dich einzigartig machen oder vielleicht auch von deiner Familie unterscheiden?

Die emotionale DNA

Neben den physischen Merkmalen gibt es die emotionale DNA. Diese zeigt sich in Erlebnissen und Verhaltensweisen und wird durch die Epigenetik erforscht. In unsere emotionale DNA können sich Traumata einschreiben, die durch Missbrauch, Schock, Unfälle oder Ähnliches entstanden sind. Gleichzeitig können es aber auch positive Ereignisse sein, die sich so »tief eingebrannt« haben, dass ihre Existenz die Handlungen der nachfolgenden Generationen beeinflusst. Vielleicht war es eine erfolgreiche Auswanderung, die zu Reichtum, oder ein Abenteuer, das zu Ruhm geführt hat. Dann kann dieser Abenteuerdrang weiter durch die Linie fließen.

Die Epigenetik unterstützt diese Auffassung. Sie beschäftigt sich quasi mit dem Gedächtnis unserer Gene. Denn: Unsere DNA ist nicht unveränderlich, sondern permanent werden kleine Moleküle an unser Erbgut angehängt oder von ihm entfernt, oder es werden Erbinformationen verdeckt. Immer wieder entsteht eine neue Informationsebene auf dem Genom, das Epigenom. Epi bedeutet im Griechischen »auf«, es geht also um das, was auf unseren Genen passiert. Konkret bedeutet das zum Beispiel, dass es Ereignisse gibt, die uns als Kinder so tief prägen können, dass sie Auswirkungen auf die folgenden Generationen haben. Denn sie verändern nicht das Gen selbst, wohl aber die darauf liegenden Informationen. So gibt es das Phänomen, dass Kinder, die im holländischen Hungerwinter von 1944/45 geboren wurden, als Erwachsene zu Übergewicht neigen. Oder die Situation, dass Einwohner eines nordschwedischen Dorfes länger lebten, wenn ihre Großväter in der Jugend wenig zu essen hatten. Daraus ergibt sich die logische Konsequenz: Die Umwelt der Vorfahren beeinflusst die Gesundheit der Nachfahren. Und dies bringt uns zurück zu der Großmutter, in deren Leib wir uns bereits befanden. Denn: Ein Baby ist nicht absolut isoliert, während es sich im Bauch der Mutter entwickelt. Jeder Umweltreiz, der auf die Mutter wirkt, jedes Erlebnis, das sie emotional intensiv berührt, wirkt auch auf das Baby. Und da sich Keimzellen schon sehr früh entwickeln, trifft der Umweltreiz auch sie – die nachfolgende zweite Generation kann somit direkt betroffen sein und diesen Einfluss ihrerseits an die kommende Generation weitergeben.

Die Epigenetik ist der Wissenschaftszweig, der mittlerweile das nachweisen kann, was Schamanen und traditionelle Heiler schon seit Jahrtausenden behaupten. Viele medizinische und spirituelle Traditionen indizieren, dass Geist und Körper verbunden sind. Der Emotionalkörper (bestehend aus dem limbischen System, dem vegetativen Nervensystem, dem psychoneuroimmunologischen Netzwerk, dem endokrinen System und dem

Immunsystem) hilft uns, zwischen beiden eine Brücke zu schlagen. Dieser Emotionalkörper hat seinen eigenen Energiekörper, der sich mit dem Geistigen verbindet, mit dem Spirit. Der Emotionalkörper ist quasi ein Portal zu den energetischen Ebenen und verbindet dabei Körper und Geist mit dem Spirit. Ungelöste emotionale Belange bleiben im Emotionalkörper als ungesunde Energien hängen, und auf der physischen Ebene kann man sie unter dem Mikroskop als stressbedingte Schäden im Stressreaktionssystem und im psychoneuroimmunologischen Netzwerk wahrnehmen. Diese Veränderungen im Emotionalkörper können psychosomatische Symptome wie neurogene Entzündungen auslösen.

Von wissenschaftlichen Forschern wird die Last des angesammelten Stresses als allostatische Last bezeichnet. Sie kann durch immer wiederkehrenden Stress, nicht abgebauten Stress oder traumatische Erlebnisse entstehen. So kann es passieren, dass unser Emotionalkörper irgendwann überlastet ist. Dauerhafter Stress kann zu einem chronisch gestressten Zustand führen. Wenn dieser Stress nicht gelöst wird, kann es zu einer Überlastung des Systems führen, was sich in emotionaler Dysbalance, körperlichen Symptomen oder Erschöpfung äußern kann. Und so gibt es auch Familien, in denen alle besonders »dünnhäutig« oder schreckhaft sind. Und es kann sein, dass sich Enkelkinder von Kriegsopfern immer noch heftig erschrecken, wenn sie so etwas wie einen Fliegeralarm hören, obwohl sie selbst nie im Bombenhagel in den Bunker flüchten mussten.

Impuls
Welche Verhaltensweisen oder Befindlichkeiten sind typisch für deine Familie? Welche findest du befremdlich? Welche erkennst du bei dir wieder? Bei welchen fühlst du dich wie ferngesteuert?

Die spirituelle DNA

Die dritte Ebene ist die der spirituellen DNA. Dabei geht es, kurz gesagt, um das mystische Bewusstsein. Es geht um unseren Glauben und unsere Anbindung an das Göttliche, das große Ganze, an Mutter Natur und den Kosmos. Durch die emotionale DNA können wir Zugang zur spirituellen bekommen. Denn der Emotionalkörper ist quasi wie ein Portal, das sich in zwei Richtungen öffnen kann. Wir können den Emotionalkörper von der spirituellen Ebene her angehen und damit den Körper durch mystische Techniken heilen. In die andere Richtung hilft uns der Emotionalkörper, den spirituellen zu erschließen, und ein gesunder Emotionalkörper ermöglicht uns einen Zugang zu einem mystischen Bewusstsein. Als Symbol für den Emotionalkörper wird oft das Herz gewählt.

Um den Arzt Joseph Tafur zu zitieren: »Durch das Herz können wir diese subjektive Gegebenheit der ozeanischen Grenzenlosigkeit erfassen. Durch das Herz lernen wir den Spirit kennen. Wir spüren ihn, auch wenn ihn unser Verstand nicht erfassen kann. Spirit ist Erinnerung, Spirit ist Möglichkeit. Spirit berührt den Leib und ist so real wie Herzschmerz und Freude. Spirituelles Leiden macht uns krank, spirituelle Heilung lässt uns gesunden.«[1]

Bei der Arbeit mit der spirituellen DNA geht es darum, den ursprünglichen Code zu finden. Oftmals ist er eben nicht der christliche Glaube, sondern das, was davor war. Eine tiefe erdverbundene Spiritualität. Ein Einssein mit der Natur und ihren Rhythmen, verbunden mit einer tiefen Ehrung der Frau und des Weiblichen. Das endete im 8. Jahrhundert brutal durch die Christianisierung, in deren Zuge Zehntausende von Menschen getötet wurden. Im deutschsprachigen Raum hat außerdem die Hexenverfolgung mit der Ermordung von Millionen von Frauen tiefe traumatische Spuren in der spirituellen DNA hinterlassen. Ebenso war der Zweite Weltkrieg traumatisch für das spirituelle Bewusstsein, wurden dort doch bewusst spirituelle Elemente und Symbole für destruktive Zwecke eingesetzt. Dazu gehörten beispielsweise die Swastika, die als Hakenkreuz bekannt wurde, oder die S-Rune, die ursprünglich für die Sonne stand und im Rahmen der SS energetisch missbraucht wurde.

Erlebnisse wie diese haben nicht wir, sondern unsere Ahnen gemacht. Doch sie können dazu führen, dass es uns schwerfällt, dem Göttlichen zu vertrauen. Sie können uns daran hindern, uns dem Göttlichen wieder voll und ganz hinzugeben und uns mit unseren spirituellen Gaben zu zeigen. Unser Glaube und unsere tiefe Verbindung zum Spirit können tief erschüttert sein, wenn sie diejenigen, die vor uns gegangen sind, das Leben gekostet haben. In unserer spirituellen DNA sitzen all die Erlebnisse und Erfahrungen, die mit unserer Verbindung zur »ozeanischen Grenzenlosigkeit« zu tun haben, von der Joseph Tafur sprach.

Impuls
An welcher Stelle spürst du, dass du dich zurückhältst, wenn es um Spiritualität geht? Gab es in deiner Familie spirituelle Menschen? Wie wurde mit dem Thema Spiritualität, das sich auch als Religiosität gezeigt haben kann, umgegangen?

Durch die drei verschiedenen Ebenen der DNA sind wir mit unseren Ahnen aufs Engste verbunden. Diese Verbindungen beeinflussen unsere Empfindungen und unser Handeln und auch unseren Lebensfluss. Dabei kann es sich manchmal anfühlen, als wären wir wie eine Marionette an Fäden. Wir wollen einen Schritt in Richtung A machen, doch irgendwie kommen wir nicht dort an. Etwas hält uns zurück oder bringt uns dazu, den Fuß in die andere Richtung zu setzen. Es kann unser Familiensystem sein, das aus tiefen Überzeugungen aufgebaut ist und dafür sorgen möchte, dass wir eine in seinem Sinne richtige Entscheidung treffen. Wobei »richtig« in diesem Fall bedeutet, dass sie sich logisch aus den vorhergehenden, aber unbewussten Ereignissen herleitet.

Traumata und die Sicht der Welt

Traumata prägen unsere Sicht der Welt und unser Verhalten. Jeder, der schon einmal ein Trauma erlebt hat, wird bestätigen, dass es so etwas wie »vor dem Trauma« und »nach dem Trauma« gibt. Ein Trauma ist eine Verletzung, die so groß ist, dass sie nicht sofort verheilt und auch nicht so schnell emotional verarbeitet werden kann. Ein Trauma kann physisch, emotional oder auch seelisch sein. In der Medizin bezeichnet ein Trauma eine körperliche Verwundung, die durch einen Unfall oder Gewalteinwirkung hervorgerufen wurde. Das berühmte Schleudertrauma nach Auffahrunfällen ist ein gutes Beispiel dafür, denn nach dem Aufprall treten zwar Symptome wie Schwindel und Schmerzen auf, jedoch können nicht notwendigerweise körperliche Einschränkungen nachgewiesen werden.

Traumatisierende Ereignisse können aber beispielsweise auch Naturkatastrophen, Kriege, Geiselnahmen oder Vergewaltigungen sein. Es können Vertreibung, Terroranschläge, Haft, gewalttätige Angriffe, sexueller Missbrauch, Verlust von geliebten Personen, aber auch ausgeprägte emotionale oder körperliche Vernachlässigung in der Kindheit sein. Selbst weniger tragisch erscheinende Erfahrungen können im ungünstigen Fall die Bewältigungsmöglichkeiten des Betreffenden überschreiten und dazu führen, dass er in den Zustand tiefer Hilflosigkeit gerät. So etwas kann durch lang andauernde Manipulation, Mobbing, emotionalen Missbrauch, körperliche Züchtigung, eine Scheidung oder eine traumatische Geburt passieren. Es gibt viele Momente, in denen Menschen ein Trauma widerfahren kann. Und auch wenn unsere unmittelbare Lebenssituation vielleicht weit weg von den genannten Beispielen ist, so brauchen wir nicht einmal einhundert Jahre zurückblicken: In den Weltkriegen im 20. Jahrhundert trafen viele dieser Faktoren auf einmal zusammen und prägten unsere Ahnen und damit auch uns selbst.

Wie Traumata entstehen

Ob eine Situation traumatisch wird, hängt von zwei Faktoren ab: zum einen von den einwirkenden äußeren Umständen und zum anderen vom inneren Erleben. Hat ein Mensch den festen Glauben, dass er gerettet wird oder dass es einen Ausweg gibt, schüttet er weniger Stresshormone aus, leidet nicht unter Todesangst und belastet sein System damit nicht so extrem. Fühlt er sich hingegen ausweglos gefangen oder blickt innerlich dem Ende entgegen, wird sein Körper mit Stresshormonen überschwemmt, er sieht sein Leben innerlich an sich vorbeiziehen und fühlt sich vollkommen allein und ausgeliefert. Es gibt somit viele verschiedene Einflüsse, die über die Reaktion des Einzelnen und die daraus entstehende Belastung auf sein System entscheiden.

Bei einigen Menschen klingt die Angst- und Stressspannung nach einem traumatischen Ereignis von allein wieder ab, sie können das Trauma überwinden und wachsen dadurch innerlich. Wenn dies nicht der Fall ist und der Stress über längere Zeit bestehen bleibt, kann es zu psychischen Symptomen kommen. Dieser Stress kann sich dann auch epigenetisch über die Generationen hinweg zeigen.

Das Trauma ist ein nicht zu unterschätzendes Element, wenn es um die Arbeit mit unseren Ahnen geht. Denn oftmals steckt hinter bestimmten Verhaltensweisen oder Gedankenmustern, die sich in unserem Familiensystem durchgesetzt haben, ein Trauma, das einer unserer Vorfahren erlebt hat. Die Herausforderung dabei ist es, dass Menschen oftmals eben nicht über ihre traumatischen Erfahrungen sprechen und wir damit meist gar nicht wissen, was unseren Ahnen passiert ist. Das kann die niemals erwähnte Abtreibung sein, der verschwiegene körperliche

Missbrauch durch eine Aufsichtsperson oder die Beobachtung eines brutalen Ereignisses. Irgendjemand vor uns hat so etwas erlebt, niemals darüber gesprochen, den Schmerz mit ins Grab genommen – und alle nach ihm werden davon beeinträchtigt, ohne zu wissen, was los ist.

Individuelle und kollektive Traumata

Neben dem individuellen gibt es auch kollektive Traumata. Sie betreffen eine Gruppe von Menschen. Dabei kann man zwischen historischen und sozialen Traumata unterscheiden.

Historische Traumata haben ihren Ursprung in der Vergangenheit und beeinflussen mehrere Generationen. Sie sind so stark, dass sie auch noch für die Kindeskinder spürbar sind, obwohl diese selbst der traumatischen Erfahrung nicht ausgesetzt waren. Das kann durch Kriege, Völkermord oder gezielte Diskriminierung bestimmter Bevölkerungsgruppen passieren. Ein historisches Trauma ist zum Beispiel die Sklaverei. Die Nachfahren der Menschen, die vom afrikanischen Kontinent nach Amerika verschifft wurden, spüren noch heute auf verschiedenen Ebenen die Folgen, wobei sie in diesem Fall durch aktuelle Rassismuserfahrungen eine immer neue Retraumatisierung erfahren, die das alte Muster stets erneut antriggert. Ein anderes Beispiel ist die Verfolgung und Ermordung von Millionen von Juden im Zweiten Weltkrieg, wobei die Diskriminierung und Bedrohung auch noch aktuell spürbar ist. Zu kollektiven Traumata gehören auch die Frauen, die den Massenvergewaltigungen nach dem Zweiten Weltkrieg ausgesetzt waren und danach zu Massenabtreibungen genötigt wurden. Die Hungersnot in Irland ab 1845 hinterließ ebenfalls Spuren: Die

Babys der Mütter, die in dieser Hungersnot schwanger waren, hatten eine erhöhte Krankheitsrate, und Studien zeigen, dass sie viel häufiger in psychiatrische Krankenhäuser aufgenommen wurden. So hatte Irland Anfang des 20. Jahrhunderts mehr Betten in psychiatrischen Einrichtungen pro Kopf der Bevölkerung als jedes andere Land der Welt. Historische Traumata haben also ihren Ursprung in der Vergangenheit, die spürbaren Folgen jedoch spannen sich über Generationen bis in die Gegenwart.

Neben den historischen Traumata gibt es soziale Traumata, die sich im aktuellen zeitlichen Kontext befinden, also ihren Ursprung in diesem Leben haben. Ein soziales Trauma ist ebenfalls die Folge von Ereignissen oder Situationen, die potenziell traumatisch sind (Naturkatastrophen, Kriege, Unfälle, Entführungen, Trauer, Risiko- und Gefahrenbelastung und so weiter) und an denen eine Gemeinschaft oder eine definierbare soziale Gruppe (Familien, Peergruppen und so weiter) beteiligt ist. Es kann zum Beispiel ausgelöst werden durch den Tod eines Kindes, der die gesamte Familie stark traumatisiert. So wird das Trauma immer wieder aktiviert, auch wenn ein Einzelner eventuell bereits davon geheilt war. Jedoch ist das soziale Trauma im Zweifel konkreter bestimmbar, da es direkt oder indirekt miterlebt wurde.

Auch wenn sich all das sicherlich schwer liest und noch schwerer anfühlt, so ist es wichtig, dass wir auch auf diese Aspekte der Geschichte blicken. Nur wenn wir bereit sind, offen zu sehen und wahrzunehmen, welche Energien durch unsere Ahnenlinien fließen, nur dann können wir sie klären und die freigesetzten Kräfte für uns nutzen.

Der Satz »Verletzte Menschen verletzen Menschen« bringt es auf den Punkt. Genauso stimmt: »Traumatisierte Menschen traumatisieren Menschen.« Dabei ist wichtig zu wissen, dass dies nicht bewusst passieren oder ein gezielter Akt sein muss. Das Muster kann sich durch die epigenetischen Marker, die sich durch das Trauma verändert haben, durch die Generationen weiterbewegen und damit weitere Menschen traumatisieren. Die Herausforderung ist, dass wir darauf trainiert sind, vom Trauma wegzuschauen. Was wäre jedoch, wenn wir uns erlauben würden, einen Blick einzunehmen, der keine Schuld zuweist, sondern beobachtet, ohne zu bewerten?

Schaue ich beispielsweise in meine Familie, muss ich gar nicht so tief graben. Meine Mutter wurde zum Kriegsende in einem Geburtenheim geboren und erinnert sich noch an die Bombenkeller. Nach dem Krieg wurde sie als kleines Mädchen von einem jungen Mann, der aus Russland zurückkehrte, immer wieder symbolisch begraben. Er holte sie nachts aus dem Bett und legte sie in eine Kiste im Garten. Er verarbeitete auf diese Weise den Tod eines gefallenen Freundes. Meine Großmutter war das vierzehnte Kind einer Bauernfamilie im Münsterland. Nicht nur war sie der Nachzügler, sie war auch noch ein Mädchen. Sie hatte es zu Hause alles andere als leicht und fand ihren Ausweg, indem sie sich dem »Bund deutscher Mädchen« anschloss. Für sie bestand ein tiefes Trauma darin, dass sich am Ende des Krieges alles, woran sie geglaubt hatten, als Lüge herausstellte. Doch damit nicht genug: Als meine Mutter vier Jahre alt war, starb mein Großvater, er wurde umgebracht und vor einen Zug geschmissen. Für meine katholische Großmutter war das zutiefst dramatisch und traumatisierend, zunächst wurde überdies angenommen, er hätte sich umgebracht. Mein Großvater hatte sich seinerseits stark mit seinem Wirken als Soldat auseinandergesetzt – die Erinnerungen und Bilder trieben ihn um, und die Tatsache, dass er zu all dem beigetragen hatte, ließ ihm keine Ruhe.

Du siehst, in einer einzigen Familie sammeln sich schon über drei Generationen schnell die unterschiedlichsten Traumata an, wenn wir nur genau genug hinschauen. Das bedeutet nicht, dass jedes Trauma Einfluss auf alle Nachkommen haben muss. Manchmal genügt es schon, sie anzuerkennen. Sie zu kennen und sich dessen bewusst zu werden, was die Vorfahren durchgemacht haben, kann auf jeden Fall hilfreich sein.

Es ist meine Entscheidung, wie ich auf diese Ereignisse blicke und das daraus entstehende Verhalten bewerte. Neutral zu beobachten bedeutet nicht, alles gutzuheißen, was passiert ist. Es bedeutet, bereit zu sein, über das sichtbare Verhalten hinaus weiter zur Wurzel zu blicken.

Impuls
Weißt du von traumatischen Erlebnissen in deiner Familiengeschichte? Hast du selbst welche erlebt? Wenn ja, gleichen sie denen anderer Familienmitglieder? Kennst du es, dass du Bilder von traumatischen Momenten in dir trägst, obwohl du sie nie erlebt hast? Was fällt dir ein, wenn du deine Familie im Zusammenhang mit Traumata betrachtest?

Ich habe einige der »dunklen Geheimnisse« meiner Familie mit dir geteilt, damit du erkennen kannst, dass es überall diese Geschichten gibt, über die niemand sprechen will. Sei es, weil sie mit Scham behaftet sind, von Angst geprägt oder mit Verurteilung verbunden. Solange wir in diesen Emotionen bleiben, ist es schwer, ihnen die Erlaubnis zur Auflösung zu geben. Manchmal kann es hilfreich sein, innerlich einen Schritt zurück in die Beobachterposition zu gehen und mit diesem Blick auf die eigene

Familie zu schauen. Es ist wichtig zu wissen, dass es hier niemanden gibt, der dich nach dem bewertet, was damals passiert ist. Denn: Unsere Ahnen fließen und wirken durch uns, doch wir sind nicht unsere Ahnen. Traumata und traumatische Ereignisse anzuschauen ist fast so, wie ein altes staubiges, dunkles, zugestelltes Haus aufzuräumen und zu säubern. Ich kann vor dem Haus stehen und sagen: Ist das aber schäbig und dreckig! Oder ich nehme meine Taschenlampe und fange an, die einzelnen Dinge zu beleuchten, sortiere das aus, was es nicht mehr braucht, entsorge das, was ausgedient hat, und entdecke dabei vielleicht sogar noch den einen oder anderen Schatz.

Das ist es, was passiert, wenn wir beginnen, wieder Licht in unsere Ahnenlinie zu bringen. Jedes Trauma, das erkannt und geheilt wird, birgt ein unglaubliches Potenzial. Jede Ahnin, die aus ihrer traumatischen Starre befreit wird, kann uns unterstützend zur Seite stehen. Was für eine Kraft! Manchmal lohnt es sich, damit aufzuhören, den Drachen töten zu wollen, sondern sich zu trauen, ihm in die Augen zu schauen. Denn dann verrät er uns sein Geheimnis, und am Ende können wir auf seinen Schwingen in unvorstellbare Höhen gleiten.

2

AUS DEN WURZELN SCHÖPFEN

2. Aus den Wurzeln schöpfen

Dieser zweite Teil des Buches gehört ganz der Ahnenarbeit. Hier wirst du Zeremonien und Arbeitsweisen für unterschiedliche Situationen und Szenarien finden. Jede einzelne Beschreibung ist begleitet von einer Geschichte, mit der ich die Zusammenhänge und das Gesamtbild noch deutlicher darstellen möchte. Selbst wenn deine Situation etwas von der jeweiligen Geschichte abweicht, kannst du trotzdem die angegebene Zeremonie durchführen. Folge dabei immer deinem Bauchgefühl und bitte um den Segen und die Erlaubnis für diese Arbeit. Wird dir diese Erlaubnis gewährt, ist alles in Ordnung. Wird sie dir nicht gewährt, ist es aktuell vielleicht nicht der richtige Zeitpunkt oder der richtige Ort. Es kann aber auch sein, dass es nicht deine Aufgabe ist, dich um das Thema zu kümmern. Zur Unterstützung bei all diesen Fragen wirst du in diesem Kapitel deinen persönlichen Ahnen-Guide kennenlernen.

Ich bitte dich, dieses Kapitel in der geschriebenen Reihenfolge zu lesen – wissend, dass du natürlich machen kannst, was du willst. Die einzelnen Elemente bauen aufeinander auf, sie helfen dir, deine Arbeit Schritt für Schritt zu vertiefen und dich besser auf die Energien einzustellen. Dieses Buch ist ein praktisches Arbeitsbuch. Du kannst es selbstverständlich in einem Rutsch durchlesen, wenn du willst, und dich dann von Zeremonie zu Zeremonie bewegen. Oder du kannst dich dem Ganzen wie in einer Initiation hingeben und die einzelnen Schritte nach und nach durchgehen – dich informierend und auch gleich praktizierend. Das Einzige, was wirklich essenziell ist: Mach die ersten Schritte vor den letzten. Zuerst die Verbindung zu deinen Ahnen aufzubauen, wird dir helfen, später auch andere Zeremonien durchzuführen. Sind wir nicht in Kontakt mit unserer eigenen Linie, kann es herausfordernd sein, mit anderen in Kontakt zu gehen.

Die Basis der Ahnenarbeit

Zu Beginn der aktiven Ahnenarbeit stehen zunächst einmal »Hausaufgaben« an. Auch ich habe mich damals hingesetzt und versucht, so viel wie möglich über meine Ahnen herauszufinden. Ich habe meine Großmutter nach Namen gefragt, ich habe versucht, meinem Vater einige Details über den mir unbekannten Teil der Familie zu entlocken. Ich habe alles aufgeschrieben und nach Fotos gefragt. Ich hatte damals das Glück, dass mein Onkel zumindest für einen Teil der Familie bereits einen Stammbaum angefertigt hatte. Den habe ich als Basis genommen, um die von mir in Erfahrung gebrachten Charaktereigenschaften und Vorlieben meiner Vorfahren zu ergänzen. Es kann helfen, einen Blick ins Familienbuch zu werfen oder in der Familie nach bekannten Informationen zu fragen. Meistens ist es noch relativ einfach, die Details über unsere Eltern und Großeltern zusammenzutragen, bei den Urgroßeltern kann es schon schwieriger werden.

Bei dieser Art von Ahnenforschung geht es nicht um den exakten wissenschaftlichen Anspruch, sondern darum, dass du ein Gefühl für deine Familie und deine Linie bekommst. Selbstverständlich kannst du auch über Standesämter und Kirchengemeinden weiter forschen, wenn du willst. Du kannst dir damit dein eigenes Ahnenbuch erstellen. Ich selbst kannte die Geschichte meiner Familie lange auch nur bis zu meinen Urgroßeltern. Für mich war das aber eine hinreichende Basis, um Ansprechpartner unter meinen Ahnen zu haben und ein besseres Verständnis für die Grundstimmung in meiner Familie entwickeln zu können. Zu wissen, dass meine Urgroßeltern mütterlicherseits aus Estland kommen und mein Großvater auch noch dort geboren war, bevor er mit sieben Jahren nach Deutschland kam, erklärte mir beispielsweise meine schon immer existente Sympathie für die baltischen Staaten und ihre Kultur. Zu erfahren, dass mein Urgroßvater väterlicherseits ein Witwer mit zwei Töchtern war, bevor er meine Urgroßmutter heiratete, erklärte mir viel von dem Verhalten, das meine Großmutter bis ins hohe Alter an den Tag legte: Sie musste immer ihren Anteil sicherstellen. Notiert habe ich mir auch Dinge wie die Lieblingsessen oder Marotten, ich wollte alles so greifbar wie möglich machen.

Wenn du adoptiert bist, dann kannst du diese Recherche auch für deine Adoptivfamilie machen. Denn durch die Adoption werden wir Teil eines Familienverbundes und sind energetisch Teil des Systems. Einiges von ihm beeinflusst auch uns. Kennst du deine Herkunftsfamilie nicht, dann verbinde dich mit dem Kulturkreis, aus dem du stammst. Finde alte Weisen, Erzählungen, Musik oder Ähnliches, was dir hilft, einen energetischen Raum zu öffnen.

Impuls
Nimm dir zunächst Zeit und trage all die Informationen, die du über deine Vorfahren schon hast, zusammen. Das können Fotos sein, Erinnerungen oder Notizen. Dann beginne, wenn möglich, deine Eltern und Großeltern zu befragen. Wichtig ist bei diesem Impuls, dass es nicht um faktische Perfektion geht, sondern einzig und allein darum, einen ersten Zugang zu bekommen. Dieses Projekt ist eines, das immer weitergeführt werden kann und nie zum Abschluss kommt. Schaff dir also erst mal eine Basis und lass die Sache gern nebenherlaufen. Es ist dabei gut, einen Ort zu haben, um die Erkenntnisse über deine Ahnen, die

auch aus der späteren zeremoniellen Ahnenarbeit entstehen können, immer wieder zu ergänzen. Wenn du keine Verbindungen hast, kannst du schauen, ob es kulturelle Elemente bei deinen Vorfahren gibt, die dich besonders berühren.

Gute Ahnen, böse Ahnen

Generell kann ich aus meiner Erfahrung sagen, dass Ahnen uns grundsätzlich erst einmal wohlgesinnt sind. Sind sie es nicht, gibt es einen Grund dafür, und es ist an uns herauszufinden, welcher es ist. Ich weiß, dass es Traditionen gibt, die auch von den bösen Ahnen sprechen. Ahnen, die uns quasi mit ins Grab nehmen wollen, die uns keinen Erfolg gönnen und vor denen wir uns schützen müssen. Ich möchte keine dieser Traditionen anzweifeln, und gleichzeitig habe ich es erlebt, dass auch der fieseste Ahn irgendwo seine »schwache Stelle« hat. Sei es, dass er Anerkennung fordert, dass er selbst mit einem Trauma belegt ist und auf Basis dessen wirkt oder dass er durch seine Erlebnisse bestimmte Werte und Verhaltensweisen für korrekt hält. Ich habe in meinen Ausbildungen und durch meine Erfahrung gelernt, dass die wirklich allerwenigsten Seelen uneinsichtig fies und böse sind – mir persönlich ist bisher noch nie eine Ahnin oder ein Ahn dieser Art begegnet. Am Ende steht auch bei denen, die anfangs finster wirken, immer der Wunsch nach Erlösung und dem Gang nach Hause.

Was ich allerdings deutlich erlebt habe, ist der Unterschied zwischen friedvollen und nicht friedvollen Ahnen. Friedvolle Ahnen sind die, die mit sich und ihrer Situation in Frieden sind. Sie haben verstanden, dass sie gestorben sind, können in Frieden auf ihr Leben zurückblicken und haben sich in die Ahnenlinie eingereiht. Es sind die Ahnen, die nicht mehr in der Zwischenwelt festhängen und die uns unmittelbar unterstützen und quasi himmlische Cheerleader sind. Es gibt dazu diesen wunderbaren Satz, dass Großeltern unsere Schutzengel auf Erden sind. Auch wenn ich das für meine Großeltern nicht wirklich sagen konnte, solange sie lebten, so kann ich es doch unterschreiben, seit sie tot sind.

Friedvolle Ahnen müssen nicht notwendigerweise alles großartig finden, was in ihrem Leben passiert ist. Sie müssen sich nicht für außerordentliche Erziehungsleistungen feiern. Sie müssen auch nicht denken, ihr Leben war das beste von allen. Doch friedvolle Ahnen haben Frieden geschlossen. Mit den Lebensumständen, in denen sie groß geworden sind, mit den Dingen, die ihnen widerfahren sind, mit den Entscheidungen, die sie getroffen haben. Sie erkennen, dass sie Fehler gemacht haben, und es kann sogar sein, dass ihnen einige immer noch von Herzen leidtun, doch sie verzweifeln darüber nicht. Friedvolle Ahnen erkennen an, dass wir alle fehlbar sind.

Sie erkennen ihren Platz in der Reihe der Ahnen an und sehen sich als Bindeglied zwischen den Generationen. Diese Ahnen erkennen, dass sie Teil des Großen Ganzen sind und dass es sich schlussendlich nicht um sie, sondern um die kommenden Generationen dreht. Mit dem Abstand vom Leben, den sie durch den Tod und das Einreihen in die Ahnenlinie erlangt haben, können sie diese Perspektive nutzen, um Dinge zu erkennen, die ihnen als Mensch verborgen blieben. Sie können die epigenetischen Muster sehen, sie können die Zusammenhänge erfassen, und sie sehen, wie sich die DNA ihrer Linie immer weiterentwickelt.

Friedvolle Ahnen sind in Liebe zu uns und liebevoll mit sich. Dadurch kann der Frieden einkehren, der schlussendlich dazu führt, dass nicht nur sie, sondern auch wir frei werden können.

Nicht friedvolle oder friedlose Ahnen auf der anderen Seite sind diejenigen, die noch nicht mit ihrem Leben abgeschlossen haben. Sie tragen noch Gram, Scham, Ärger, Verantwortungsgefühle oder auch Rachegelüste mit sich und können oder wollen sie noch nicht loslassen. Auch hier können die Gründe unterschiedlich sein. Es können zum einen Dinge oder Zustände sein, die uns bekannt vorkommen, da sie epigenetisch weitergegeben wurden. Wenn du zum Beispiel unter Jähzorn leidest, kann es sein, dass du einen Ahnen in deiner Linie hast, der immer noch erzürnt ist über das, was er erlebt hat oder was ihm widerfahren ist. Und dieser Zorn fließt manchmal unbeherrschbar durch die Linie bis ins Hier und Jetzt. Es kann auch sein, dass du unerklärliche Ängste vor bestimmten Dingen hast, beispielsweise vor dunklen engen Räumen. Vielleicht gibt es eine Ahnin, die als »Hexe« lebendig begraben wurde, die nicht in Frieden mit ihrem Ableben ist und deren Schock noch im System sitzt.

Diese friedlosen Ahnen sind nicht immer darauf aus, mit uns in Kontakt zu gehen. Sie können abweisend sein, grantig oder sogar richtig fies. Denn sie kennen unsere Schwachpunkte, und manchmal denken sie, sie seien machtvoller als wir und könnten uns schon zeigen, dass sie recht haben. Doch jeder friedlose Ahn hat eben auch tief innen den Wunsch, endlich Frieden zu finden. Der Weg dahin mag in seiner Vorstellung anders aussehen als in unserer. Dann gilt es zu verhandeln und eine gemeinsame Lösung zu finden.

Wichtig ist, dass wir das, was uns entgegenkommt, nicht persönlich nehmen, sondern es bei demjenigen oder derjenigen belassen. Selbst wenn wir es in unseren Zellen spüren, ist es nicht unser Thema und nicht ursprünglich unsere Wunde. Es gehört jemandem, der vor uns in der Linie steht. Und dahin darf es auch wieder zurückkehren. Ich werde darauf noch tiefer eingehen.

Wenn du mit deiner eigenen Ahnenarbeit beginnst, hilft es, dich auf die positiven, unterstützenden und friedvollen Ahnen zu konzentrieren. Sie sind diejenigen, mit denen du wachsen und eine stabile Beziehung etablieren kannst. Die nicht friedvollen können dann im nächsten Schritt kommen.

Besänftigte Wut

Und ja, bevor du es dich fragst: Jede von uns hat nicht friedvolle Vorfahren. Das ist weder eine Schande noch unnormal. Denn wenn wir einfach mal ein paar Jahrhunderte zurück gucken, dann gibt es genug, worüber jemand noch so richtig wütend sein könnte. Eine meiner Klientinnen hatte beispielsweise immer das Thema, dass sie rot anlief, wenn sie wütend war. Sie hatte dann rote Flecken auf dem ganzen Dekolleté, und ihre Gesichtsfarbe wurde auch ordentlich rot. Sie hatte schon verschiedene Coachings gemacht, als sie zu mir kam. Gemeinsam schauten wir in ihre Linie und fanden eine Ahnin in der sechsten Generation auf der Seite der Mutter, die der Ursprung war. Diese Frau war so stinkwütend darüber, dass ihr Vater sie gezwungen hatte zu heiraten und der Mann sie dann auch noch betrog, dass selbst ich diese Wut spüren konnte. Es war die ungefilterte Wut auf die Männer, das System, das Leben. Es dauerte etwas, und als wir ihr Schicksal anerkannt hatten und mit ihr in Kontakt gehen konnten, beruhigte sie sich allmählich. Als wir ihr dann noch erklärten, dass

Frauen mittlerweile wählen dürften, eigene Konten haben und sogar ledig bleiben durften, da war sie erstaunt und wurde ganz still. Sie begriff, dass ihre Wut keine Unterstützung mehr war, sondern eine Bürde für meine Klientin. Gemeinsam transformierten wir die Situation, und meine Klientin ist danach nie wieder rot angelaufen und hatte auch keinen unkontrollierbaren Wutausbruch mehr. Kurze Zeit später meldete sie sich, um mir mitzuteilen, dass sie einen ganz wunderbaren Mann kennengelernt hatte, der sie auf Händen trug. Eine wunderbare Nebenwirkung unserer Arbeit. Denn mit der Wutenergie verschwand auch die Energie gegen Männer und eröffnete meiner Kundin die Möglichkeit, auch in diesem Bereich noch einmal ganz neue Erfahrungen zu machen.

Mit den Ahnen in Kontakt sein

Als ich klein war, sah ich meine Großmütter als meine Ahninnen an, und mit denen war ich teilweise mehr in Kontakt, als mir lieb war. Besonders die Beziehung zu meiner Großmutter mütterlicherseits war herausfordernd. Sie beeinflusste mein Sein auf vielen Ebenen. Für mich war es damals nicht vorstellbar, dass meine Oma auch eine Mutter hatte. Erst etwas später wurde mir das Ausmaß des Konzepts der »Ahnen« bewusst.

Ich wuchs ohne meine Großväter auf, und irgendwie waren sie ziemlich schwer greifbare Ideen von Personen, für mich nicht ganz nachvollziehbar und vor allem nicht spürbar. Später wurde mir klar, dass dies unter anderem an den existierenden Traumata meiner Eltern und Großmütter lag – ihre Wunden standen jeweils im Zusammenhang mit dem Ableben meiner Großväter. Mein Großvater väterlicherseits kam im Krieg um, mein Großvater mütterlicherseits wurde nach dem Krieg umgebracht. Als mir klar wurde, dass es diese Großväter gebraucht hatte, um meine Eltern in die Welt zu bringen, wollte ich dann auch mehr über sie herausfinden. Ich fragte nach Fotos und stellte mir vor, wie sie wohl so waren. Ich kreierte meine ganz eigene Vorstellung, und irgendwann begann ich dann auch, mit den Bildern zu sprechen.

Meine damalige Unbefangenheit und Absichtslosigkeit haben sicherlich dabei geholfen, dass ich auf einmal das Gefühl hatte, sie wären mir sehr nahe. Manchmal fühlte ich mich besonders geborgen, wenn ich mal wieder in einen imaginativen Dialog mit einem meiner Opas verwickelt war. Manchmal hatte ich das Gefühl, ich könnte sein Aftershave riechen. Hätte ich damals gewusst, dass dies schon aktive Ahnenkommunikation ist, hätte ich mich wahrscheinlich gar nicht getraut, einfach so loszulegen. Über die Jahre habe ich mich immer wieder an meine Großväter gewandt, rückblickend immer dann, wenn ich Sehnsucht nach einer starken männlichen Schulter hatte.

Heute weiß ich: Der Kontakt zu unseren Ahnen kann auf ganz unterschiedliche Weise geschehen. Wichtig ist dabei, dass wir uns von dem Anspruch, sie »sehen« zu wollen, verabschieden. In unserer allzu visuell orientierten Kultur vernachlässigen wir oftmals die Qualität der anderen Sinne.

Nachdem meine Großmutter mütterlicherseits starb, veränderte sich auch die Qualität unserer Beziehung. War sie im Leben noch herausfordernd, so konnte ich sie einige Zeit nach ihrem Tod ganz anders wahrnehmen. Ich hatte einige Male das Gefühl, meine Oma säße abends an meinem Bett, ich konnte ihren Duft – diese untrügliche Mischung aus Dreiwettertaft und Nivea-Creme – wahrnehmen, wenn ich betrübt war. Ich kenne es von den Frauen, mit denen ich arbeite, dass sie Ähnliches beschreiben. Es ist ein bekannter Geruch, der bei bestimmten Gedanken oder Tätigkeiten in der Luft hängt. Es sind vertraute Bilder, die auf einmal auftauchen. Es ist das Gefühl, dass da jemand ganz nah bei uns ist. Manche hören, wie ihre Ahnen ihnen etwas zuflüstern oder sich räuspern, wenn sie meinen, der nächste Schritt sei nicht richtig. Der Zugang kann ganz unterschiedlich sein, und er kann sich über die Jahre hinweg ändern. Versuche also, offen zu bleiben und all deine Sinne auf Empfang zu stellen, wenn du mit deinen Ahnen in Kontakt gehst.

Impuls
Gab es schon Momente, in denen du das Gefühl hattest, einer oder mehrere der Ahnen wären anwesend? Wenn ja, wann war das? Wie ging es dir damit? Hattest du Situationen, in denen du bekannte Gerüche wahrnehmen konntest, obwohl kein anderer sie gerochen hat? Oder in denen du ganz allein warst und plötzlich ein Geruch auftauchte? Erinnerst du dich, was du vorher gedacht oder gemacht hast?

Es gibt unterschiedliche Arten von Kontakt mit unseren Ahnen. Sie können uns im Traum begegnen, durch Zufälle – wobei Zufall hier wörtlich bedeutet, dass uns etwas zufällt –, durch Zeichen oder klare Botschaften. Ahnen können spontan mit uns in Kontakt gehen, und gleichzeitig können auch wir bewusst den Kontakt mit ihnen suchen. Dann können wir die Art der Kommunikation oftmals leichter kanalisieren. Da wir in dem Moment klar und präsent sind, können wir die direkte Ansprache wählen und den Kommunikationsfluss in unsere Richtung lenken.

Um bewusst mit den Ahnen in Kontakt zu gehen, ist es am Anfang hilfreich, einen fixen Ort zu haben, an dem wir sie regelmäßig treffen. Wir wollen eine stabile Beziehung etablieren. Eine wunderbare Möglichkeit, das zu tun, ist ein Ahnenaltar. Keine Angst, er muss keine Ähnlichkeit mit den riesigen Altären in der Kirche haben. Er kann klein und fein sein, und vor allem sollte er sich den Gegebenheiten deiner Wohnräume anpassen.

Ein Ort für deine Ahnen

Du kannst zu Hause einen Ahnenaltar errichten. Überall auf der Welt gab es traditionell Orte, an denen Menschen ihrer Ahnen gedachten. Als die Menschen sesshaft wurden, veränderten sich diese Orte von Hainen oder besonderen Kraftorten in Richtung kleiner oder aber auch großer Altäre in oder an den Häusern. Durch die Christianisierung wurden Hausaltäre für verschiedene Zwecke durch christliche Altäre ersetzt.

In Lateinamerika kann man noch heute selbst in den katholisch geprägten Gegenden sehen, wie großzügig Kerzen verschiedener Heiliger auf die Hausaltäre gestellt und auch Bilder von Ahnen dazwischen gemischt werden. Wenn du schon einmal in Asien gewesen bist, hast du diese Tradition vielleicht auch wahrgenommen. In vielen Länder gibt es dort Hausaltäre, und es gibt auch einen für die Ahnen. Diesen schenkt man bestimmte Zuwendungen, um ihnen zu signalisieren, dass an sie gedacht wird und sie weiterhin willkommen sind. So gibt es selbst im offiziell nicht religiösen China in fast jeder Wohnung und in fast jedem Laden einen kleinen Ahnenaltar, auf dem verstorbenen Familienmitgliedern kleine Opfer dargebracht werden. Das kann ganz simpel ein Räucherstäbchen sein oder auch Nahrung in Form einer Schale Reis, eines Apfels oder der Bonbons, die Oma früher immer so gern gelutscht hat.

In Vietnam sind Ahnenaltäre ebenfalls allgegenwärtig. Dort ist der Bàn thờ ein sehr hoher, hölzerner Tisch, fast schon ein Pult, auf dem eine Räucherschale in der Mitte drapiert wird, um die herum die Bilder der Ahnen aufgestellt werden. Das Ganze wird um ein Gefäß mit Salz und eines mit trocknem Reis, ein kleines Porzellanservice mit Wasser, zwei Kerzen, zwei Vasen für Blumen und eine Schale für Opfergaben ergänzt. Auch in anderen asiatischen Ländern kann man morgens den Duft unzähliger Räucherstäbchen wahrnehmen, die zu Ehren der Ahnen entzündet werden. Es werden Gaben wie Blumen, Klebereis und Süßes serviert. Auch meine Erfahrung zeigt, das Verstorbene und Spirits eine Vorliebe für Süßes und zuckerhaltige Speisen haben. Als Kind fand ich diese Vorstellung ganz wunderbar, dass ich mir nie wieder die Zähne putzen muss und dennoch so viel Süßes essen kann, wie ich will.

Ahnenaltäre können verschiedenen Zwecken dienen – und dabei ist es kein Entweder-oder, sondern ein Altar kann auch alle Zwecke in sich vereinen. Ein Altar kann die Ahnen einladen, bei uns zu sein, er kann den Ahnen einen Anlaufpunkt geben, wenn sie vielleicht noch in der Zwischenwelt sind, er kann uns helfen, in einen Dialog mit unseren Ahnen zu kommen, er kann die Ahnenlinie bei der Heilung unterstützen, und er kann vor allem nach Flucht oder Vertreibung helfen, einen neuen Ort der Heimat nicht nur für uns, sondern auch für unsere Ahnen zu schaffen.

In unserem Kulturkreis gibt es noch Ausläufer dieser Tradition, die auch in Europa verbreitet war, denn es scheint, dass selbst die stärkste Missionierung den Glauben an die Ahnen nicht erschüttern konnte. Auch anderenorts in der Welt lässt sich immer wieder beobachten, dass dort, wo Christentum oder Islam zur vorherrschenden Religion geworden sind, die Menschen weiterhin den Versuch unternahmen, die ursprüngliche Ahnenverehrung in den neuen Glauben zu integrieren. Das folgt dem Bedürfnis, weiterhin mit den eigenen Vorfahren verbunden zu bleiben und die Wurzeln zu wahren.

Ich persönlich erinnere mich gut an die Fotogalerie auf dem Piano bei einer Freundin meiner Großmutter. Dort hatte sie sämtliche vorangegangenen Familienmitglieder platziert. Da dies ein prominenter Ort war, waren sie somit immer präsent, und manchmal sprach sie im Vorbeigehen mit ihnen. Auch gab es eine Freundin meiner Mutter, die auf dem Kaminsims eine Sammlung von Schwarz-Weiß-Fotos aufgereiht hatte – bebilderte Familiengeschichte am Feuer. Wenn man abends vorm Kamin saß, war die ganze Familie dabei. Ich selbst allerdings hatte bei einigen der Fotografien immer das Gefühl, dass ich ungern mit ihnen in einem Raum bin. Fast so, als ob sie mir nicht wohlgesinnt waren. Auf den Unterschied zwischen »guten« und »schlechten« Ahnen gehe ich später nochmals genauer ein.

Ich selbst habe über die Jahre verschiedene Arten von Ahnenaltären in meinem Zuhause gehabt. Die naheliegendste Möglichkeit ist es, Fotos deiner Vorfahren – soweit es sie gibt – nebeneinander aufzustellen oder auch an der Wand miteinander zu arrangieren. So hatte ich Bilder meiner Eltern, Großeltern und Urgroßeltern beieinanderhängen. Dazu habe ich immer gern die Möglichkeit, eine Kerze anzuzünden, quasi als Licht, das ihnen den Weg weist.

Mit der Zeit wurde es mir persönlich allerdings etwas unwohl damit, denn ich hatte die ganze Zeit das Gefühl, dass ich nicht allein bin. Was für die Freundin meiner Großmutter ganz wunderbar war, engte mich ein. Jeder von uns hat ein anderes Gefühl von Privatsphäre, schätze ich, meines ist anscheinend empfindsamer. Die Vorstellung, dass jede meiner Bewegungen wahrgenommen wird, machte mich am Ende nicht entspannter. Statt einem Gefühl des Miteinanders entstand eines des Beobachtetwerdens. Das kann allerding durchaus mit meinen Ahnen und dem Verhältnis, das wir damals hatten, zu tun haben. Meine Großmutter mütterlicherseits hat mich immer arg kontrolliert und bewertet. Ein Bild von ihr präsent zu haben, triggerte dieses nur allzu bekannte Gefühl erheblich.

Auf der anderen Seite war es sehr hilfreich für mich, die Bilder meiner Großväter zu sehen, da ich beide nicht kennengelernt hatte. Durch die Präsenz im Foto konnte ich ihnen gefühlt etwas näherkommen. Ich entschied mich zu einem bestimmten Zeitpunkt, nur meine Großväter hängen zu lassen und den Altar in dem Sinne umzuwandeln, dass er als Kennenlernpunkt diente. Ich hielt dann dort Zwiesprache mit meinen Großvätern, stellte ihnen Fragen und versuchte herauszufinden, wer sie jenseits von Erzählungen und dramatischen Lebensenden gewesen waren. Es half mir sehr, sie jeden Tag zu sehen.

Eine andere Option für einen Ahnenaltar ist es, einen Ort in deinem Zuhause zu finden, an dem du Dinge platzierst, die stellvertretend für deine Ahnen stehen. Das können die Perlenohrringe der Großmutter sein oder das Zigarettenetui des Urgroßvaters. Vielleicht gibt es ja noch einige dieser Erbstücke, die weitergereicht wurden. Wenn das nicht der Fall ist, dann kannst du einfach stellvertretende Dinge finden.

Ich hatte zum Beispiel einen türkisfarbenen Aschenbecher mit Goldrand von meiner Großmutter väterlicherseits, den ich als Kerzenhalter nutzte, und im Zigarettenetui daneben platzierte ich die Streichhölzer. Ich hatte ein altes Buch meines Großvaters mütterlicherseits, das nach seinem Tod in seiner Schublade gefunden wurde und das meine Mutter lange bei sich hatte, und eine getrocknete Blume. Das Buch stand für die spirituelle Reise meines Großvaters – es war das *Tao-te-King* von Laotse, einem chinesischen Weisheitslehrer –, und ich nahm es symbolisch als Teil meiner spirituellen Wurzeln. Die getrocknete Blume stand für die Liebe meiner Großmutter zur Natur, sie liebte Blumen, Wälder und das Spazierengehen. Der Aschenbecher und das Zigarettenetui meiner anderen Großeltern standen für ihre Lebenslust und den Lebensstil, den sie pflegten – sie reisten gern und genossen das Dasein zusammen. Alle diese Elemente waren gute Erinnerungen für mich, sie symbolisierten Eigenschaften meiner Ahnen, die auch durch mich fließen.

Wenn du deinen Altar erschaffen hast, kannst du ihn ganz einfach mit einer Kerze zum Leben erwecken. Die Kerze steht für das Element Feuer und für Licht. Ich habe anfangs immer eine Kerze in einem Glas brennen lassen, um meinen Großvätern den Weg zu mir zu weisen. Ich wusste, sie sind beide im Schock gestorben, und somit wollte ich ihnen ein Licht im Dunkeln schicken. Gerade wenn es in deiner Linie Kriege, Genozide oder Morde gab, kann es helfen, ein Licht für diejenigen zu entzünden, die unter diesen Umständen ums Leben gekommen sind. Das ist schon ein erster Schritt, um aktiv Heilung in die Ahnenlinie zu bringen. Um Trauma, Schock und Unfall wird es später noch intensiver gehen.

Gestalte deinen eigenen Ahnenaltar

Du kannst deinen eigenen Ahnenaltar mithilfe der folgenden Inspiration gestalten. Vertraue dabei deinen eigenen Impulsen, auch wenn dir weitere Ideen kommen. Ich glaube tief daran, dass es gut ist, Inspiration zu haben und gleichzeitig der eigenen Intuition zu folgen. Sie kann schon der erste Hinweis deiner Ahnen sein. Vertraue deinem Bauchgefühl, denn Ahnen haben auch individuelle Bedürfnisse, und alle Familien sind unterschiedlich.

Materialien für deinen Altar könnten sein: Tischdecke, Servietten, Platzdeckchen, vier Steine (für jede Himmelsrichtung einen), ein Glas Wasser, ein Kristall, eine weiße Stumpenkerze, Erde oder Sand, Gaben für die Ahnen, Fotos oder Bilder der Ahnen, repräsentative Gegenstände von ihnen, eine Ahnenliste auf Papier.

Zuerst musst du dir einen Ort für deinen Altar aussuchen. Das kann ein kleiner Tisch oder Hocker sein oder auch die Stellfläche einer Kommode. Wenn du weder im Regal ein Fach frei hast noch sonst irgendwo eine Stellfläche, kannst du den Altar auch auf dem Boden errichten. Such dafür eine ruhige Ecke in deiner Wohnung aus, eine, an der du im Zweifel auch etwas verweilen kannst, um mit deinen Ahnen zu sprechen oder einfach bei ihnen zu sitzen.

Zuerst kannst du die Oberfläche mit Salzwasser reinigen – Salz ist dafür bekannt, Energien zu neutralisieren und zu reinigen. Dann kannst du über die Fläche eine weiße Tischdecke geben oder auch schöne Servietten oder Platzdeckchen. Ich folge hier der Devise: »Better done than perfect« – du hast später immer wieder die Möglichkeit, deinen Altar zu verändern und anzupassen. Ein Altar ist kein statisches Objekt, sondern ein lebendiger Ort.

Zu Beginn kannst du vier Steine wie einen Kompass anordnen. Um die Himmelsrichtungen herauszufinden, schau einfach mal morgens aus dem Fenster: Wo die Sonne aufgeht, dort ist Osten. Die Steine kommen im Idealfall von deinem Geburtstort oder aus der Region oder dem Land, in dem du geboren bist. Sie kreieren gemeinsam einen Energieraum, der sozusagen mit »Heimat« gefüllt wird. Du kannst auch mit Steinen, die du an deinem Wohnort gesammelt hast, beginnen. Bevor du sie auf den Altar legst, halte sie in den Händen und puste auf sie – damit hauchst du ihnen quasi deinen Atem ein. Konzentriere dich dabei auf deine Ahnen und Wurzeln und gib die Energie bewusst in die Steine.

In die Mitte der Steine platzierst du ein Glas mit Wasser, in das du einen Kristall legen kannst. Die Mitte repräsentiert die fünfte Himmelsrichtung, die kosmische Achse, den Weltenbaum Irminsul, der bei den Kelten alle neun Welten verbunden hat. Vor das Wasserglas stellst du eine Kerze, das kann ein Glas mit einem Teelicht sein oder eine weiße Stumpenkerze – auch hier kannst du nach und nach optimieren. Wunderbar ist es, wenn die Kerze auf etwas Erde oder Sand von deinem Wohnort oder einem Kraftplatz, den du mal besucht hast, steht. Das können auch nur ein paar Brösel sein, die Intention zählt. Im Zweifel kannst du in einen schönen Park oder den Stadtwald gehen und dort etwas Erde mitnehmen. Wichtig ist: Immer, wenn wir etwas nehmen, bitten wir zunächst um Erlaubnis und hinterlassen auch etwas. Das kann eine kleine Gabe wie eine Nuss sein oder im Notfall auch etwas Spucke.

Nun kannst du hinter das Wasserglas die Bilder deiner Ahnen stellen oder auch hängen, wenn du ein Regalbrett nutzt. Falls du keine Fotos hast, kannst du ihre Namen auch auf Papier oder eine Karte schreiben. Für den Fall, dass du deine Ahnen nicht namentlich kennst, kannst du etwas, was deine Herkunft repräsentiert, nehmen – das kann das Bild einer Flagge oder Landschaft sein. Bist du adoptiert, kannst du die Fotos oder Namen deiner angenommenen Familie nehmen oder sie für den Fall, dass du beide Familien kennst, neben die anderen stellen.

Ist der Altar komplett, kannst du ihn aktivieren. Manchmal kann es etwas dauern, bis du alles für den Altar zusammenhast, das ist vollkommen in Ordnung. Versuch jedoch, nicht in Perfektion zu verfallen. Eine Flagge kann auch erst mal einfach nur auf Papier gedruckt werden, ein Foto in einen vorläufigen Rahmen gestellt und das Wasserglas zunächst auch ohne Kristall aktiviert werden.

Impuls
Gestalte deinen Altar und nimm dir die Zeit, die du brauchst. Ein Altar muss nicht in zwei Stunden fertiggestellt sein. Wichtig ist die Intention, die in ihn fließt. Während du deinen Altar erschaffst, spüre in dich hinein, auf welchem Wege du den Kontakt zu deinen Ahnen pflegen könntest.

Den Altar aktivieren

Zur Aktivierung stell sicher, dass du einen ruhigen Rahmen schaffst und ungestört bist. Wenn du möchtest, kannst du den Altar nun schon mit Gaben schmücken. Das können frische Blumen sein – vielleicht kennst du noch die Lieblingsblumen deiner Oma – oder die oben beschriebenen Lieblingsbonbons einer Ahnin. Im Fall meiner Oma gab es eine Zeitlang immer ein Toffifee und für meine Omi Zitronenkekse. Auch hier: Mach es so gut, wie du kannst, die Intention zählt. Deine Ahnen kommen auch ohne Süßigkeiten.

Verbinde dich nun als Erstes mit deinen »Lieblingsahnen« – vielleicht hast du deine Großmutter besonders geliebt oder dich bei deinem Urgroßvater total geborgen gefühlt. Schließ gern deine Augen und tauche ein in die Erinnerungen, die euch miteinander verbinden. Dann kannst du sie ganz bewusst einladen, den Raum zu betreten. Du kannst ihnen sagen, dass du dich sehr über eine Wiederbegegnung freust.

Sobald du die Anwesenheit des jeweiligen Ahnen spüren kannst, öffne dein Herz ganz bewusst und heiße ihn oder sie herzlich willkommen. Wenn du willst, kannst du dir vorstellen, wie du einen Lichtstrahl aus deinem Herzen durch das Wasserglas zu dem Ahnen schickst und ihr euch dadurch noch einmal mehr verbindet. Erlaube allen Emotionen sich zu zeigen. Vielleicht bist du ergriffen, es laufen Tränen, oder du musst aufstoßen, weil sich alte Emotionen bewegen. Alles ist okay, lass es einfach zu, bis es sich beruhigt. Wenn du magst, kannst du dann die nächste Person einladen. Oder es auch einfach erst mal dabei belassen. Die Verbindung mit unseren Ahnen kann sehr machtvoll und manchmal auch überwältigend sein, sei also liebevoll mit dir. Deine Ahnen laufen nicht weg, versprochen. Wichtig ist mir zu sagen: Auch wenn du nicht direkt etwas spüren oder wahrnehmen solltest, wisse es passiert dennoch. Unsere Intention ist ein kraftvolles Instrument. Manchmal dürfen wir einfach wieder lernen, unsere Sinne Schritt für Schritt zu öffnen.

Mit den Ahnen kommunizieren

Nach der Aktivierung und dem Wiedertreffen derjenigen, die du auf dem Altar präsent hast, kannst du in den aktiven Dialog gehen. Vielleicht hast du Fragen oder Dinge, die du teilen möchtest. Fokussiere dich dabei immer erst mal nur auf eine Person deiner Linie und bitte sie, dich im Zweifelsfall weiterzuleiten zu dem- oder derjenigen, die die richtige Antwort hat. Wichtig ist es, dich jedes Mal am Ende zu bedanken, denn das zeugt von Respekt und der Achtung, die du den Ahnen entgegenbringst. Denk daran, die Gaben auf dem Altar regelmäßig zu erneuern und ihn sauber zu halten.

Ein Altar ist kein Ort, den wir nur aufsuchen, wenn wir Probleme haben, sondern eher ein Ort, an dem wir unseren Vorfahren und den Spirits begegnen können. Ich gehe jeden Morgen nach dem Zähneputzen an den Altar, begrüße alle, räuchere und sende meinen Segen in die Welt. Dabei grüße ich nicht nur meine Linie, sondern auch diejenigen, die weit davor kommen. Für mich sind das aktuell unter anderem Widolf und Wilmeid – die laut der Edda die mystischen Ahnen der Völvas, der altnordischen Seherinnen und Schamaninnen, sind und damit den Ursprung eines großen Teils meiner spirituellen Linie ausmachen. Eine Zeitlang habe ich mich ganz bewusst mit Lucy, die von Wissenschaftlern als die »Mutter der Menschheit« bezeichnet wird, verbunden. Es war die Zeit, in der ich mich intensiv mit meiner Menschlichkeit auseinandergesetzt habe.

Ich verbinde mich morgens immer bewusst nach unten mit der Erde und mit meinen physischen irdischen Ahnen und nach oben mit dem Kosmos und meinen spirituellen Ahnen. Viele Stämme und Nationen in Turtle Island, dem Teil der Welt, welchen wir heute als Nordamerika kennen, und die Menschen aus den Amazonas- und Andengebieten sagen, dass wir von den Sternenwesen abstammen, und faktisch wurde in Studien nachgewiesen, dass wir zum größten Teil aus Sternenstaub bestehen. Wissenschaftler fanden heraus, dass die Elemente, die 97 Prozent unseres Körpers ausmachen, aus der Mitte der Milchstraße stammen. Sie entstanden in ferner Vergangenheit im Inneren von Sternen und haben die Erde nach einer langen Reise erreicht, um das aus uns zu machen, was wir heute sind: Menschen. Somit gehe ich quasi auf Nummer sicher und binde alle potenziellen Ahnen in meine morgendliche Begrüßung ein. Denn auch wenn wir sie nicht immer sehen oder wahrnehmen, unsere Ahnen sind da. Wir sind das Resultat ihrer Gebete. Und wenn es ein Gebet von den Sternen war, möchte ich es hören.

Wenn du beginnst, deinen Altar zu beleben, überleg dir in Ruhe, wessen Foto du aufstellen beziehungsweise wessen Name du auf deine Liste setzen möchtest. Denn wie ich schon angesprochen habe, ist nicht jeder sofort bereit, uns zu unterstützen und mit an Bord zu sein, wenn es darum geht, gemeinsam Welten zu bewegen. Nur weil jemand tot ist, bedeutet das nicht, dass er uns direkt als Cheerleader zur Verfügung steht oder ein besserer Mensch geworden ist. Wenn du beispielsweise jemanden in der Familie hast, der ein Trickbetrüger war, kann es sein, dass die ersten Unterhaltungen mit ihm auch in dieser Qualität ablaufen. Das bedeutet, dass er vielleicht versuchen wird, dich auszutricksen, einfach weil das einer seiner Wesenszüge ist. Deswegen ist es auch immer hilfreich hineinzuspüren, wer für ein bestimmtes Anliegen der beste Ansprechpartner ist. Geht es darum, knifflige Sachverhalte zu lösen, dann kann der Trickbetrüger durchaus eine Lösung haben. Geht es um Beziehungsthemen, ist die mehrfach geschiedene Urgroßmutter vielleicht nicht die Richtige – oder eben doch, weil sie für sich eingestanden ist. Entscheidend ist, wie ihr Verhältnis zu Männern aussah und ob sie am Ende in Frieden gekommen ist. Brauchst du Unterstützung bei Prüfungen, Interviews oder Wissensfragen, hilft es, jemanden auszusuchen, der als besonders eloquent und wissend galt – vielleicht einen besonderen Bildungsabschluss hatte oder wissbegierig war.

Wenn du es nicht weißt, auch kein Problem. Dann frag einfach, wer der oder die beste Ansprechpartnerin für dein Thema ist. Und wenn sie erscheinen, frag sie, warum sie glauben, für dein Thema geeignet zu sein. Ist es ihr Ego, weil sie neunmalklug waren, oder ist es etwas, was sie mit dem Thema verbindet? Unsere Ahnen sind die Ersten, die wir um Hilfe bei sämtlichen weltlichen oder auch spirituellen Themen fragen können. Denn die Welt von Hel legt sich um die Erde und ist uns damit näher als die der Götter, die auf der anderen Seite von Hel liegt. Außerdem haben unsere Ahnen ein persönliches Interesse daran, dass es uns gut geht und wir selbst zu guten Ahnen werden können. Bei den Göttern ist das Interesse nicht ganz so persönlich ausgeprägt.

Eine Sache, die nicht zu vergessen ist: Sicherlich haben wir Vorstellungen von dem, was wir wollen, wenn wir uns an unsere Ahnen wenden. Sie haben allerdings im Blick, was wir brauchen. Unser Wollen wird oftmals von unserem Ego bestimmt. Das Brauchen hingegen basiert auf den tiefen Bedürfnissen unserer Seele. Wir sind also wirklich eingeladen, unseren Ahnen zu vertrauen, auch wenn sie uns auf einen Weg führen, den unser Ego sich weigert zu gehen. Auch wenn wir das Gefühl haben, dass wir unseren Willen nicht durchsetzen können und merken, dass wir dann bockig werden wie ein Kind, das seinen Lolli nicht bekommt. Mit den Ahnen zu kommunizieren bedeutet auch zu vertrauen.

Es bedeutet, die Kontrolle abzugeben und auf eine Macht, die größer ist als wir selbst, zu bauen. Nur dann funktioniert die Zusammenarbeit wirklich gut.

Es kann gut sein, dass die Antwort auf deine Frage in ganz unterschiedlicher Form kommt. Sie kann sich sofort in dir zeigen oder etwas später in deinem Leben. Es kann ein Traum sein, Geschichten, die über jemanden erzählt werden und die im Kern die Antwort enthalten, Zeichen, die dich auf eine Spur führen, oder ein Hinweis auf ein bestimmtes Buch.

Mein Tipp dazu ist: Fang klein an. Fang spielerisch an. Beginne mit Dingen, die nicht direkt über Leben und Tod entscheiden, sondern schau auf kleine Veränderungen und auf Situationen, in denen sich die Energie vielleicht auch erst mal nur minimal verändern muss, damit es wieder Liebe und Frieden geben kann. Auch wenn der Wunsch vollkommen nachvollziehbar ist, direkt die großen Dinge anzugehen und von den Ahnen magisch verändern zu lassen, so befindet ihr euch in einer wechselseitigen Beziehung. Da darf sich das Vertrauen erst mal aufbauen. Vertrauen bedeutet immer, in Vorleistung zu gehen, was uns Menschen oftmals leichterfällt bei Dingen, an denen nicht unser ganzes Herzblut hängt. Anstatt sich direkt einen neuen Boss zu wünschen, könnte man darum bitten, dass es bei der Arbeit Erleichterungen gibt. Anstatt direkt den Vater deiner künftigen Kinder treffen zu wollen, kannst du um gute Kontakte mit interessanten Männern bitten. Ich denke, das Prinzip ist klar.

Deine Ahnen werden dich auch ein wenig testen: Kommst du nur, wenn du was willst, oder denkst du auch zwischendurch an sie? Reinigst du den Altar regelmäßig, zündest du immer wieder eine neue Kerze an, sprichst du mit ihnen, wenn du spazieren gehst? Welchen Weg ihr auch immer findet, pflege ihn so, wie du deine irdischen Freundschaften pflegst. Wir können von Oma Greta nicht erwarten, dass sie uns ihr Vermögen vermacht, wenn wir sie die letzten zwanzig Jahre weder besucht noch ihr mal eine Karte geschrieben haben.

Ein Ahnenaltar für besondere Zwecke

Neben dem Altar für deine Ahnen ganz allgemein kannst du selbstverständlich auch Orte für deine spirituellen, kreativen oder inspirierenden Ahnen schaffen. So kannst du an deinem Arbeitsplatz Bilder von inspirierenden Frauen platzieren mit der Intention, dass ihr Wissen und ihre Weisheit dich unterstützen. Diese Frauen können so etwas wie deine »Karriere-Ahninnen« sein. Bist du Naturwissenschaftlerin, könnten das beispielsweise Marie Curie oder Ada Lovelace sein. Schau einfach mal, wer in deinem Bereich als Frau etwas Besonderes erschaffen oder auch etwas verändert hat. Du kannst dich mit dem Spirit dieser Frauen verbinden und sie ebenso um Unterstützung bitten wie deine familiären Ahnen.

Wichtig ist hierbei, dass nicht nur dein Einzelinteresse im Vordergrund steht, sondern du dich dabei immer auch mit dem Kollektiv der Frauen verbindest. Denn deine Schritte verändern für alle Frauen die Welt. An dieser Stelle kommt der Ausspruch »Für das höchste und beste Gute aller Frauen« zum Einsatz.

Bist du gerade dabei, ein Instrument zu erlernen, kannst du dir hervorragende Musikerinnen an deinen Übungsplatz hängen. Schreibst du ein Buch, sind es herausragende Schriftstellerinnen, die entweder bestimmte Eigenschaften hatten, die du selbst ersehnst, oder die führend in deinem Genre waren. Als

Krimiautorin würde ich mir beispielsweise Agatha Christie hinhängen, die nicht nur brillante Krimis geschrieben hat, sondern auch die klassische Erzählweise revolutioniert hat und gleichzeitig eine wirklich spannende Frau mit einem interessanten Leben war.

Auch bei diesen gewählten Ahninnen gilt es, zunächst mit ihnen in Kontakt zu gehen und dir genau zu überlegen, wofür sie für dich stehen und wie sie dich unterstützen können. Ich persönlich hatte eine ganze Zeitlang ein Wallpaper für meinen Laptop, auf dem starke Frauen aus der Geschichte zu sehen waren. Wichtig waren mir dabei unter anderem Maria Magdalena, die Seherin Veleda und Hildegard von Bingen.

Impuls
An welchen Plätzen in deinem Leben willst du dir einen Altar für spezielle Zwecke einrichten? Wo wünschst du dir »Expertenunterstützung«? Welche Frauen fallen dir direkt dafür ein?

Mit der eigenen Linie in Kontakt gehen

Um mit unseren Ahnen in Kontakt zu gehen, braucht es einen Raum – insbesondere zu Anfang, wenn du gerade beginnst, diese Beziehung aufzubauen, zu pflegen und zu intensivieren. Zeremonien bilden diesen Raum. Und auch wenn jede Zeremonie etwas anders ist, so gibt es doch immer einen grundsätzlichen Rahmen, innerhalb dessen sie fließt. Zeremonien eröffnen den Raum zwischen der sichtbaren und der unsichtbaren Welt, sie können wie ein Portal wirken. Es gibt unzählige Abhandlungen darüber, wie Zeremonien und auch Rituale durchzuführen sind, jedoch gibt es einige grundlegende Elemente, die sich in vielen Traditionen weltweit wiederfinden und die eine kraftvolle Basis bilden. Ich möchte dir hier meine Form der zeremoniellen Arbeit mit den Ahnen vorstellen.

Die Zeremonie als Werkzeug zur Kontaktaufnahme mit den Ahnen

Ich persönlich habe gelernt, dass es die eigene Erfahrung und immerwährende Praxis ist, die Zeremonien wachsen lassen und ihnen schlussendlich auch eine eigene Note geben. Denn unser persönlicher Charakter kann sich auch in unseren Zeremonien widerspiegeln. Manche sind lauter, manche sind dekorativer, manche sind begleitet von Musik. Die Zeremonien in diesem Buch sind so gestaltet, dass du ihnen einfach folgen kannst. Stehst du mit der Zeremonienarbeit am Anfang, versuche einfach, dich an die einzelnen Schritte zu halten. Wenn du dich unsicher fühlst, such dir jemanden, der dir dabei hilft, die Basis der zeremoniellen Arbeit zu erlernen.

Folgst du den Zeremonien in diesem Buch Schritt für Schritt, wirst du spüren, wie du nach und nach tiefer eintauchst in die Welt deiner Ahnen. Je tiefer du tauchst, desto höher wirst du am Ende steigen. Denn mit dem Lösen der Themen in der Ahnenlinie wirst du eine klare und kraftvolle Vision für dich entwickeln.

Einige Zeremonien können sich kraftvoller anfühlen als andere, das ist absolut in Ordnung. Es kann sein, dass dich einige ihrer Themen überhaupt nicht ansprechen oder betreffen, dann

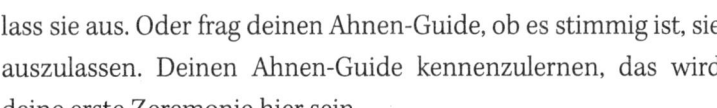

lass sie aus. Oder frag deinen Ahnen-Guide, ob es stimmig ist, sie auszulassen. Deinen Ahnen-Guide kennenzulernen, das wird deine erste Zeremonie hier sein.

Grundlagen einer Zeremonie

Für mich stellt eine Zeremonie einen heiligen Raum dar, in dem magische Dinge geschehen können. Wenn ich eine Zeremonie gestalte, ist es fast so, als ob ich einen nicht sichtbaren Raum öffne. Als ich begonnen habe, an Zeremonien teilzunehmen und sie bewusst zu erleben, habe ich immer wieder festgestellt, dass dort Dinge passieren, die »außerhalb« dieses Settings nicht passieren. Ich war beeindruckt davon, dass selbst an hoch frequentierten Orten niemand von außerhalb des Geschehens gestört hat. Mit der Zeit habe ich gelernt, dass zu Beginn einer Zeremonie ein heiliger Raum eröffnet wird. Das kann man sich wie einen imaginären Kreis oder eine Kuppel über der Gruppe der Teilnehmenden vorstellen. Dieser energetische Raum sorgt dafür, dass die Energie, die während der Zeremonie entsteht, gehalten und buchstäblich nicht davongetragen wird.

So kann es auch sein, dass du in deinen Zeremonien das Gefühl hast, dass sie nur zwanzig Minuten gedauert haben, während in Wirklichkeit deutlich mehr als eine Stunde vergangen ist. Vielleicht kennst du das Gefühl von Tätigkeiten, die dich besonders begeistern und bei denen du auch in eine Art magischen Raum eintauchst und die Zeit vergisst. Dadurch, dass wir in Zeremonien – vor allem, wenn wir mit den Ahnen arbeiten – über die Zeiten hinweg verbunden sind, wird diese Dimension durchlässig. Wir schaffen einen Raum, in dem sich Gegenwart und Vergangenheit begegnen. Das ist es, was ich unter dem heiligen Raum verstehe. Deswegen ist es auch wichtig, am Ende jeder Zeremonie diesen Raum bewusst zu schließen: ob wir die imaginäre Kuppel wieder zusammenziehen oder den Kreis auflösen, was auch immer es ist, um ganz bewusst aus dem Space herauszutreten. In manchen Traditionen gibt es Kreise, die physisch gezogen werden, mit Steinen, Asche oder Pflanzen, und die am Ende der Zeremonie bewusst aufgebrochen werden. Oder das für die Zeremonie entfachte Feuer wird bewusst gelöscht.

Durch diesen Raum, der jenseits von Zeit und Ort entstehen kann, ist es unerlässlich, vorab immer eine klare Intention zu setzen. Die Intention ist quasi der Wegweiser, der uns in die Zeremonie begleitet. Es könnte eine Frage sein, auf die wir eine Antwort möchten, oder die Intention, Heilung in eine Angelegenheit zu bringen. Nach dem Setzen der Intention gilt es, sich für die Art und Weise, wie wir unsere Antwort erhalten oder wie die Transformation geschehen mag, zu öffnen. Ich habe gelernt, dass mir Zeremonien nicht immer das geben, was ich möchte, doch dass ich immer das bekomme, was ich brauche. Auch wenn es mir manchmal erst später wirklich klar wird.

Wichtig ist, immer genügend Zeit für die jeweilige Zeremonie einzuplanen und dafür zu sorgen, dass du einen ungestörten Raum hast. Das kann dein Wohnzimmer sein oder auch eine einsame Lichtung im Wald. Wo auch immer du dich wohlfühlst. Du kannst auch zu Hause mit der ersten Zeremonie beginnen und bei der nächsten den Ort wechseln. Ich habe damals in meinen eigenen vier Wänden gestartet, da ich diese Umgebung kontrollieren konnte und die Sicherheit eines Ortes schätzte, den ich kenne und an dem mich keiner stört. Dazu gehört auch, das Handy stumm zu schalten und im Zweifel die Klingel auszustellen.

Während der Zeremonien in diesem Buch begeben wir uns auf Reisen und quasi zu Dates mit unseren Ahnen. Dabei kann es hilfreich sein, die Augen zu schließen und bewusst den Fokus nach innen zu richten. Denn so können wir unsere ganzen Sinne nutzen.

Manche von uns sehen Dinge vor ihrem inneren Auge, andere bekommen Gefühle zu etwas. Doch selbst wenn du den Eindruck hast, dass du weder etwas siehst noch fühlst, dann kannst du dir aktiv Dinge vorstellen.

Deine Intention ist kraftvoller, als du dich oft erinnerst. Siehst du also die Ahnenlinie beispielsweise nicht direkt vor deinem inneren Auge, dann stell sie dir vor. Und lass dich überraschen, was passiert. Es ist nur unser Kopf, der Ansprüche stellt, wie eine Zeremonie zu sein hat. Ich kenne Menschen, die während einer Ahnenzeremonie in totaler Stille sind und scheinbar nichts wahrnehmen. Sie setzen vorher eine klare Intention – und auch wenn sie bewusst nichts wahrgenommen haben, so meldet sich beispielsweise trotzdem kurz darauf ein Verwandter mit dem fehlenden Puzzleteilchen ihrer Geschichte, oder sie bekommen auf anderen Wegen Zeichen von ihren Ahnen. Wenn wir uns davon lösen können, vermeintlichen Ansprüchen genügen zu wollen, und uns einfach auf das einlassen, was ist, können wahrlich magische Dinge geschehen.

Wenn du deinen Raum gefunden oder geschaffen hast, der klar und ungestört ist, gilt es, all die notwendigen Utensilien zur Hand zu haben. Ich habe mir angewöhnt, wie bei einem Kochrezept erst alles zurechtzulegen und dann zu beginnen. Wenn alles da ist, gestalte ich den Raum, indem ich ihn auch physisch durch Steine oder andere Gegenstände markiere. Ich lege sie auf den Boden und markiere damit meinen Space.

Wenn der Raum und alle Utensilien vorbereitet sind, beginnt die Zeremonie, zu der immer die folgenden Elemente gehören:

- Reinigung
- Eröffnung des heiligen Raumes und Setzen der Intention
- Transformation – die eigentliche Arbeit und Kommunikation
- Danksagung an alle Beteiligten
- Abschluss und Schließen des heiligen Raumes

Zuerst gilt es also, den Raum und auch uns selbst und alle anderen anwesenden Personen zu reinigen. Das kann durch Räuchern, Sound oder Flüssigkeiten geschehen. In Mittelamerika wird beispielsweise Aqua de Florida, ein Eau de Cologne, für die Reinigung genutzt und gesprenkelt, in Europa nutzte man unter anderem Beifuß zum Räuchern, in anderen Kulturen wird getrommelt oder gesungen.

Als Nächstes folgt die Eröffnung der Zeremonie. Ich persönlich entzünde dafür gern eine Kerze, es kann aber auch eine Anrufung sein oder ein bestimmtes Lied. Ich nutze diesen Moment, um alle mich unterstützenden Kräfte und Wesen anzurufen und einzuladen. Diese Eröffnung darf aus dem tiefsten Herzen kommen, denn je kraftvoller sie ist, desto einfacher fließt alles danach.

Was eine Zeremonie zu einer Zeremonie macht, ist die Intention, mit der wir sie begehen. Denn durch die Intention erwecken wir das, was wir tun, zum Leben. Wir hauchen ihm Glauben, Magie und Medizin ein. Hier liegt für mich auch der Unterschied zwischen Zeremonie und Ritual – und Laotse schreibt dazu im *Tao-te-King*:

»Wenn die Moral verloren geht, herrscht das Ritual.
Das Ritual ist die bloße Hülle des wahren Glaubens.
Es ist der Beginn des Wirrwarrs.
Daher beschäftigt sich der Meister
mit der Tiefe und nicht mit der Oberfläche.
Mit der Frucht und nicht mit der Blüte.«

Das bedeutet für uns in der modernen Welt, uns den Moment zu nehmen, um etwas tiefer zu blicken als auf das, was sich an der Oberfläche befindet. Um zu fragen, wo der Ursprung liegt und welche Bedeutung hinter den Dingen steckt. Oder ihnen im Zweifel unsere eigene Bedeutung zu geben. Solange wir einfach wiederholen, was uns beigebracht wurde, »weil man das eben so macht«, so lange gestalten wir ein Ritual. Eine festgelegte Abfolge von zeremoniellen Elementen, die im Zweifel schön anzusehen, jedoch nur eine Hülle sind. Dies ist der Moment, in dem der Wirrwarr entsteht – nicht notwendigerweise im Außen, jedoch im Innen. Denn das, was wir uns erhoffen, bleibt aus, die Verbindung, nach der sich unsere Seele sehnt, wird nicht hergestellt. Es ist fast wie eine offene Schlinge, in der wir dennoch festhängen.

Sobald wir jedoch Liebe, Intention und einen Fokus als Zutaten hinzugeben, kann daraus die Magie und Medizin entstehen, die wir suchen. Dann ist es nicht mehr entscheidend, wie das Arrangement aussieht, sondern mit welcher Energie und Intention wir präsent sind. Dann ist es nicht mehr relevant, ob die Situation instagramtauglich ist oder wir besonders hübsch sind, sondern dass wir präsent im Hier und Jetzt sind. Das ist der Moment, in dem die Zeremonie ihre eigentliche Wirkung entfaltet. Und so können wir selbst entscheiden, wie wir jede einzelne Handlung begehen. Wie viel Energie und Fokus wir in den Geburtstagskuchen geben, mit welcher Intention wir das Osterfeuer entzünden, mit welcher Tiefe wir uns in die nächste Begegnung mit unseren Ahnen begeben.

Zeremonien sind heilige Momente, die uns seit Urzeiten begleiten. Und es ist an uns, diese heiligen Momente wieder ins Hier und Jetzt zu bringen. Beginnen können wir dabei im Kleinen. Indem wir jede unserer Handlungen mit einer Intention durchführen. Indem wir in wichtigen Momenten bewusst präsent sind. Indem wir es uns wieder erlauben, uns mit dem Ruf unserer Seele zu verbinden.

Denn unsere Seele ist im Hier und Jetzt zu Hause. Sie war es schon immer. In der Vergangenheit lebt der Verstand, in der Zukunft der Mindfuck mit seinen ewigen »Was wäre, wenn«-Gedankenketten. Und so zelebrieren Zeremonien genau das, was hier und jetzt präsent ist.

Dein Ahnenteam entdecken

In diesem Kapitel lernst du, wie du dir dein Ahnenteam zusammenstellen kannst, das dich dann bei der weiteren Heilarbeit mit deinen Ahnen (und darüber hinaus) unterstützen wird. Wie schon erwähnt gibt es in jeder Linie friedvolle und nicht friedvolle Ahnen. In unser Team lassen wir logischerweise nur friedvolle Personen. Doch nicht jeder, der friedvoll ist, ist geeignet. Dein Team besteht aus Ahnen, die dich leiten, begleiten und dir aktiv helfen, die Linie zu heilen und deine Fähigkeiten und Fertigkeiten zu erweitern und zu vertiefen. So gibt es deinen Guide und deine Mentoren. Der Guide ist derjenige, der wie ein helles Licht in deiner Linie sitzt und der kraftvollste Punkt ist. Deine Mentoren sind diejenigen, deren Gaben du in dir trägst und die dir zeigen, wie du sie in diesem Leben einsetzen kannst. Sie können dir auch beratend zur Seite stehen. Guide und Mentoren können dir ebenfalls helfen, später eine kraftvolle Vision zu entwickeln und deinen eigenen Weg zu finden.

Deinen Ahnen-Guide finden

Dein Ahnen-Guide ist jemand, der Teil deiner Linie und in der Lage ist, dich bei der Aufgabe der Reinigung und Heilung dieser Linie zu unterstützen. Diejenigen, die sich als Guides zeigen können, sind Ahnen, deren Leben außerordentlich war. Nicht im Hinblick auf Leistungen oder kriegerische Eroberungen, sondern im Hinblick auf Liebe, Weisheit, Verbundenheit, Frieden und Freiheit. Sie sind außerordentlich, da ihre Qualitäten anderswo so nicht in der Linie zu finden sind. Sie sind quasi so etwas wie Leuchttürme. Ihre Energie und Strahlkraft sind durch das Dunkel der Linie zu entdecken. Ein Ahnen-Guide ist der Punkt, bevor die Dunkelheit, das Trauma oder der Schmerz in die Linie getreten ist. Er zeigt uns unser eigenes Potenzial durch das Sein, das er verkörpert. Oftmals führt er uns weit zurück in der eigenen Linie, vor die Zeit der Kolonialisierung, der Christianisierung, der Missionierung, der Kulturalisierung. Er führt uns so weit zurück, bis wieder die wahre Verbindung spürbar wird.

Für mich persönlich war es eine Überraschung zu erfahren, wie weit ich in meiner Linie zurückgehen musste, um meinen Guide zu finden. Meine Zeremonie brachte mich in eine Zeit weit vor der Christianisierung und Christus selbst. Was sich für mich auch erst ganz weit weg anfühlte, war plötzlich ganz nah.

Mein Ahnen-Guide ist ein weiser Älterer mit grauem Bart. Er hat etwa eintausendvierhundert Jahre vor Christus in Europa gelebt. Er war ein Druide und in tiefer Hingabe an die Göttin verbunden mit den Wäldern und Hainen. Es war eine sehr berührende Begegnung, und seit ich ihn kenne, hat er mich auch nicht mehr verlassen. Er war noch vollkommen eins mit sich und der Natur, total im Reinen und verbunden mit seiner Spiritualität. Als ich ihn traf, spürte ich nichts außer Liebe und das Gefühl, endlich jemanden gefunden zu haben, den ich schon so lange suchte. Es war fast so, als ob ein Teil von mir wieder da war. Denn durch ihn hatte ich auf einmal die Möglichkeit, Zugang zur wahren Kraft dieser Ahnenlinie zu bekommen. Ich konnte die Weisheit spüren, die über die Jahrtausende verdrängt wurde, die Magie und Medizin, die über die Generationen versteckt wurden, und eine Klarheit und Verbundenheit, die in Zeiten von Angst und Verfolgung gewichen waren. Diese Verbindung berührte mich tief im Herzen, und die Kraft, die daraus entstand, bewegt mich bis heute immer neu.

Zu Beginn meiner Arbeit mit den Ahnen wusste ich nichts von einem Ahnen-Guide und habe viel der Arbeit allein oder mithilfe meiner Spirit Guides gemacht (Spirit Guides können Schutzengel, Naturgeister oder andere Wesen sein, die uns begleiten). Durch die Verbindung mit diesem älteren weisen Mann begann meine Arbeit eine Tiefe, Kraft und Klarheit zu bekommen, wie ich sie vorher nicht kannte. Ich hatte auf einmal einen Verbündeten auf der anderen Seite der Dunkelheit, und gemeinsam konnten wir Dinge bewegen, die für mich allein einfach zu groß waren. Bis heute bin ich tief dankbar, dass ich durch ein zufälliges Gespräch, das ich auf einem Gathering hatte, auf das Konzept des Ahnen-Guides gestoßen bin.

Wenn du dich aufmachst, deinen persönlichen Ahnen-Guide zu treffen, dann sei dir sicher, dass du bereit bist. Denn es ist eine Erfahrung. Wenn du gemeinsam mit deinen Geschwistern an deiner Linie arbeitest, kann es gut sein, dass ihr unterschiedliche Guides bekommt, einfach weil eure Aufgaben unterschiedlich sein können.

Diese und alle weiteren Zeremonien findest Du auch unter dem Link auf Seite 252 als Audiodateien zum Streamen und Download: So kannst du den einzelnen Schritten am besten folgen und dich voll und ganz auf das Gesagte konzentrieren.

Zeremonie:
Verbindung mit deinem Ahnen-Guide aufnehmen

Dauer: ein bis zwei Stunden
Material: Notizbuch und Stift, Kerze, ein Glas Wasser mit einer Prise Salz, Räucherwerk, vier Steine, eine Glocke oder Feder
Inhalt: Öffnung für Führung / Finden deines Ahnen-Guides / Kennenlernen deines Ahnen-Guides / Empfangen einer Botschaft und Aufgabe

Um dich mit deinem Ahnen-Guide zu verbinden, brauchst du Zeit und einen ungestörten Rahmen. Plane gut ein bis zwei Stunden ein, damit du nicht das Gefühl hast, dich beeilen zu müssen, und im Anschluss auch nicht direkt los zum nächsten Termin musst. Dies ist tiefe energetische Arbeit. Du kannst sie zu Hause oder in der Natur machen – dann sorge dafür, dass du an einem Ort bist, an dem dich niemand unterbricht oder neben dir auf die Bank will.

Hast du deinen Ort gefunden und jemanden, der dich leitet – mich von der Aufnahme, dich oder eine Freundin –, dann eröffne den Raum so, wie du es für dich machen willst. Du kannst dazu eine Kerze entzünden, deine Spirit Guides rufen, etwas räuchern – weißer Salbei oder Beifuß, um den Raum zu säubern, Weihrauch, um ihn zu öffnen – oder eine andere Handlung durchführen, die für dich stimmig ist. Passt die Idee von Spirit Guides nicht für dich, dann kannst du dir auch einfach vorstellen, wie du von unterstützender Energie umgeben bist. Du kannst auch die Himmelsrichtungen mit Steinen markieren oder einen Kreis aus Blumen oder Blättern um dich ziehen. Mit den genannten Materialien hast du alle Elemente repräsentiert. Verteile sie an deinem Platz.

Nimm dann in der Mitte des Raumes, den du schaffst, Platz. Lehnst du dich an einen großen Baum in der Natur, bitte ihn zuvor um Erlaubnis und frage ihn, ob er bereit ist, dir mit deinem Anliegen den Raum zu halten. Dann finde eine bequeme Sitzposition und schließ deine Augen.

Nimm ein paar tiefe Atemzüge und spüre, wie der Atem durch deinen Körper gleitet. Atme ganz bewusst bis tief in deinen Unterbauch ein. Visualisiere dabei Licht und Liebe, die in dich einströmen, einfach und leicht. Mit jedem Ausatmen lässt du all die Anspannung vom Tag gehen, atmest bewusst all die kreisenden Gedanken aus und löst deine Verspannungen. Nimm dir dafür so viel Zeit, wie du brauchst. Manchmal reichen fünf Atemzüge, manchmal sind es fünfzehn. Komm voll und ganz in diesem Moment an. Dann rufe deine Spirit Guides, wenn du welche hast, dein Krafttier oder deinen Schutzengel. Was auch immer für dich passend ist und wer auch immer dich begleiten darf und soll. Lade sie ein, den Raum, den du öffnest, mit dir zu betreten, und spüre, wie sie deiner Aufforderung nachkommen. Wenn du keinen Spirit Guide hast und dir die Idee eines Schutzengels zusagt, rufe diesen. Er wird kommen.

An dieser Stelle noch einmal die Erinnerung: Wir müssen nicht immer alles sehen. Es kann sein, dass du Wärme spürst, einen Luftzug, dass du etwas riechst oder jemanden vor dir siehst. Und es kann sein, dass du das Gefühl hast, dass nichts passiert. Auch das ist in Ordnung. Nur weil wir Dinge manchmal noch nicht ganz genau wahrnehmen, heißt es nicht, dass sie nicht passieren. Die Macht unserer Intention ist kraftvoller, als unser Kopf es sich vorstellen kann. Passt die Idee eines Spirit Guides nicht für dich, dann kannst du dir auch einfach vorstellen, wie du umgeben bist von unterstützender Energie.

Atme ein paar Mal tief ein und aus. Dann setze deine klare Intention für diese Zeremonie. Dabei kannst du wählen, auf welche Linie du dich beziehen möchtest. Du kannst es laut oder leise sagen: »Ich bin heute hier und eröffne den Raum, um mich mit meinem Ahnen-Guide aus meiner mütterlichen/väterlichen Linie zu verbinden. Ich bin bereit, die Führung durch einen friedvollen, guten Ahnen anzunehmen. Ich bitte die Anwesenden um Unterstützung und Führung.« Spüre hinein und stell sicher, dass du unterstützt wirst. Dabei ist es auch in Ordnung, wenn du »nichts« fühlst – neutral ist quasi ein Okay.

Dann fokussierst du dich auf deine Füße und spürst, wie sich aus ihnen Wurzeln bewegen, die Wurzeln des Stammbaumes der Linie, die du angerufen hast. Vor deinem inneren Auge kannst du sehen, wie an den Gabelungen der Wurzeln Menschen oder Energiepunkte auftauchen. Vielleicht kannst du es auch spüren. Du kannst den Wurzeln einfach intuitiv folgen. Vielleicht gibt es direkt einen Ort, der besonders hell ist oder jemanden, der deine Aufmerksamkeit erregt. Denk nicht nach, folge den Zeichen und lass dich leiten. Geh bis an den Punkt, an dem du eine klare und helle, eine friedliche und von Liebe erfüllte Verbindung spüren kannst.

Nimm sie für dich wahr. Bei der Suche nach dem Ahnen-Guide geht es nicht nur um Sympathie – viele deiner Ahnen können dir sehr sympathisch sein –, sondern es geht um Klarheit, Kraft, Weisheit, Präsenz und Energie. Es gilt hier, nicht einen Freund, sondern einen Guide zu finden. Jemanden, der die Linie überblicken kann, den nichts so schnell aus der Bahn wirft und der dich etwas lehren kann. Jemanden, der in seiner Macht ist und ein gutes Herz hat. Es ist die weise Alte, die du suchst, nicht die Oma, die dir Schokolade gibt. Es ist die Suche nach dem angesehenen Stammesführer.

Du reist also zurück in deiner Linie, zu dem Moment, in dem sich die Linie noch in einem guten, heilen, klaren Zustand befand. Du kannst dir Zeit nehmen und hast die Erlaubnis, Schritt für Schritt weiter zurück durch die Linie zu reisen, bis du das Gefühl hast, hier bist du richtig.

Es kann gut sein, dass du begrüßt wirst. Nähere dich der Person mit Demut und Respekt und erinnere dich daran, dass das Gebet derjenigen oder desjenigen dazu geführt hat, dass du heute auf dieser Erde wandelst. Stell dich vor und trag dein Anliegen vor. Teile mit, dass du jemanden suchst, der dir hilft, deine Linie zu heilen, die Themen zu transformieren und die Energie zu klären. Für dich und für diejenigen, die nach dir kommen werden. Bedanke dich auch dafür, dass du durch ihn oder sie in diese Welt gekommen bist, und erkenne damit eure jeweilige Position an.

Wenn du eine positive Reaktion bekommst, hast du deinen Ahnen-Guide gefunden. Wenn nicht, kannst du fragen, was die Aufgabe desjenigen ist. Bedanke dich, wissend, ihr könnt euch jederzeit wiedertreffen, und geh weiter.

Hast du deinen Guide gefunden, dann verweile dort. Gib euch Zeit, euch kennenzulernen. Vielleicht bekommst du eine

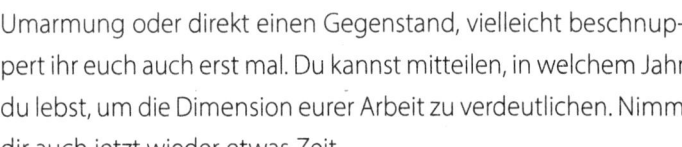

2. Aus den Wurzeln schöpfen

Umarmung oder direkt einen Gegenstand, vielleicht beschnuppert ihr euch auch erst mal. Du kannst mitteilen, in welchem Jahr du lebst, um die Dimension eurer Arbeit zu verdeutlichen. Nimm dir auch jetzt wieder etwas Zeit.

Dann kannst du um Informationen bitten, vielleicht gibt es etwas, was dir die Person aus ihrem Leben mitteilen möchte, oder es gibt etwas, was du wissen willst. Wähle deine Fragen aus deinem Herzen. Sei offen und lass dich überraschen, welche Kräfte, Magie, Weisheit oder Fähigkeiten durch diese Linie fließen. Nimm dir so viel Zeit, wie du brauchst, und erlaube dir, dich wirklich auf diese Verbindung einzulassen. Du kannst auch nach einer Botschaft fragen, vielleicht zeigt dir dieser Ahn etwas, vielleicht bekommst du einen Geruch geschenkt – was auch immer es sein mag, nimm es einfach an. Versuche, es nicht zu bewerten, wenn es für den Kopf keinen Sinn macht oder du nicht direkt einen logischen Zusammenhang herstellen kannst. Diese Verbindung und diese Botschaften gehen über die limitierte Logik des Verstandes hinaus. Kannst du die Zeichen nicht direkt deuten, nimm sie als ein Geschenk an. Sie sind wie ein Samen, der wachsen wird, und irgendwann kannst du erkennen, welche Pflanze daraus entsteht.

Nun frage, ob die Person bereit ist, dein Ahnen-Guide zu sein und dich bei der Arbeit zu unterstützen, und biete gleichzeitig an, dass du eure Verbindung ehren und respektieren möchtest. Frage auch danach, wie du das tun kannst. Durch eine Geste vielleicht, ein Commitment, eine Tat. Vielleicht sollst du morgens Weihrauch räuchern, vielleicht gibt es ein Lied, das von dir gesungen werden will, vielleicht bist du angehalten, jeden Tag zehn Minuten vor deinem Ahnenaltar zu verbringen. Es können Gaben sein wie bestimmte Blumen oder auch ein Gebet, das du zu einer bestimmten Tageszeit sprichst. Lass dich überraschen und öffne dich dafür. Und auch hier: Erlaube dem Kopf nicht, dazwischenzugrätschen mit einem: »Oh, wie soll ich das denn machen?« oder »Das kann ja gar nicht funktionieren!« Nimm dir auch an dieser Stelle ausreichend Zeit.

Dann dreht euch beide so, dass ihr die Linie sehen könnt, auf der du gekommen bist. Nimm wahr, wie weit du gereist bist und wie die Energie durch die Linie fließt. Vielleicht ist sie an einzelnen Stellen heller oder dunkler. Es kann sein, dass du unterschiedliche Farbqualitäten bemerkst oder unterschiedliche Geschwindigkeiten. Bitte deinen Ahnen-Guide nun um einen Segen, den du auf deinem Weg mitnehmen kannst. Er kann in Form von Energie erfolgen oder einem Licht oder einer anderen Qualität. Bedanke dich und verabschiede dich für den Moment, wissend, ihr seid nun bewusst verbunden. Ab jetzt könnt ihr direkt kommunizieren und müsst nicht mehr durch die Generationen reisen.

Dann schreite ganz bewusst zurück auf der Linie mit dem Segen des gesunden, heilen, kraftvollen Ahnen und spüre, wie seine Energie beginnt, in der Linie die Energie zu transformieren. Schreite bewusst voran, bleib nicht stehen und fokussiere dich auf deinen Weg. Lass dich nicht ablenken oder in ein Gespräch verwickeln. Für diesen Moment ist dein Fokus der Weg zurück. Für alles andere bekommst du später die richtigen Tools. Spüre, wie du mit jedem Schritt wieder mehr im Hier und Jetzt ankommst, wie du wieder in deinem Körper Platz nimmst. Nimm ganz bewusst drei tiefe Atemzüge. Bedanke dich bei deinen Spirit Guides. Bewege deine Finger und Füße, strecke dich und öffne langsam wieder deine Augen. Spüre, wie die Verbindung mit deinem Ahnen-Guide weiterhin hält.

Dann nimm dir dein Notizbuch und schreib dir auf, was du erlebt hast, bevor der Verstand es negieren kann. Du kannst

Dinge zeichnen oder einfach nur schreiben, was für dich am passendsten ist. Nimm dir dazu fünfzehn Minuten Zeit und lass es fließen. Zum Abschluss puste die Kerze aus und schließe den Raum, indem du sagst: »Ich schließe den Zeremonienraum.« Dann tritt aus dem physischen Ort, den du geschaffen hast, sammle deine Gegenstände ein und platziere sie an ihrem ursprünglichen Ort. Trink das Glas Wasser, um dich zu erden und alles gut im Fluss zu halten.

Du kannst diese Reise auch wiederholen, wenn du beim ersten Mal das Gefühl hast, nicht wirklich zu deinem Guide gelangt zu sein. Alles darf Schritt für Schritt geschehen. Auch in diesen Dingen macht Übung den Meister. Wenn du eine Freundin bittest, dich zu begleiten, kann sie eventuell auch schon zwischendurch einige Dinge aufschreiben, und das kann helfen, dass du dich wirklich fallen lassen kannst.

Wichtig ist, dass du im Anschluss wirklich auch konsequent beim Umsetzen deiner Vereinbarung bist. Die Verbindung mit deinem Ahnen-Guide ist wie eine neue Beziehung, die sich aufbaut. In so einer Beziehung hält man sich auch an Vereinbarungen und Abmachungen, kommt nicht zu spät zu Verabredungen und lasst den anderen nicht einfach so stehen. Nur weil jemand nicht im physischen Körper präsent ist, bedeutet es nicht, dass die Beziehung weniger wichtig ist. Sie kann im Zweifelsfall sogar tiefgehender und machtvoller werden als deine irdischen Beziehungen. Es liegt an dir. Wenn die Vereinbarung war, Blumen an den Altar zu stellen, dann heißt es jetzt, Blumen zu besorgen. Wenn du gebeten wurdest, ein bestimmtes Lied zu singen, dann nutze deine Stimme, um es ins Leben zu bringen.

Deinen Ahnen-Mentor finden

Auch wenn jeder Ahn und jede Ahnin in einer Linie mit uns verbunden ist, so gibt es doch immer eine bestimmte Person in der Linie, die eine ganz besondere Verbindung mit uns hat. Ich nenne diese Person gern unsere Ahnen-Mentorin oder unseren Ahnen-Mentor. Oftmals ist das die Person, die uns in unseren Lebensweg einweiht, die das Wissen und die Weisheit besitzt, die sowieso von Anfang an in uns fließen und nun noch einmal mehr aktiviert werden dürfen. Unsere Ahnen-Mentoren müssen dabei keinesfalls aus einer erinnerten Generation kommen, oftmals beginnt es erst ab der dritten Generation, also sobald es ein »Ur« davor gibt.

Eine meiner Kundinnen wollte sich mit ihren Ahnen verbinden, die sie aufgrund ihrer Adoption nie kennengelernt hatte. Im Laufe der Sitzung verbanden wir sie unter anderem wieder mit der Linie ihrer leiblichen Mutter, die sofort voller Freude war, die »verlorene« Tochter endlich wieder in die Arme zu schließen. Oftmals versammeln sich die Ahnen vor uns oder umringen uns in einem Kreis, wenn wir beginnen, uns wieder mit unserer Linie zu verbinden. Und in den allermeisten Fällen gibt es jemanden, der aus irgendeinem Grund besonders heraussticht. Sei es, weil die Person hervortritt, besonders leuchtet oder ein Geräusch macht. In diesem Fall war es der Urgroßvater der Frau. Während wir sprachen, saß sie unter einem Baum im Wald – einem Baum, der ihr morgens erschienen war: Sie war aufgewacht und hatte sofort den Impuls, ihn zu zeichnen. Es entstanden zwei Bilder mit Bäumen, einem war ein Ast abgeschlagen worden. Ohne genau zu wissen, warum, hatte sie den inneren Drang, für unsere Session in den Wald zu gehen, und fand sich dann auf einer Lichtung wieder, auf der genau der Baum stand, den sie morgens kurz nach dem Aufwachen gezeichnet hatte. Sie setzte sich unter seine Blätter und rief mich an.

Als wir zu der Linie ihrer leiblichen Mutter kamen, zeigt sich ein älterer Herr, der sie verschmitzt anschaute. Auf die Frage, was die beiden verbinden würde, antwortete er: »Der Wald«, und als ich sie aufforderte, ihn zu fragen, ob er wohl noch etwas mehr Informationen für sie hätte, sagte er: »Der Falke« und lächelte wieder. Meine Kundin erzählte mir, dass sie seit einigen Wochen immer wieder einen Falken über sich kreisen sah und das Gefühl hatte, er wolle ihr etwas mitteilen. Sie hatte auch noch nie zuvor nach einem Traum den Drang gehabt, zu zeichnen und diesen Zeichnungen zu folgen. Es war ihr Urgroßvater, der sie an diese Stelle in der Natur geführt hatte, an der wir nun die Verbindung mit ihren Ahnen initiierten.

Wir gingen weiter in der Session, verbanden sie mit den Ahnen der väterlichen Linie und schlossen den Raum. Nachdem wir die Session abgeschlossen hatten und meine Kundin feststellte, dass all die Fragen, die sie zuvor hatte, fast wie durch ein Wunder alle von selbst beantwortet waren, verabschiedeten wir uns. Zehn Minuten später klingelte mein Telefon, und meine Kundin sagte: »Du glaubst es nicht. Nachdem wir auflegten, hatte ich den Impuls, den Falken zu rufen. Auf einmal kreiste ein Falkenpaar über dem Wald, flog direkt in meine Richtung und ließ sich auf dem Baum gegenüber nieder. Als ob sie mich gehört hätten und mir antworteten. Das ist echt zu abgefahren!«

Ich beglückwünschte sie und erinnerte sie daran, dass dies ja auch genau das war, worum sie gebeten hatte: Führung und Verbindung.

Unsere Ahnen kommunizieren mit uns auf die unterschiedlichsten Arten und Weisen. Sehr oft eben auch durch die und in der Natur, weswegen ich jeden, der in Kontakt mit den Ahnen gehen möchte, auch immer dazu einlade, sich viel in der Natur aufzuhalten. Wenn wir uns mit unseren Wurzeln verbinden wollen, kann es hilfreich sein, uns an den Wurzeln eines großen Baumes niederzulassen.

Der Ahnen-Mentor meiner Kundin war ihr in diesem Leben nicht bewusst bekannt, denn er gehörte zu ihrer leiblichen Mutter, die sie als Kind zur Adoption freigegeben hatte. Gleichzeitig erkannte sie ihn sofort wieder und hatte das Gefühl, schon ewig mit ihm verbunden zu sein.

Unsere Ahnen-Mentoren sind diejenigen, deren Begabungen und Fähigkeiten wir in uns tragen. Früher sprach man davon, dass Gaben immer eine Generation überspringen, was daran lag, dass die Kinder ganz traditionell, als wir noch in Großfamilien und Stammeszusammenhängen lebten, oftmals von ihren Großeltern und nicht von ihren Eltern aufgezogen wurden. Diese vermittelten ihnen ihr Wissen und ihre Weisheit und lehrten sie ihre Gaben, was sie bei ihren Kindern nicht konnten, da die Aufgaben damals anders verteilt und die sozialen Strukturen anders angelegt waren.

Unsere Ahnen-Mentoren können sich über unser Leben hin verändern. Es ist fast so, als ob eine nächste Mentorin, ein neuer Mentor erscheint, sobald wir eine Lektion abgeschlossen haben. Ich hatte lange Zeit eine Frau von Mitte dreißig, die mich begleitete und mich in viele ihrer Geheimnisse einweihte. Als ich älter wurde, als sie war, verabschiedete sie sich sehr liebevoll von mir, und an ihre Stelle trat eine andere Ahnin, die reifer und älter war. Es fühlte sich fast so an wie der Übergang von der Grundschule auf die weiterführende Schule. Als ob ich eine neue Lehrerin bekommen hätte. Ich bin weiterhin mit der ersten Ahnin verbunden, sie fließt durch meine Adern. Doch es gab einen Zeitpunkt, an dem sie mir alles, was sie wusste, vermittelt hatte. Unser Abschied war gleichzeitig auch der Schritt in einen neuen Lebensabschnitt.

Zeremonie:
Verbindung mit deinem Ahnen-Mentor

Dauer: eine Stunde
Material: Notizbuch und Stift, Kerze, ein Glas Wasser mit einer Prise Salz, Räucherwerk, vier Steine, eine Glocke oder Feder
Inhalt: Öffnung für Unterstützung / Erkennen deines Ahnen-Mentors / Empfangen der Mentoren-Botschaft / Rückmeldung über eine Gabe oder Aufgabe / Kontaktform für deinen Mentor

Die ersten Schritte der Verbindung mit deinem Mentor gleichen denen der Verbindung mit dem Guide. Es ist die äußere Vorbereitung einer Zeremonie, die sich in allen Zeremonien ähnelt. Um dich mit deinem Ahnen-Mentor zu verbinden, brauchst du also ebenfalls Zeit und einen ungestörten Rahmen.

Hast du deinen Ort gefunden und jemanden, der dich leitet – mich, dich oder eine Freundin –, dann eröffne den Raum so, wie du es für dich machst. Du kannst dazu eine Kerze entzünden, deine Spirit Guides rufen, etwas räuchern oder eine andere Handlung durchführen, die für dich stimmig ist. Du kannst auch die Himmelsrichtungen mit Steinen markieren oder einen Kreis aus Blumen oder Blättern um dich ziehen. Mit den genannten Materialien hast du alle Elemente repräsentiert. Ordne sie in deinem Raum so an, wie es für dich stimmig ist.

Nimm dann in der Mitte des Raumes Platz. Lehnst du dich an einen großen Baum in der Natur, bitte ihn zuvor um Erlaubnis und frage, ob er bereit ist, dir mit deinem Anliegen den Raum zu halten. Dann finde eine bequeme Sitzposition und schließ deine Augen.

Nimm ein paar tiefe Atemzüge und spüre, wie der Atem durch deinen Körper gleitet. Atme ganz bewusst bis tief in deinen Unterbauch ein. Visualisiere dabei Licht und Liebe, die in dich einströmen, einfach und leicht. Mit jedem Ausatmen lässt du all die Anspannung vom Tag gehen, atmest bewusst all die kreisenden Gedanken aus und löst deine Verspannungen. Nimm dir dafür so viel, Zeit wie du brauchst. Manchmal reichen fünf Atemzüge, manchmal sind es fünfzehn. Komm voll und ganz in diesem Moment an. Dann rufe deine Spirit Guides, wenn du welche hast, dein Krafttier oder deinen Schutzengel. Was auch immer für dich passend ist und wer auch immer dich begleiten darf und soll. Lade sie ein, den Raum, den du geöffnet hast, mit dir zu betreten, und spüre, wie sie deiner Aufforderung nachkommen. An dieser Stelle noch einmal die Erinnerung: Wir müssen nicht immer alles sehen. Es kann sein, dass du Wärme spürst, einen Luftzug, dass du etwas riechst oder jemanden vor dir siehst. Und es kann sein, dass du den Eindruck hast, dass nichts passiert. Auch das ist in Ordnung. Nur weil wir Dinge manchmal noch nicht ganz genau wahrnehmen, heißt es nicht, dass sie nicht passieren. Die Macht unserer Intention ist kraftvoller, als unser Kopf es sich vorstellen kann.

Atme ein paar Mal tief ein und aus. Dann setze deine klare Intention für diese Zeremonie. Du kannst es laut oder leise sagen: »Ich bin heute hier und eröffne den Raum, um mich mit meinem Ahnen-Mentor aus meiner mütterlichen/väterlichen Linie zu verbinden. Ich bin bereit, die Führung durch einen friedvollen, guten Ahnen anzunehmen. Ich bitte die Anwesenden um Unterstützung und Führung.« Spüre hinein und stell sicher, dass du unterstützt wirst.

Dann nimm den Boden unter dir wahr, die Erde, die dich hält, und verbinde dich mit deiner Linie. Du hast die Intention, heute deine Mentorin oder deinen Mentor zu treffen. Diejenige, die dir ihre Gaben weitergegeben hat, oder denjenigen, der dir hilft, die Weisheit der Linie zu integrieren. Bitte deine Mutter oder deinen Vater zu erscheinen, als erstes Glied in der Linie, mit der du arbeiten willst. Dann bitte das jeweilige Elternteil dazu, Großmutter oder Großvater und dann Schritt für Schritt eine weitere Generation. Bei jedem, der sich zeigt, bedanke dich dafür, dass sie da sind. Unabhängig davon, wie euer persönliches Verhältnis ist oder war. Du kannst die folgenden Sätze sprechen: »Mama/Papa/Oma/… ich bitte dich zu erscheinen. (Pause) Durch dich bin ich in dieses Leben gekommen, und dafür danke ich dir. Was auch immer sonst zwischen uns oder dir und anderen Mitgliedern dieser Linie geschehen sein mag, hier und heute stehe ich vor dir als das Resultat der Gebete dieser Linie. Danke.« Nimm dir dafür so viel Zeit, wie du brauchst. Schon dieser Schritt kann sehr emotional sein. Es kann sein, dass du siehst, wie diejenigen, die vor dir stehen, sich zu verändern beginnen, wie allein schon durch diese magischen Sätze neue Energie in der Linie fließt. Lass es geschehen. Achte immer darauf, gut im Atem zu bleiben. Wenn Tränen kullern, lass sie laufen.

Du wirst sehen, wie diese Linie beginnt, sich zu zeigen, und wie du die einzelnen Personen deutlicher wahrnehmen kannst. Atme tief ein und aus und dann spür hinein, ob du jemanden besonders deutlich oder hell wahrnehmen kannst. Bitte diese Person hervorzutreten und frage: »Bist du mein Mentor? Bist du meine Mentorin?« Oftmals wirst du die Antwort schon wissen, doch es ist wichtig, sie auch von dem anderen zu bekommen.

Sobald ihr euch erkannt habt, spüre die Verbindung. Frage, was euch verbindet, was durch dich fließt. Auch hier kann es sein, dass du eine Antwort in Worten bekommst oder Bilder, Gerüche oder etwas ganz anderes wahrnimmst. Nimm es an und spüre hinein. In vielen Fällen ist es etwas, was in dir eine Resonanz auslöst. Nimm sie in deinem Körper wahr und erlebe, was es mit dir macht.

Du kannst nun Fragen stellen oder deine Mentorin fragen, ob sie eine Botschaft hat. Bitte sie, dir zu verraten, was sie dir vererbt hat und welche Gabe du in dir trägst, bei der sie dich unterstützen wird. Vielleicht ist es etwas, an das du dich schon als Kind erinnert hast, vielleicht ist es etwas, was dir vertraut und bekannt vorkommt, oder vielleicht etwas, was du vorher noch nicht in Betracht gezogen hast. Nimm es erst einmal an und versuche, es auf dich wirken zu lassen, ohne es direkt zu bewerten. Spüre in deinen Körper: Wie reagiert er? Gibt es eine Stelle, die sich meldet oder besonders aktiv wird? Gibt es Bilder oder Gedanken, die sich zeigen? Nimm sie alle wahr. Atme das, was fließt, ganz bewusst durch deine Zellen und deinen Energiekörper.

Anschließend kannst du fragen, ob es für den Moment noch etwas gibt, bevor du dich verabschiedest. Öffne dich für die potenzielle Antwort und erlaube auch gleichzeitig die Tatsache, dass es vielleicht nichts gibt. Zum Abschluss kannst du fragen, wie ihr in Kontakt bleiben könnt, auf welchem Kanal ihr euch trefft. Im Traum, in Meditation, beim Spaziergang in der Natur, beim Schreiben ... Es gibt viele Wege. Dann könnt ihr euch zum Abschied umarmen und wieder an eure ursprünglichen Stellen zurücktreten. Es kann gut sein, dass du zwischen dir und deinem

Mentor, deiner Mentorin eine Verbindung wahrnehmen kannst, die sich anders anfühlt als die zu den anderen Personen der Linie. Bedanke dich bei allen für ihr Kommen und entlasse sie. Atme noch fünf Mal tief ein und aus, bedanke dich bei deinen Spirit Guides und bewege langsam Hände und Füße, um wieder voll und ganz präsent in deinem Körper zu werden. Wann immer du bereit bist, öffne deine Augen und nimm dein Notizbuch, um das Erlebte festzuhalten. Nimm dir dafür Zeit und wenn du bereit bist, dann lösche die Kerze und schließe den Raum.

Ab jetzt kannst du dich immer direkt mit deiner Mentorin verbinden. Du kannst sie in bestimmten Belangen direkt anrufen. Dazu kannst du einfach deine Augen schließen oder das tun, was ihr miteinander vereinbart habt. Für mich war es lange Zeit das Schreiben. Wenn ich mich mit Zettel und Stift hinsetzte und anfing zu schreiben, ohne direkt eine Absicht zu haben, hatte ich oft das Gefühl, dass durch mich hindurch geschrieben wurde. Ich habe Antworten auf Fragen erhalten und Anweisungen für bestimmte Tätigkeiten bekommen.

Dein Ahnenteam

Mit deinem Guide und deiner Mentorin hast du ein kraftvolles Team, das dich nicht nur auf dem weiteren Weg der Ahnenarbeit, sondern auch in deinem alltäglichen Leben begleiten kann. Du kannst die beiden – oder auch mehrere Mentoren, wenn sich nach und nach mehrere zeigen – jederzeit anrufen und dich mit ihnen verbinden. Dabei gilt, dass jeder von uns seinen individuellen Weg hat, mit ihnen in Kontakt zu gehen. Eine Kundin von mir begann, dafür immer in die Kirche zu gehen, da sie dort in der göttlichen Andacht am besten mit ihrem Guide sprechen konnte. Später fand sie heraus, dass unter der Kirche ein alter Kraftplatz war, wahrscheinlich aus der Zeit, als ihr Guide noch lebte. Eine andere Frau hat auf einmal begonnen zu joggen, da sie diese innere Stimme dazu aufforderte. Nach einigen Malen passierte es, dass sie beim Laufen Durchsagen bekam. Ihre Mentorin gab ihr klare Anweisungen für Projekte und nächste Schritte im Beruflichen.

Wenn du nicht sofort deinen Weg findest oder die innere Reise nicht direkt beim ersten Mal erfolgreich ist: Lass dich nicht entmutigen. Manchmal müssen wir erst durch eine kollektive Blockade, ein familiäres Thema oder die Wand unseres Verstandes. Bleib am Ball und wisse, dass deine Intention kraftvoller ist als alles andere. Es kann also durchaus passieren, dass du nichts siehst und trotzdem anfängst, Veränderungen zu beobachten. Deine Ahnen finden einen Weg, mit dir zu arbeiten, wenn du ihnen das Signal gibst.

Die eigene Linie heilen und transformieren

Nachdem du im vorherigen Kapitel dein Ahnenteam zusammengestellt hast, bist du nun gut vorbereitet, aktiv in die Heilungs- und Transformationsarbeit mit deinen Ahnen einzusteigen. Auch hier bauen die einzelnen Zeremonien aufeinander auf, sie gehen also Schritt für Schritt tiefer. Meine Empfehlung ist, sie nach und nach zu machen. Starte mit der Auflösung ungünstiger Glaubenssätze, bevor du direkt in die Heilung gehst. So lernst du deine Linie nach und nach kennen, ihr baut gegenseitiges Vertrauen auf und du kannst sicherer im Umgang mit deinen Ahnen werden. Ich empfehle dir außerdem aus vollem Herzen, immer einige Tage zwischen den Zeremonien verstreichen zu lassen, damit die Energie sich setzen kann und dein System Zeit hat, sich zu adaptieren. Die Arbeit mit den Ahnen ist kraftvoll und kann viel bewegen. Mehr hilft nicht unbedingt mehr, es geht viel eher um den Fokus und die richtige Intention. Wir müssen Dinge, die vielleicht seit Jahrhunderten durch die Linie laufen, nicht in einem Tag komplett lösen. Was dabei passieren kann, ist, dass unser eigenes System dichtmacht, weil wir es überfordern. Dann war der Einsatz zwar nicht umsonst, jedoch nicht so effektiv, wie er sein könnte.

Auch ich musste erst wirklich begreifen, dass diese Arbeit, wie ich sie hier mit dir teile, weitaus mächtiger ist als die klassische systemische Aufstellung oder kognitive Techniken. Denn wir bewegen uns in einem Raum, der sich jenseits der Zeit befindet. In dieser Arbeit können wir nicht nur Gedankenstrukturen, sondern Verhaltensweisen, körperliche Symptome und auch Lebensläufe verändern. Dadurch, dass wir die energetischen, emotionalen und spirituellen Muster unserer Linie verändern, kann sich auch unsere DNA auf allen Ebenen wandeln. Materie ist dabei langsamer als die Seele und der Geist. Deswegen erlauben wir unserem Körper, zwischendurch eine Atempause zu machen und sich den neuen Gegebenheiten anzupassen. Es kann gut sein, dass du nach einer Zeremonie das Bedürfnis hast zu schlafen – gönn dir ein Nickerchen. Ahnenarbeit ist auch immer energetische Arbeit, und die kann uns durchaus anstrengen. Mein Tipp ist, immer im Anschluss ein Glas Wasser mit einer Prise Salz zu trinken und ein kleines Stück Schokolade zu essen. Salz und Zucker erden uns. In vielen indigenen Zusammenhängen wird nach einer gemeinsamen Zeremonie gemeinsam gegessen – erst wird die Seele, dann der Körper genährt. So bringen wir das, was wir energetisch bewegt haben, auf die Erde.

Die Grundvoraussetzungen für eine Zeremonie hast du schon kennengelernt. Die wichtigste Basis bildet unsere Intention. Die bringt Klarheit und ist quasi wie der rote Faden, an dem sich die Zeremonie abspult und auf den wir uns zurückbesinnen können, wenn wir abgelenkt werden oder jemand versucht, uns auf Abwege zu leiten. Denn ja, es kann auch Ahnen geben, die keine Lust auf Heilung haben.

Begegnung mit friedlosen Ahnen

Wie schon erwähnt gibt es Ahnen, die mit sich in Frieden sind, und welche, die es eben nicht sind. Werden sie gemeinhin als »böse Ahnen« bezeichnet, bevorzuge ich den Ausdruck »nicht friedvoll« oder »friedlos«. Diese Ahnen hängen immer noch in der Schleife der Ereignisse in ihrem Leben. Das können kollektive Themen sein, aber auch persönliche. Sie tragen noch Gram, Scham, Schock, Ärger, Verantwortungsgefühle oder auch Rachegelüste mit sich und können oder wollen sie noch nicht loslassen.

Das Entscheidende ist, ihren Zustand anzuerkennen und sie für ihr Schicksal zu ehren. Allein die Tatsache, dass jemand sie wahrnimmt, kann schon eine massive Veränderung der Energie herbeiführen. Wenn du während deiner Arbeit Ahnen begegnest, die nicht friedvoll sind, lass dich nicht verwirren oder einschüchtern. Versuche immer, hinter die Fassade zu schauen. Denn so wie wir Lebenden möchten auch diese Ahnen in den allermeisten Fällen gesehen werden, anerkannt werden für das, was ihnen widerfahren ist. Sie möchten geliebt werden dafür, wie oder wer sie sind.

Eine meiner Kundinnen traf in unserer Arbeit auf eine Frau in der neunten Generation, die komplett dunkel war. Sie beschrieb sie als umgeben von einem dunklen Nebel, in dem grüne Schwaden zu sehen waren. Es war fast so, als ob die böseste aller Hexen vor ihr erschienen war. Ich bat sie, bei sich zu bleiben, sich daran zu erinnern, dass sie ihre Spirit Guides und ihren Ahnen-Guide bei sich hat, und die Frau zu fragen, wer sie ist. Sie fragte also ihre Ahnin, die sich langsam umdrehte und sie mit leuchtend grünen Augen anschaute. Sie antwortete nicht. Ich bat meine Kundin, die folgenden Sätze zu sagen: »Du bist meine Ahnin. Durch dich wandele ich auf dieser Erde, und dafür danke ich dir. Du bist meine Ahnin und ich spüre deine Wut und deinen Schmerz. Ich ehre dich für dein Leben und das, was du erlebt hast. Du bist meine Ahnin, und deine Weisheit fließt auch durch mich. Ich lebe im Jahr 2017 und möchte mein Leben nun in Liebe, Frieden und Freiheit leben.«

Allein, dass sie als Ahnin angenommen wurde und dass dies in Liebe geschah, veränderte die Grundenergie. Zwar wurde die Frau nicht hell, doch die Schwaden verschwanden, und meine Kundin konnte sie genauer sehen. Es stellte sich heraus, dass sie eine der weisen Frauen war, die damals auch »Hexen« genannt wurden. Sie war wütend und frustriert. Sie war verraten worden, ausgegrenzt, und ihr Herz wurde gebrochen. So entschied sie sich damals in der tiefen Verletztheit, sich der dunklen Seite zuzuwenden. »Ihr werdet schon sehen!«, war einer der Gedanken, den sie mit sich trug. Je mehr wir mit ihr sprachen, desto deutlicher wurde, dass sie sich selbst in dieser Dunkelheit gefangen hielt, weil sie sich am Ende auch nicht mehr erinnert hatte, wie es anders sein konnte. Die Tatsache, dass ihre Urenkelin sich auf den Weg zu ihr gemacht hatte, durch all die Zeiten, berührte ihr Herz. Irgendwann begann sie zu weinen, und die Spannung löste sich. Sie berichtete aus ihrem Leben, und man konnte förmlich spüren, wie es sie erleichterte, den Raum zu haben, um sich alles von der Seele zu reden. In dieser Zeit transformierte sich auch ihr Äußeres, sie wurde heller und begann, langsam wieder von innen heraus zu leuchten. Auch die Verbindung mit dem Ahnen-Guide war hilfreich, denn er half ihr, sich an ihre wahre Essenz und ihr Potenzial zu erinnern.

Es war sehr berührend, diese Transformation mitzuerleben und gleichzeitig auch zu merken, wie sich die Energie meiner Kundin änderte. An einem Punkt bat ich sie, ihre Urgroßmutter um ihre Unterstützung zu bitten und ihr aus ihrem eigenen Leben zu berichten. Sie teilte ihre Herausforderungen und dass sie Angst davor hatte, ihre Weisheit einzusetzen, weil sie immer dachte, sie würde böse werden. Sie traute sich nicht, in ihre Kraft zu gehen, weil sie befürchtete, sie könne damit Ungutes anrichten. Sie hielt sich zurück, ihre Macht einzusetzen, aus Angst, andere zu verletzen. Während sie sprach, schmolz die Ahnin regelrecht dahin und war erschrocken darüber, was ihr Handeln und Festhalten angerichtet hatte.

Wir bereinigten den Fluss durch die Generationen und erhellten damit auch alle Ahninnen und Ahnen dazwischen. Am Ende waren die Ahnin und meine Kundin in Liebe und Frieden miteinander verbunden. In den folgenden Wochen begann meine Kundin, mehr und mehr für sich einzustehen. Sie forderte die überfällige Beförderung und bekam sie. Sie verabschiedete sich aus Beziehungen, die sie nicht nährten, und lernte neue Menschen mit einer ganz anderen Energie kennen. Sie meldete sich zu einem Kräuterkurs an, und ihre Lehrerin lobte sie für ihre

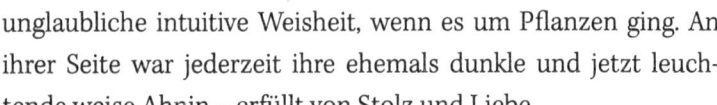 2. Aus den Wurzeln schöpfen

unglaubliche intuitive Weisheit, wenn es um Pflanzen ging. An ihrer Seite war jederzeit ihre ehemals dunkle und jetzt leuchtende weise Ahnin – erfüllt von Stolz und Liebe.

Oft können wir uns nicht direkt ausmalen, welche Schicksale unsere Ahninnen erlebt haben. Insbesondere als Frauen tragen wir ein komplett anderes Erleben in unserer DNA als die Männer. Historische Ereignisse und Traumata haben uns schwerer zugesetzt. Die Hysterektomien (das Entnehmen der Gebärmutter zu Zeiten, als Frauen schnell als »hysterisch« galten), die Ermordung von Millionen von Frauen zu Zeiten der Inquisition, der Fall der naturverbundenen und das Feminine ehrenden Spiritualität durch die brutale Christianisierung, die Missachtung der Frau durch das Patriarchat – dies sind nur einige Beispiele. Erst seit gut einhundert Jahren haben Frauen die Möglichkeit zu wählen, in Deutschland dürfen sie erst seit 1962 ein eigenes Konto haben und damit wirtschaftlich unabhängig sein. Wenn man sich genauer mit all diesen Details auseinandersetzt, ist es kein Wunder, dass Frauen nicht so eloquent im Umgang mit Geld und wirtschaftlicher Vorsorge sind – nicht, weil wir es nicht können, sondern weil wir es erst seit knapp sechzig Jahren dürfen. Es kommt in unserer Ahnenerinnerung als Frau nicht wirklich vor. Die Traumatisierung von Frauen in Bezug auf ihre innere Weisheit und das Vertrauen auf ihre innere Stimme ist auch kein Wunder, denn spätestens mit der Christianisierung durch Karl den Großen wurde es uns allen systematisch ausgetrieben – im Zweifel dadurch, dass wir ermordet wurden.

Ahnenarbeit birgt für Frauen oftmals noch eine weitere Dimension als für Männer. Wir sind immer noch nicht frei und in allen Aspekten des Lebens gleichgestellt. Wir befinden uns im Hier und Jetzt noch im Kampf. Männer hingegen starten privilegiert durch das Patriarchat mit einem Statusvorteil. Damit will ich ihnen nicht ihr Schicksal und ihre epigenetischen Traumata absprechen und gleichzeitig auf die Unterschiedlichkeiten hinweisen. Denn wir leben noch immer in einem System, das von Männern für Männer kreiert wurde. Diese Tatsache beeinflusst die Lebenserfahrungen unserer Ahninnen und damit unsere epigenetischen Einflüsse.

Impuls
Geh deine Ahnenlinie durch. Fällt dir jemand ein, über den immer wieder gesprochen wurde? Zum Beispiel die Tante, die so jähzornig war? Oder der Uropa, der als besonders fies galt? Oder gibt es Sprüche, die darauf hinweisen, dass sich etwas Tragisches durch die Linie zieht? Gibt es Themen, die tabu sind, oder Geschichten, die nur hinter vorgehaltener Hand erzählt werden? All das kann auf Ahnen hinweisen, die kein friedvolles Leben hatten. Je nachdem, was der jeweilige Ursprung für den fehlenden Frieden ist, kann die folgende Zeremonie zur Auflösung alter Glaubenssätze oder Traumata die passende sein.

Auflösen alter Glaubenssätze

Ich gehe grundsätzlich immer erst einmal davon aus, dass unsere Ahnen uns wohlgesinnt sind. Und falls dies nicht der Fall sein sollte, dann gilt es, den Grund herauszufinden. Vielleicht bist du während deiner Recherche ja schon auf einige Hinweise gestoßen. Vielleicht gibt es Ahnen, von denen ganz besonders gesprochen wird. Dann kann es helfen, direkt bei diesen Ahnen mit der Heilarbeit zu starten, denn sie haben eine besondere Präsenz in der Linie. Ich nenne es gern lebendige Legendenbildung – wenn Geschichten von einer Generation zur nächsten weitergetragen werden und gleichzeitig damit auch die Energie der Ereignisse weitergegeben wird.

Oftmals ist der Ursprung übertragener Glaubenssätze eine traumatische Erfahrung im Leben des jeweiligen Ahnen. Diese Glaubenssätze können sich so tief einprägen, dass sie automatisch an die kommende Generation weitergegeben werden und so nach und nach zu vermeintlichen Wahrheiten werden. Innerhalb der Linie kann es vorkommen, dass alle beginnen, nach diesem Glauben zu handeln, und damit auch unbewusst Situationen kreieren, die diesen immer wieder untermauern. Es kann sogar so weit gehen, dass Glaubenssätze so etwas wie die Identität der Linie bilden. So kam einmal eine Frau zu mir, die von Herzen verzweifelt war, da wieder eine ihrer Beziehungen zerbrochen war. Sie sagte: »Es ist fast so, als ob ich verflucht wäre!« Im Gespräch stellte sich heraus, dass sie schon viel an sich gearbeitet hatte und sehr bewusst mit den Themen rund um Beziehung und Sexualität umging. Allerdings stellte sich ebenso heraus, dass auch ihre Eltern nicht sehr lange zusammen gewesen waren und ihre Mutter auch mit dem anschließenden Partner keine dauerhafte Beziehung geführt hatte. Als wir ein wenig tiefer schauten, zeigte sich, dass dies ebenso bei ihrer Großmutter der Fall gewesen sei. Auch wenn der Großvater durch den Krieg zu Tode kam, so blieb auch der anschließende Partner nicht bei der Großmutter, und meine Kundin lernte sie nur als alleinstehende Frau kennen. Sehr schnell stellte sich das Gefühl ein, einem Muster auf der Spur zu sein, und so begaben wir uns auf die Reise.

Wir folgten der Spur der mütterlichen Linie und trafen auf eine Ahnin in der sechsten Generation. Wie sich herausstellte, starb ihr Vater sehr früh und hinterließ seine zwei Töchter und seine Frau. Als sie älter wurde, wurde die Ahnin zunächst von ihrem Partner für eine Geliebte verlassen, dann von ihrem Mann und dem Vater ihrer Kinder allein dastehen gelassen, als er sich auf eine Expedition begab, und zu guter Letzt von einem väterlichen Freund in der Not fallen gelassen. Diese Frau war überzeugt: »Auf Männer kannst du dich nicht verlassen. Sie verlassen dich. Ohne Vorwarnung. Keiner bleibt, und sie sind sich immer wichtiger als alles andere. Es ist besser, ihnen fernzubleiben.« Diese Überzeugung gab sie an ihre Töchter weiter. Die Traumatisierung und die damit einhergehende Überzeugung der Frau waren so tief und traumatisch, dass sie sich in das epigenetische Gedächtnis der Frauen eingebrannt hatten. Und so handelten sie unbewusst danach, was diese eine Ahnin beschlossen hatte: Keine Frau nach ihr wurde mehr langfristig mit einem Mann glücklich.

Gemeinsam konnten wir nun die Energie lösen, und die Ahnin war betroffen, als ihr die Konsequenzen ihres »Fluches« klar wurden. Meine Kundin fand kurze Zeit später wieder einen Partner, mit dem sie mittlerweile immerhin fünf Jahre zusammen ist. Und, was entscheidender ist: Sie konnte sich voll und ganz auf die Beziehung einlassen und spürte die Unterstützung ihrer Ahninnen. Sie beschrieb es als eine ganz neue Qualität von Beziehung, als ob sich ein Schleier gehoben hätte.

Wenn wir schon beim Thema Fluch sind, manchmal sind es auch Sätze wie: »Du hast Schande über unsere Familie gebracht!«, die dafür sorgen, dass diese Emotion intensiv weitergegeben wird und auch Generationen später dieses Gefühl besteht, dass man ein Schandfleck sei. Wichtig ist in jedem Fall, dem jeweiligen Ahnen bewusst zu machen, was sein Glauben in der Linie angerichtet hat. Welche Konsequenzen sein Handeln hatte, und dass sie auch noch durch die Generationen hinweg spürbar sind. Es geht nicht darum, irgendwem einen Vorwurf zu machen, sondern die Lebensumstände der- oder desjenigen zu ehren und anzuerkennen. Es geht nicht darum, dass wir uns ein Urteil erlauben, sondern in Mitgefühl für das gehen, was war. Immer im Hinterkopf die anderen Lebensbedingungen unserer Ahnen und die oftmals deutlich größeren gesellschaftlichen Zwänge und Einschränkungen. Wenn wir in eine Zeremonie zur Auflösung alter einschränkender Glaubenssätze gehen, gilt es, darum im Mitgefühl zu bleiben. Das bedeutet nicht, nicht gleichzeitig klar und deutlich sein zu können. Oftmals entstanden diese Glaubenssätze oder Flüche in tief emotionalen Situationen. In dem Moment, wo wir unseren Ahnen zeigen, wie weitgehend ihre Konsequenzen sind, entsteht in ihnen meist eine Veränderung der Perspektive. Denn die wenigsten wollten negative Konsequenzen für diejenigen, die nach ihnen kommen.

Neben den einschränkenden Glaubenssätzen gibt es selbstverständlich auch unterstützende, die sich ebenso über die Zeit gebildet haben. Diese können wir natürlich stehen lassen und für uns nutzen. Die folgende Zeremonie dient dem Auflösen alter Glaubensgebilde und Glaubenssätze, die sich als hinderlich erweisen. Du kannst sie in gewissen Abständen mehrfach unternehmen, da es meist einiges in dieser Art zu transformieren gibt.

Zeremonie:
Auflösung alter Glaubenssätze

Dauer: eine Stunde
Material: Notizbuch und Stift, Kerze, ein Glas Wasser mit einer Prise Salz, Rauchwerk, vier Steine, eine Glocke oder Feder
Inhalt: Verbindung mit deinem Ahnen-Guide / Finden des Ursprungs des Glaubenssatzes / Kontaktaufnahme mit dem »Erschaffer« des Glaubenssatzes / Klärung der Zeitdimensionen / Auflösung und Transformation des Glaubens

Mit der Erfahrung der vorhergehenden Zeremonien und deinem bereits aktivierten Ahnenteam kannst du diese Zeremonie ganz in deinem Tempo machen. Plane aber genügend Zeit für dich ein.

Zunächst gestalte deinen Zeremonien-Space so, wie es für dich passend ist. Sorge dabei für eine ruhige Umgebung und einen Rahmen, in dem du ungestört bist. Du kannst es zu Hause machen oder an einem abgelegenen Ort in der Natur. Breite deine Gegenstände aus, markiere die Himmelsrichtungen mit den Steinen oder mit den Gegenständen, die die Elemente symbolisieren. Je nach Tradition unterscheidet sich das immer ein wenig. Im Rahmen der Ahnenarbeit mag ich diese Zuordnung:

- Osten als der Eintritt. Dort entsteht das Neue. Wir werden geboren aus dem Wasser unserer Mutter.
- Süden als der Höhepunkt des Feuers. Dort erreicht die Sonne ihren Zenit.
- Westen als der Ort, an dem die Sonne hinter der Erde versinkt und wir auch wieder zur Mutter zurückkehren.
- Norden als der Ort der Ahnen, bevor sie am Morgen wiedergeboren werden können – Luft.

Spür hinein, ob das für dich stimmig ist, und wenn ja, kannst du es gern übernehmen. Bei dieser Anordnung kannst du in die Mitte deines Zeremonienraumes einen Kristall legen, symbolisch für den Weltenbaum Irminsul, der die Welten verbindet.

Hast du deinen Space arrangiert, kannst du, wenn es für dich hilfreicher ist, im Hintergrund leise meditative Musik laufen lassen. Ich habe zu Beginn immer eine Playlist gehabt, die ungefähr eine Stunde dauerte. Damit hatte ich eine Orientierung und wusste beim letzten Lied, dass es Zeit ist zurückzukehren.

Kreiere also deinen Space, dann reinige ihn und all diejenigen, die der Zeremonie eventuell beiwohnen, und finde deinen Platz. Schließ deine Augen – anfangs hilft es ungemein beim Fokussieren. Atme tief ein und aus und finde deine ruhige, stille Mitte. Du kannst dir vorstellen, wie ein sanfter Wasserfall aus goldenem Licht alles wegspült, was du in diesem Moment nicht mehr brauchst, und dich ganz fein säubert und leert. Alle Gedanken, To-do's und Einkaufslisten werden weggetragen. Alle Dinge, die noch ungesagt sind an dem Tag, sie dürfen gehen. Alle Emotionen, die noch hängen, und Gefühle von Wut, Ärger, Missmut dürfen sich auflösen. Atme tiefer und löse die Verspannungen in deinem Unterbauch, dem kreativen Zentrum, und dann lass alle durch deine Wurzel abfließen. Spüre, wie du mit der Erde verbunden bist, wie sie dich hält. Du kannst dir auch vorstellen, wie sich durch deine Füße Wurzeln mit dem energetischen Zentrum der Erde verbinden, und diese tiefe Verbindung spüren.

Bist du in dir angekommen und hast einen ruhigen gleichmäßigen Atem, kannst du deine Spirit Guides, deine Begleiter, Schutzengel oder auch Tierwesen rufen und sie bitten, dich zu begleiten und zu schützen. Danach bitte deinen Ahnen-Guide dazu und lass ihn wissen, was du heute vorhast. Benenne den

Zustand oder den Glaubenssatz, der dich immer wieder einholt oder Macht über dich hat. Du kannst dies laut oder leise tun, du kannst es deutlich aussprechen, flüstern oder auch nur innerlich kommunizieren: »Heute möchte ich den Ursprung von XX finden. Ich bitte dich, mich dabei zu unterstützen, diese Energie in meiner Linie aufzulösen und sie durch alle Zeiten, Räume, Dimensionen und Realitäten hinweg zu transformieren.«

Warte ab, was dein Ahnen-Guide antwortet. Manchmal gibt es einen Einwand oder Hinweis. Den kannst du annehmen, denn oftmals beinhaltet er etwas, von dem du vielleicht noch nicht weißt, dass es relevant ist. So kann es sein, dass dir dein Ahnen-Guide einen alternativen Glaubenssatz vorschlägt, weil er vielleicht der eigentliche Ursprung des von dir angedachten Glaubenssatzes ist. Wenn du beispielsweise deine Wutausbrüche betrachten möchtest, kann es auch geschehen, dass du gebeten wirst, der Spur der Trauer zu folgen.

In solchen Momenten haben wir zwei Möglichkeiten: Wir können kontrollierend auf unserem Plan beharren, der von unserem ziemlich limitierten Verstand entwickelt wurde, oder wir vertrauen der größeren Weisheit, die durch uns fließt. Immer mit dem Wissen, dass wir jederzeit unseren ursprünglich erdachten Weg wieder aufnehmen können. Mein persönlicher Tipp ist: Folge den Hinweisen, öffne dich deinem inneren Ahnen-Detektiv. Und dann setze bewusst deine Intention für die Zeremonie und das, was nun kommen darf: »Ich bin heute hier, um XX zu lösen und zu transformieren.«

Lade nun deine Ahnen ein, beginne mit der ersten schon verstorbenen Generation und spüre, in welche Richtung dich die Hinweise lenken. Wenn du deine Großeltern siehst, kann es sein, dass eine Person besonders dunkel erscheint oder du hin-

 2. Aus den Wurzeln schöpfen

ter jemandem so etwas wie einen leuchtenden Impuls erkennst. Folge deiner Intuition die Linie entlang. Es kann sein, dass du das Gefühl hast, über deine Linie zu schweben, an ihr entlangzuschreiten oder von einem bestimmten Punkt angezogen zu werden. Wie auch immer es sich zeigt und wie weit auch immer es dich zurückträgt, vertraue und folge. Wisse, du hast deine Guides an deiner Seite.

Wenn du am Ursprung des Glaubenssatzes angekommen bist und vor einem Ahnen oder einer Ahnin stoppst, dann atme tief ein und aus. Grüße respektvoll und stell dich vor. »Mein Name ist XY, und ich bin deine Enkeltochter. Durch dich bin ich auf diese Welt gekommen, und dafür danke ich dir von Herzen. Doch ich möchte mein Leben in Liebe, Frieden und Freiheit leben.«

Atme tief ein und aus und beobachte die Reaktion deines Gegenübers. Nimm dir Zeit dafür und bleib präsent. Dann sprich die folgenden Sätze: »Ich fühle dich. Ich sehe dich. Ich höre dich. Ich bin hier, denn ich spüre deinen Schmerz/Ärger/Angst/Scham. Er läuft noch immer durch mich.« Dann lass auch diese Sätze sacken und wirken.

Bitte dann deine Ahnin, dir zu zeigen, woher der Glaubenssatz oder die Überzeugung stammt. Vielleicht bekommst du Bilder zu sehen, vielleicht ist es ein Gefühl, vielleicht ein Wissen. Und dann versichere dich nochmals, dass du all das siehst, ernst nimmst und sie für ihr Leben und ihr Schicksal anerkennst und ehrst. Oftmals sind es traumatische Erfahrungen, die zu festen Überzeugungen wurden. Unabhängig davon, was dir gezeigt wird, geh nicht ins Bewerten. Wir können uns manchmal mit unserem heutigen Mindset gar nicht vorstellen, wie unterschiedlich die Konsequenzen für ein bestimmtes Verhalten in früheren Epochen waren.

Atme noch einmal tief ein und aus. Dann wende dich wieder an die Person vor dir. Sprich die folgenden Worte: »Ich ehre dich für dein Schicksal. Ich fühle dich. Ich sehe dich. Ich höre dich. Und ich liebe dich dafür, dass du mir den Weg in dieses Leben geschenkt hast. Ohne dich wäre ich jetzt nicht hier. Ich lebe im Jahr 2020, und ich möchte mein Leben in Liebe, Frieden und Freiheit leben. Dazu brauche ich deine Unterstützung.«

An dieser Stelle gib deinem Gegenüber einen Moment, um das Gesagte sacken zu lassen. Dann sprich weiter: »Jedoch werde ich deinen Glauben nicht weitertragen, denn er hat dazu geführt, dass ich allein bin / traurig bin / keinen Job bekomme … Ich bin deine Enkelin auch ohne diesen Satz. Und ich gebe dir heute die Chance, ihn auch für dich gehen zu lassen. Damit auch du zurückfindest zu Liebe, Frieden und vor allem Freiheit. Denn dieser Glaube hält dich und uns alle gefangen.« Wieder tief durchatmen, während du beobachtest, was passiert.

Nun gibt es in der Regel zwei Möglichkeiten. Die Person, mit der du sprichst, ist einsichtig oder auch wirklich betroffen, da ihr die Konsequenzen ihres Glaubens beziehungsweise ihres Handelns bewusst geworden sind. Oft ist es Ahnen nicht wirklich klar, wie weitreichend ihre Energie ist. Wenn sie das erkennen, kann das ein emotionaler Moment sein. Du kannst vielleicht spüren, wie die Energie sich ändert, wie sich die Farben, die du siehst, ändern oder die Umgebung, in der du deine Ahnin angetroffen hast. Es kann heller werden, bunter oder leichter. Du kannst vielleicht spüren, wie dein Körper sich entspannt und du tiefer atmest. Es kann sein, dass deine Ahnin Tränen vergießt, unsicher ist oder auch direkt auf dich zugeht, um dich zu umarmen. Halte dein Herz offen und sprich ihr im Fall der Unsicherheit gut zu.

2. Aus den Wurzeln schöpfen

Wenn deine Ahnin wieder in Liebe, Frieden und Freiheit ist, dann dreht euch beide in Richtung der Linie und beobachtet gemeinsam, wie dieser Energie nun beginnt, durch die Linie zu fließen oder auch zu pulsieren und wie sich in all den Generationen die Energie verändert. Es kann sein, dass du so etwas wie tiefe Seufzer hörst, auch das ist okay. Es ist, als ob die Spannung und der Kampf verschwinden. Bedanke dich und verabschiede dich, wissend, ihr könnt ab jetzt immer gut in Kontakt sein. Vielleicht gibt es auch noch ein Geschenk oder eine Botschaft, die dir mitgegeben wird. Dann wende dich zum Gehen.

Für den Fall, dass die Ahnin, die dir gegenübersteht, keine Einsicht hat, hol deinen Ahnen-Guide direkt zu dir. Stell ihn der Person vor und sprich die Worte: »Vor langer Zeit war dies die Wahrheit meiner Linie. Doch mit all den Schicksalen und Erlebnissen verschwand immer mehr das Leuchten und die Kraft, und nur noch kleine Tropfen konnten es bis in die Gegenwart schaffen. Ich bin nun im Jahr 2020 und spüre, dass ich den Fluss wieder frei fließen lassen möchte.« Atme tief ein und warte auf die Reaktion. Besteht weiterhin keine Einsicht, sprich die folgenden Worte: »Durch deinen Körper bin ich in meinen Körper gekommen. Ich bin dir dankbar dafür. Jedoch löse ich mich hier und heute von dem alten Glauben, denn ich brauche ihn nicht mehr als ein Zeichen, um in diese Linie zu gehören. Ich weiß, woher ich komme, und dass ich den Generationen, die nach mir folgen, eine gute Ahnin sein möchte.« Atme wieder tief ein und aus und warte ab, ob sich etwas verändert. Wenn du spürst, dass sich etwas löst, wunderbar.

Ansonsten sprich den nächsten Satz: »Hier und heute gebe ich dir zurück, was deines ist und was dir gehört. Denn ich brauche es nicht mehr.« Und dann spüre, wie die Energie, die zu dem

Glaubenssatz gehört, aus deinem Körper weicht und zurück zu deinem Gegenüber fließt. Das kann in Form von Energie, einem Lichtstrahl oder auch etwas Gegenständlichem passieren. Und es kann passieren, dass du bemerkst, wie es auch aus anderen Generationen zurückfließt. Lass es fließen, bis du das Gefühl hast, es ist alles von dir bei deinem Gegenüber. Dann atme tief ein und aus. »Hier und heute entscheide ich mich für Liebe, Frieden und Freiheit. Ich ehre dich als meine Ahnin. Und ich ehre mich selbst als Ahnin der Zukunft.«

Verabschiede dich, unabhängig davon, ob dein Gegenüber wirklich alles in sich aufgenommen hat. Das ist jetzt das Thema der jeweiligen Person. Wende dich zum Gehen.

In beiden Fällen bittest du nach dem Abschied deinen Ahnen-Guide an deine Seite, und ihr richtet euch in Richtung Gegenwart aus. Ganz bewusst könnt ihr Licht, Liebe und andere transformierende Energien durch die Linie schicken. Dazu kannst du dir vorstellen, wie du sie mit der Hand durch die Linie sendest, du kannst einen Lichtregen vorausgehen lassen oder viele kleine Herzen, die sich in all den Verästelungen der Linie verteilen und ausbreiten dürfen. Denn der Raum, der nun durch die Transformation und das Auflösen des alten Glaubens entstanden ist, möchte und darf mit einer neuen Qualität gefüllt werden.

Dann schreitest du gemeinsam mit deinem Guide durch die Linie zurück in die Gegenwart. Spüre die Veränderung. Vielleicht will jemand auf dem Weg deine Aufmerksamkeit erregen, lass sie wissen, dass du nun erst mal zurückgehen musst, und schicke Licht und Liebe und transformierende Energie. Im Zweifel verbringst du sonst Ewigkeiten in der Ahnenwelt. Doch dein Platz ist im Hier und Jetzt. Wenn sich jemand bedanken will, nimm es an.

2. Aus den Wurzeln schöpfen

Wenn du deine Gegenwart erreicht hast, nimm ganz bewusst wieder in deinem Körper Platz und atme fünfmal tief ein und aus. Nimm wahr, wie sich dein Körper nun anfühlt. Bedanke dich bei allen Guides, die dir den Raum gehalten und dich begleitet haben, und bei deinen Ahnen. Dann bewege wieder langsam Füße und Hände und öffne deine Augen, wenn du bereit bist.

Wenn du magst, greif zum Notizheft und schreib auf, was du erlebt hast, welche entscheidenden Momente dir begegnet sind. Dabei kann es durchaus hilfreich sein, drei Dinge zu finden, die du in den kommenden Tagen tun kannst, um die neue Energie noch mehr auf die Erde zu bringen und zu verfestigen. Bist du fertig, steh auf und schließ den Zeremonienplatz, indem du die Intention dazu setzt. Dabei kannst du den Kristall aufheben und die Kerze löschen. Dann trink dein Glas Wasser und iss etwas, um deinen Körper zu erden und ihn im Fluss zu halten.

Die Kraft der Zeremonie

Es kann gut sei, dass du unmittelbar eine Veränderung merkst oder dich in den kommenden Tagen Ereignisse einladen zu bemerken, was sich verändert hat. Vielleicht kannst du dich auch gar nicht mehr an den ursprünglichen Glaubenssatz erinnern – wunderbar!

Ich hatte beispielsweise eine Kundin, die immer ein Thema mit ihrem Körper hatte. Sie versuchte, ihn zu verstecken und unattraktiv zu machen. Die Ahnin, die hinter dem Verhalten stand, war eine Frau, die nur auf ihre Schönheit reduziert, körperlich genötigt und missbraucht wurde. Der Glaube war: Verbirg deine Schönheit, und du bist sicher. Im Anschluss an unsere

Arbeit kam meiner Kundin beim Aufschreiben die Botschaft, für die kommenden drei Wochen jeden Tag nackt vor dem Spiegel zu tanzen. Zunächst fand sie diese Idee absurd, beschloss aber, der Botschaft zu vertrauen.

Nach gut drei Wochen erhielt ich eine E-Mail von ihr, in der sie mir berichtete, wie magisch es gewesen sei, diese Aufgabe anzunehmen. Sie hätte richtig spüren können, dass sie nicht allein tanzte, sondern all ihre Ahninnen mit ihr. Sie bekam Bilder und Botschaften, während sie tanzte, und so wurden aus einem Lied schnell drei Lieder, für die sie sich Zeit nahm. Was sie am meisten verblüffte, war die Tatsache, dass sie sich selbst mehr und mehr sexy fand und spürte, wie auf einmal von dieser Tatsache eine unheimliche Kraft ausging. Die Ohnmacht hatte sich in Ermächtigung verwandelt. Sie schmiss die »Sackkleider«, wie sie sie nannte, aus dem Schrank und traute sich, ihren Körper zu zeigen. Vollkommen angstfrei und mit viel Freude. In der E-Mail beschrieb sie es wie ein vollkommen neues Lebensgefühl: »Ich habe das Gefühl, ich bin das erste Mal wirklich in meinem Körper angekommen, und spüre die kreative Energie durch ihn fließen. Ich merke, wie ich mit jedem Tanz mehr und mehr meine Macht zurückgeholt habe. Ich kann das erste Mal in meinem Leben erhobenen Hauptes und mit offenem Blick durch die Straßen gehen und habe keine Angst, gesehen zu werden und einem Mann in die Augen zu schauen. Es ist magisch!«

So merkwürdig deinem Kopf die Impulse bei der Ahnenarbeit im ersten Moment auch erscheinen mögen, so magisch können sie sein. Es ist wichtig, sie nach der Arbeit auf seelischer und emotionaler Ebene immer auch auf die körperliche Ebene zu holen. Denn die Energie beeinflusst unser Sein, und wir können den Prozess unterstützen, indem wir den Körper mit einbeziehen. Wenn die neuen Informationen nicht in unseren Körper gewoben werden, kann es passieren, dass er zurück in die alte Verhaltensweise fällt. Aufgrund dessen kann es hilfreich sein, sich mit der Botschaft zu committen und entsprechend zu tanzen, spazieren zu gehen, Bäume zu umarmen, sich zu schütteln, zu joggen oder was auch immer die Botschaft war. Es lässt die neue Energie in alle Zellen fließen und verankert sie dort.

Traumata

Unsere Ahnen sind unsere Verbündeten bei der Transformation historischer Traumata in Bezug auf Rasse, Geschlecht, Religion, Krieg und andere Arten von kollektivem Schmerz. Jüngste Erkenntnisse der Epigenetik zeigen, dass der Schmerz unserer Vorfahren über Generationen hinweg sehr real bleiben kann. In mehreren Studien zur biologischen Übertragung von Traumata beispielsweise zeigte sich, dass die Kinder sowie Enkelkinder und weitere Nachkommen von Holocaust-Überlebenden besonders anfällig für Depressionen, Angst und Alpträume sind.[2] Diese Tendenz ist mit einem biologischen Marker in ihren Chromosomen verbunden, der bei denen fehlt, die nicht von Holocaust-Überlebenden abstammen. Diese transgenerationale Übertragung von Traumata ist ein neues Studiengebiet.

Besonders in Deutschland und im übrigen Europa sind viele Linien durchwebt von den Traumata der letzten zwei Weltkriege. Die Ereignisse haben sich in unsere DNA eingebrannt und werden epigenetisch weitergegeben. So finden sich immer wieder Berichte über Kriegsenkel, die auch heute noch beim Ton des Luftalarms panisch zusammenzucken, obwohl sie selbst nie eine akute Bedrohung erlebt haben. Ich selbst kenne es von mir, dass ich schon immer Angst vor Böllern und Knallern hatte – etwas, was durch meine Linie beim Erleben von Gewehrsalven weitergegeben wurde. Seit ich den Zusammenhang herstellen und die Ursache benennen konnte, habe ich zwar noch nicht ganz meinen Respekt vor Knallern verloren, jedoch übermannt mich die Angst nicht mehr.

Es gibt viele Arten von Traumata, die durch unsere emotionale DNA fließen können. Zu den historischen und kollektiven Traumata kommen auch persönliche hinzu. So sind die Massenvergewaltigungen nach dem Zweiten Weltkrieg, denen Massenabtreibungen folgten, etwas, was sich tief traumatisch in das kollektive Feld eingewoben hat, obwohl sie so oft verschwiegen wurden und auch noch werden. Und gleichzeitig bedeutet jede einzelne Vergewaltigung ein Einzelschicksal, mit dem jede Frau auf ihre Art und Weise umgegangen ist und das sich individuell in der Linie ausprägt. Traumata können auch ausgelöst sein durch Unfälle, lebensverändernde Momente oder Situationen, die für das System eines Menschen zu groß zum Verarbeiten waren.

Traumata in der Ahnenlinie

Im ersten Teil hast du den Impuls bekommen, die Traumata deiner Ahnen zu sammeln und herauszufinden, was in deiner Linie passiert ist. Nun werden wir sie uns genauer anschauen und sie transformieren. Denn auch wenn Dinge zu groß waren, um sie zu verarbeiten, auch wenn damals die Worte fehlten und die Emotionen eingefroren wurden, bedeutet das nicht, dass Traumata auf immer und ewig durch eine Linie fließen müssen. In dem

 2. Aus den Wurzeln schöpfen

Moment, wo wir sie benennen, in einen Kontext setzen und dem anderen – in dem Fall den Ahnen – eine Möglichkeit geben, die Situation mit Abstand zu betrachten, können wir eine Bewegung der Energie herbeiführen, die Zustände verwandeln kann. Nicht immer können wir das komplette Trauma auflösen, jedoch können wir es dadurch, dass wir es genau benennen, in seiner Qualität verändern.

Dabei gibt es auch einige Traumata, die die meisten von uns auf die ein oder andere Weise von ihrer Mutter oder Großmutter oder auch Urgroßmutter übernommen haben. Es sind die Traumata, die uns als Frauen daran hindern können, ein freies und selbstbestimmtes Leben zu führen. Je nachdem, wie alt du bist, bist du von einer Mutter erzogen worden, die im Krieg geboren wurde, oder von einer Großmutter geprägt, die nicht nur einen, sondern vielleicht auch zwei Kriege erlebt hat. Deine Mutter hat damit direkt oder indirekt auch den Krieg miterlebt – durch die Geräusche der Sirenen, den Hunger, die Vertreibung, die Not oder Verluste in irgendeiner Form. Und auch wenn alle Menschen gelitten haben, so gibt es doch Traumata, die spezifisch für die Frauen dieser Zeit waren. Eines ist der Verlust des Mannes oder des Partners durch Kampf, Tod oder Gefangenschaft. Während die Männer im Krieg traditionell an der Front waren oder als Erste aus der Gesellschaft isoliert wurden, blieben die Frauen mit den Kindern zurück und mussten plötzlich Übermenschliches leisten. Oftmals komplett auf sich gestellt, da nicht genug Vertraute mehr da waren und es keine Zeit für den Austausch mit anderen gab. Das könnte sich heute beispielsweise in dem Gefühl äußern, alles allein machen zu müssen oder sich für alles verantwortlich zu fühlen und sich dabei nicht zu beklagen. Ich selbst kannte dieses Gefühl nur allzu gut, schon von Kindesbeinen an, und habe viel und intensiv daran gearbeitet. Doch erst durch die Arbeit mit meinen Ahnen habe ich es wirklich transformieren können.

Ein weiteres Trauma, das insbesondere Frauen betroffen hat – doch auch Männern ist es widerfahren – sind die Vergewaltigungen und der körperliche Missbrauch, den sie nicht nur im Krieg, sondern auch in der Zeit danach erfahren haben. Und dies nicht nur durch Feinde, sondern auch durch vermeintliche Befreier. Wenn die Männer zurückkehrten, waren sie zudem meist ebenfalls schwersttraumatisiert durch die Gefechtshandlungen, was eine freie unbelastete Sexualität fast unmöglich machte. Diese Erlebnisse können dazu führen, dass wir heutzutage unsere Sexualität nicht frei leben können. Es kann sein, dass wir Angst vor physischer Nähe spüren, uns schnell unwohl in bestimmten Situationen fühlen oder das Gefühl mit uns tragen, beschmutzt und mit Scham besudelt zu sein. Es kann zu einem immer schlechten Gewissen führen oder dem Gefühl, sich in sexuellen Belangen einfach der Situation zu ergeben, anstatt sie bewusst zu erleben.

Flucht ist ein weiteres Trauma, das sich tief durch die Linie zieht. Waren die Männer meist im Kampf, mussten die Frauen mit den Kindern fliehen. Meine Urgroßmutter floh mit meinem Großvater und meiner Großtante aus Estland. Ein Kind unter dem Rock versteckt, begleitet von panischer Angst. Es ist ein Verlieren der Wurzeln, ein Aufgeben dessen, was einen verankert, ohne wirkliche Sicherheit, durch Wind und Wetter. Vielleicht kennst du auch das Gefühl, nicht wirklich verwurzelt zu sein, oder dir fehlt eine gute Anbindung zur Erde? Oder du kennst es, kalte Füße zu haben oder das Gefühl einer immerwährenden Unsicherheit. All das können die Nachwirkungen eines Fluchttraumas in deiner Linie sein.

Zur Flucht gesellte sich oft der Hunger – den übrigens auch viele nicht Flüchtende litten. Mein Vater kündigt bis heute an, dass er jetzt nur noch ein kleines Stückchen vom Kuchen nimmt. Er rationiert quasi immer noch sein Essen. Ich kannte lange die tiefsitzende Angst, nicht satt zu werden oder immer einen Extrasnack dabeihaben zu müssen, damit ich bloß keinen Hunger bekomme. Als ich klein war, wurden die guten Sachen bei uns extra aufbewahrt – damit sie keiner so schnell finden konnte. Auch wenn ich den Hunger selbst nie miterlebt habe, so kenne ich doch die Auswirkungen und die Gefühle, die dahinterstecken. Viele Frauen, die heute mit Essensthemen unterwegs sind, lassen diesen Aspekt total außen vor. Damit vertun sie eine wirklich tiefgreifende Heilungschance. Und das gilt auch für das Thema des emotionalen Essens. Für mich persönlich war die Auflösung dieser Ahnentraumata ein Riesenschritt zur Entspannung meines Essverhaltens. Ich kann mittlerweile entspannt lange Zeit ohne Extraessen unterwegs sein und vertraue darauf, dass ich etwas zu essen finden werde, wenn ich Hunger bekomme. Wenn ich doch mal für eine Reise zu viel einpacke, erkenne ich es und kann sehr liebevoll mit mir umgehen, weil ich die Ursache kenne.

Manchmal wird von der »eingefrorenen Generation« gesprochen, wenn es um diejenigen geht, die aktiv den Weltkrieg miterlebt haben. Eingefroren, weil sie sich von ihren Gefühlen abgespalten haben. Zum einen aufgrund der erwähnten Traumata, zum anderen, weil sie zum Teil an der Front waren und die erlebten Ereignisse ausblenden mussten, um nicht innerlich zu zerbrechen. Manche haben um Mitgefühl gebeten und keines erfahren. Es sind Männer, die ihren Selbstwert verloren, weil sie ihre Familien nicht schützen konnten, die ihre Freunde und Gefährten haben sterben sehen, die nicht wussten, ob sie diejenigen, die sie lieben, jemals wiedersehen würden. Es sind Frauen, die verzweifelt versucht haben, die Kinder und sich durch die Zeit zu bringen, erfüllt von der Angst um den Mann und die ewige Unsicherheit. Nicht wissend, was mit ihrem Mann passiert oder dem Sohn. Werden sie wiederkehren, haben sie eine andere Frau? All diese Ereignisse und Erlebnisse führen dazu, dass Emotionen abgespalten werden und wir dichtmachen. Es führt dazu, dass vermieden wird, über Gefühle zu sprechen, oder dass nur wenig körperliche Zuneigung gezeigt wird. Die Angst davor, Emotionen zu fühlen und damit eventuell auch das Tor für diese alten Emotionen zu öffnen, ist so groß, dass lieber gar keine Emotionen zugelassen werden.

All das kann durch uns fließen – als Angst vor emotionaler Nähe, als immer wiederkehrende Existenzangst, oder dass wir immer wieder Bestätigung über die Zuneigung anderer brauchen, weil wir sie selbst nie wirklich von unseren Eltern erfahren haben. Es kann uns unsicher sein lassen, gefühlt haltlos – auch wenn wir materiell abgesichert aufgewachsen sind.

Bei all diesen Themen und dem Blick auf Traumata in unseren Linien ist es hilfreich, zusätzlich im Bewusstsein zu behalten, dass die Menschen, die den Zweiten Weltkrieg erlebt haben, die Kinder von Eltern waren, die den Ersten Weltkrieg erlebt haben. Die erste Hälfte des 20. Jahrhunderts war in Europa eine durchaus schwersttraumatische. Und all diese Traumata werden weitergegeben und vererbt. Erwähnt sei aber auch, dass die Traumata, denen wir begegnen, nicht unbedingt aus der Weltkriegszeit kommen müssen. Sie können auch aus anderen Erlebnissen herrühren. Es ist nur gut, die kollektive Vergangenheit mit einzubeziehen.

Traumata auflösen

Wenn wir Traumata in unserer Linie auflösen wollen, können wir das aus verschiedenen Perspektiven machen. Es ist wichtig, sich darüber klar zu sein, bevor wir in die Zeremonie gehen. Zum einen können wir von einem Trauma in unserer Familie wissen und spüren, wie es sich auch noch in uns bemerkbar macht. Damit kennen wir oftmals auch die Person, von der es herrührt. Entweder weil wir es von ihr gehört haben oder darüber gesprochen wurde. Oder aber wir spüren, wie immer wieder etwas in uns aktiviert wird, das nichts mit einer unserer persönlichen Erfahrungen in diesem Leben zu tun hat. Damit kennen wir eine Qualität des Symptoms, haben vielleicht eine Vermutung, was der Ursprung sein könnte, kennen jedoch nicht die Ahnin oder den Ahnen, die es erfahren haben. Eine weitere Option ist, dass es ein Tabuthema in der Familie gibt. Etwas, worüber man nicht spricht oder was sofort zu emotionalen Ausbrüchen führt.

Impuls
Schau noch mal in deine Aufzeichnungen und spüre in deine Familie hinein. An welcher Stelle gibt es Tabuthemen, und wie fühlen sie sich für dich an? Wann kannst du ein aktiviertes Trauma in dir wahrnehmen? Welche Themen fließen durch die Linie? Von welchen traumatisierenden Erlebnissen oder Ereignissen in deiner Linie weißt du?

Ein Trauma zeigt sich etwas anders als ein Glaubenssatz. Manchmal lässt es die Personen fast verschwinden, oder es begräbt sie förmlich unter der Masse der Emotionen. Es kann sein, dass dir eingefrorene Ahnen begegnen, die bewegungsunfähig oder erstarrt sind. Oder es kann passieren, dass die Person sich fast aufgelöst hat, also durchsichtig wirkt, da das Trauma ihre Persönlichkeit quasi überlagert. Wenn du dich auf den Weg in deine Linie machst, können dir diese Anzeichen helfen, den richtigen Ahnen oder die richtige Ahnin zu finden. Auch die Zeremonie zur Auflösung eines Traumas wirst du eventuell mehrfach machen und dabei unterschiedliche Ahnen besuchen.

Falls du deinem zeremoniellen Raum neben den bisher bekannten Elementen noch etwas hinzufügen möchtest, was für dich für Bewegung und Transformation steht, kannst du diese Gegenstände einfach mit in deinen Raum platzieren. Ich hatte beispielsweise einmal den Impuls, eine Feder und etwas Watte dazuzulegen. Interessanterweise drehte sich die Zeremonie dann um den Flugzeugabsturz, bei dem mein Großvater zu Tode gekommen ist. Die Feder stand symbolisch für das Abbremsen des Sturzes und die Fähigkeit, die Schwingen wieder ausbreiten zu können, der Wattebausch federte den Aufprall ab und hüllte meinen Großvater schützend ein. Mir war zu Beginn der Zeremonie auch nicht ganz klar, worum es gehen und bei wem ich landen würde, doch im Rückblick war es total passend, Feder und Wattebausch dabeizuhaben.

Zeremonie:
Auflösen eines Traumas

Dauer: eine Stunde
Material: Notizbuch und Stift, Kerze, eine Handvoll Salz, ein Glas Wasser mit einer Prise Salz, Räucherwerk, vier Steine, eine Glocke oder Feder
Inhalt: Klärung der Intention / Finden des traumatisierten Ahnen / Anerkennung des Schicksals / Klärung der Zeitlinien / Auflösung und Transformation des Traumas

Die Auflösung eines Traumas kann eine intensive Erfahrung sein. Daher ist es wichtig, dir genügend Zeit einzuräumen und auch im Anschluss an die Zeremonie nicht direkt zum nächsten Termin zu müssen. Plane einen ordentlichen Puffer ein. Am besten hast du in den folgenden ein bis zwei Stunden Zeit für dich. Du kannst die Zeit auch mit deiner Familie verbringen, sorge jedoch zumindest beim ersten Mal dafür, dass ihr nicht direkt einen großen Ausflug macht, sondern vielleicht einfach zu Hause bleibt.

Auch in dieser Zeremonie kann dein Ahnenteam aus Guide und Mentor dich unterstützen. Ein Trauma ist eine Energie, die so groß war, dass sie von den Ahnen zu Lebzeiten nicht verarbeitet werden konnte. Wenn wir uns in die Zeremonie begeben, fokussieren wir uns daher auf zwei Aspekte: das Bewegen der erstarrten Energie und das Transformieren des damit verbundenen Schocks oder anderer Energien. Werde dir vor der Zeremonie darüber klar, welchen Fokus du setzen willst: Um welches Thema und Trauma soll es gehen? Du kannst dazu in deine bisherigen Aufzeichnungen schauen oder jetzt in dich hineinspüren.

In dieser Zeremonie kannst du den Space wie zuvor gestalten. Auch hier ist es wieder wichtig, dass du für eine ruhige Umgebung und einen Rahmen, in dem du ungestört bist, sorgst. Den Ort kannst du wählen. Vielleicht hast du schon einen Lieblingsort, vielleicht wechselt der Ort, oder du spürst, dass es in der Nähe deines Ahnenalters am stimmigsten ist. Vertraue deiner inneren Weisheit und bitte im Zweifel deine Mentorin oder deinen Guide um ein Zeichen. Kreiere deinen Space mit den Symbolen für die Elemente und die Himmelsrichtungen und einem Zentrum. Wenn du dein Thema klar benennen kannst, dann kannst du Gegenstände, die dir intuitiv dazu als unterstützende Elemente oder heilende Aspekte einfallen, mit in deinen Raum nehmen.

Für die Zeremonienarbeit mit einem Trauma ziehst du einen Kreis aus Salz um deinen Space. Salz hält negative und destruktive Energie ab und hilft bei der Reinigung. Kannst du keinen Kreis aus Salz ziehen, platziere vier kleine Haufen oder Gläser gefüllt mit Salz um deinen zeremoniellen Raum. Arbeiten wir mit einem Trauma, kann es passieren, dass wir eine Frequenz aktivieren, die über unsere Linie hinausgeht. Mit dem Salz ziehen wir daher eine klare Grenze und halten den Fokus. Verteile das Salz auch mit dieser Intention.

Wenn es dir hilft und guttut, kannst du auch hier Musik im Hintergrund laufen lassen. Oder du schließt einen Diffuser mit einem ätherischen Öl wie Lavendel an, um direkt eine beruhigende Atmosphäre zu schaffen. Außerdem kannst du, wenn die Jahreszeit passend ist, Gänseblümchen sammeln und sie im Raum platzieren oder dir auch als Kranz aufsetzen. Sie wurden traditionell in der Pflanzenheilkunde zur Traumabewältigung eingesetzt. Als ich das lernte, dachte ich sofort daran, wie alle

 2. Aus den Wurzeln schöpfen

Kinder früher immer mit Gänseblümchen spielten, als ob sie wussten, warum. Kreiere also deinen Space, dann reinige ihn und all diejenigen, die der Zeremonie beiwohnen, und finde deinen Platz.

Atme tief ein und aus und zentriere dich. Du kannst dir vorstellen, wie eine goldene warme Flüssigkeit durch deinen Scheitel fließt und ganz sanft und langsam deinen Körper erfüllt. Überall, wo sie ist, löst sie all das, was du hier und jetzt nicht mehr brauchst. Die Flüssigkeit fließt am Ende aus deinen Füßen in die Erde. Sie stoppt von oben, wenn sich alles gelöst hat. Atme dann noch dreimal tief ein und aus.

Anschließend bitte deine Spirit Guides und deinen Ahnen-Guide zu dir. Wenn du ihre Anwesenheit spürst, setze deine Intention. Möchtest du gezielt ein Trauma lösen? Möchtest du die Ursache für ein Symptom oder Verhalten finden? Formuliere deine Intention glasklar und setze damit auch den Fokus für die Energie der Zeremonie. Wenn du weißt, aus welcher Linie die Ursache stammt, hole diese Linie herbei. Wenn du es nicht weißt, bitte deine Großeltern – oder Eltern, wenn sie schon verstorben sind – herbei und bitte um ein Zeichen, in welche Richtung es geht.

Wie bei der vorhergehenden Zeremonie folgst du nun der Linie bis zum Ursprung des Themas. Je nach Thema kann das recht schnell gehen – Weltkriegstraumata liegen ja relativ kurz zurück – oder auch deutlich länger brauchen – historische Traumata wie die Hexenverbrennungen liegen schon zehn bis fünfzehn Generationen zurück. Nimm dir deine Zeit und schreite langsam voran oder lass dich in Ruhe an der Linie entlanggleiten. Wie auch immer es für dich erscheint, ob du gehst, fliegst oder gleitest, bleib in deinem Atem. Es ist wichtig, dass du mit dir und deiner Energie verbunden bleibst.

Wenn du die Person antriffst, die das Trauma erlebt hat, prüfe, ob sie ansprechbar ist. Auch wenn sie abwesend wirkt, sprich sie als Großmutter oder Großvater an, stell dich vor und sage, dass du sie gesucht hast. »Hallo Oma / hallo Opa, mein Name ist XY. Ich bin deine Enkeltochter. Ich bin heute durch die Zeit gereist, weil ich dich gesucht habe. Ich sehe dich, und ich ehre dich.« Durch die direkte Ansprache öffnen wir einen Raum der Präsenz und erleichtern die Kontaktaufnahme. Wir bringen die andere Person leichter in ihre Präsenz. Du kannst auch noch hinzufügen, dass du die Tochter von YZ und die Enkeltochter von YY bist, und damit deine Linie aktivieren. Atme tief ein und aus und schau, was passiert. Manchmal regt sich schon etwas, du kannst spüren, wie die Energie sich verändert oder die Person lebendiger oder beweglicher wird. Oder es kann auch ein vorsichtiges Zurücktreten sein.

Sprich den Satz: »Du bist meine Großmutter / mein Großvater. Durch dich bin ich in dieses Leben gekommen, und dafür danke ich dir. Ich lebe im Jahr 2020, und diese Linie hat überlebt. Durch dich und durch die, die nach dir kamen. Dafür danke ich dir. Ich spüre dich, ich sehe dich, ich fühle dich, und ich schicke dir Liebe. Ich liebe dich.«

Atme wieder tief ein und aus. Und dann teile deinen Atem mit diesem Ahnen. Stell dir dabei vor, wie du beim Ausatmen deine Energie in sein Feld bringst. Wie eine Energie aus der lebendigen Gegenwart in diesen Moment zwischen euch geholt wird. Vielleicht siehst du es wie einen goldenen Hauch, der in ihn eindringt, vielleicht ist es ein Lichtstrahl, der ihn erhellt. Atme so lange weiter, bis du merkst, dass sich die Energie des Ahnen verändert, er wieder beweglicher wird und sichtbarer oder präsenter. Vielleicht schaut er dich an, beginnt zu lächeln, sein Körper entspannt sich, und du spürst, wie dein Körper ruhig und entspannt wird. Vielleicht nimmst du wahr, wie es heller um ihn wird oder wie er beginnt, von innen zu strahlen.

Atme so lange, bis du das Gefühl hast, dass die Person wieder voll und ganz da ist. Zwischendurch kannst du den vorherigen Satz immer wieder einfließen lassen: »Du bist meine Großmutter / mein Großvater. Durch dich bin ich in dieses Leben gekommen, und dafür danke ich dir. Ich lebe im Jahr 2020, und diese Linie hat überlebt. Durch dich und durch die, die nach dir kamen. Dafür danke ich dir. Ich spüre dich, ich sehe dich, ich fühle dich, und ich schicke dir Liebe. Ich liebe dich.« Direktes Ansprechen hilft. Wiederhole den Vorgang so lange, bis deine Ahnin oder dein Ahn wieder voll und ganz da ist. Du kannst auch die Glocke zu Hilfe nehmen – der Klang bewegt die Energie und kann Altes und Schweres lösen.

Vielleicht zeigt deine Ahnin, was passiert ist, oder du bekommst zwischendurch Bilder oder Gefühle, die schwer und dunkel sind. Atme dich da hindurch oder nutze die Glocke und halte die Energie am Fließen. Wissend, dass Atem Leben bedeutet und du deinem Gegenüber wieder Leben einhauchst. Dabei kannst du auch die goldene Flüssigkeit, die zuvor durch dich geronnen ist, aktivieren.

Wenn deine Ahnin wieder voll und ganz präsent ist, bedanke dich bei ihr. Beobachte die Veränderung, die dadurch entsteht, dass sie wieder mit ihrer vollen Energie und Beweglichkeit in der Linie steht. Und dann verabschiede dich, wissend, dass du jederzeit wieder in Kontakt gehen kannst.

Reise bewusst zurück in die Gegenwart. Bedanke dich bei allen, die dich unterstützt haben, und atme fünfmal tief in deinen Körper hinein. Bewege deine Füße und Hände und öffne deine Augen. Notiere dir, was dir wichtig erscheint, und wenn du bereit bist, steh auf und löse den Space auf, indem du sagt: »Ich schließe den Zeremonienraum.« Dann tritt aus dem physischen Ort, den du geschaffen hast, sammle deine Gegenstände ein und platziere sie an ihren ursprünglichen Ort. Trinke das Wasser mit der Prise Salz, um dich zu erden.

Schock und Unfall

Wenn Menschen einen Schock erleiden oder in einen Unfall verwickelt werden, dann halten sie die Energie oft fest. Bei Ahnen in deiner Linie, die in solchen Momenten gestorben sind, kannst du ebenfalls die gerade beschriebene Zeremonie nutzen. Oft haben Menschen, die durch einen Unfall sterben, nicht sofort Klarheit darüber, dass sie gestorben sind. Sie wandeln noch durch die Welten. Und manchmal verpassen sie es so, ihren Platz in der Ahnenlinie einzunehmen. In diesem Fall wirst du den Ahnen in der Zeremonie ebenfalls als nicht ganz präsent erleben, vielleicht ist er auch verwundert, von dir angesprochen zu werden. Du kannst auch in diesem Fall die gleiche Vorgehensweise nutzen wie in der eben beschriebenen Zeremonie.

Ich habe in meiner Arbeit immer wieder Menschen erlebt, die nach einem plötzlichen Unfall eben nicht den Weg in die Welt der Ahnen angetreten haben, sondern zwischen den Welten hängen geblieben sind. Das sind unter anderem die Momente, in denen Hinterbliebene stark die Anwesenheit des Verstorbenen spüren oder das Gefühl haben, von ihm begleitet zu werden. Es kann sein, dass Menschen, die unerwartet sterben, ein besonderes Verantwortungsgefühl gegenüber den Menschen haben, die sie hinterlassen. In diesem Fall hilft es, sie daran zu erinnern, dass sie als

Ahnen ebenso kraftvoll wirken und auch noch weitreichender für die nächsten Generationen aktiv sein können.

Sterben Menschen im Schock, beispielsweise ausgelöst durch Mord oder Erschießen, versteifen sie sich energetisch manchmal so sehr, dass sie quasi feststecken. Hier hilft ebenfalls die eben aufgeführte Zeremonie.

Wenn du weißt, dass solche Vorfälle von plötzlichem und unerwartetem Tod in deiner Linie aufgetaucht sind, dann ist es hilfreich dort hinzuschauen und an den Stellen zu arbeiten. Denn dadurch bekommst du die Energie in der ganzen Linie wieder zum Fließen. Sagt dir dein Bauchgefühl, dass so etwas in deiner Linie der Fall gewesen sein könnte, vertraue ihm. Lass dich von deinem Ahnen-Guide leiten und arbeite an der Stelle der Linie, an die du geführt wirst. Wir müssen nicht immer alle Details wissen oder sehen, um Heilung und Transformation geschehen zu lassen. Unser Gespür und unsere Intuition sind ausreichend.

Die Linie heilen durch Integration

Jedes System ist so krank wie die Summe seiner Geheimnisse. Diesen Satz habe ich erstmals von meiner Mutter gehört. Über die Jahre ist mir immer deutlicher geworden, wie relevant er wirklich ist und was es alles an Geheimnissen gibt. Manche von ihnen so geheim, dass sie schon gar nicht mehr im Tagesbewusstsein existieren. Doch auch wenn sie uns nicht bewusst sind, so können sie uns doch deutlich beeinflussen.

Geheimnisse können ganz gezielt kreiert werden, weil sich Scham über eine Situation gelegt hat oder weil Konsequenzen befürchtet werden. Es kann um ungewollte Schwangerschaften gehen, um Übergriffe verschiedener Art oder Verleumdungen, die eine Ahnin erfahren hat. Geheimnisse können aber auch dadurch entstehen, dass Wissen nicht weitergegeben wurde. So erinnert sich vielleicht niemand mehr an den Bruder vom Urururopa, der als kleines Kind gestorben ist, oder an die junge Frau, die sich entschied, ins Kloster zu gehen, und dort bis zum Lebensende geblieben ist. Dennoch sind all diese Menschen Teil der Ahnenlinie und ihre Erfahrungen energetisch in ihr verankert.

Durch eine Zeremonie und den Kontakt mit unseren Ahnen können wir solche Geheimnisse lüften. Manchmal finden wir zwar nicht heraus, worum es genau ging, doch wir können die Energie bewegen und auch transformieren, indem wir vergessene oder verdrängte Menschen wieder in die Linie holen und sie als Teil unserer Ahnen anerkennen. Damit wird die Linie komplett. Es ist wie ein energetischer Teppich, dessen Löcher wir stopfen.

Heimliche Kinder und verschwiegene Ereignisse

Wenn wir mit unseren Ahnen arbeiten und in Kontakt gehen, ist es essenziell, uns immer daran zu erinnern, dass sich ihre Lebensumstände meist deutlich von den unseren unterschieden haben. Allein in den letzten einhundert Jahren hat sich die Situation für Frauen in Europa so signifikant verändert, dass wir uns manchmal gar nicht mehr genau vorstellen können, wie die Leben unserer Ahninnen wirklich aussahen. Dass sie sich noch verheiraten mussten, dass sie viel weniger Möglichkeiten hatten, sich selbst zu verwirklichen und über ihren eigenen Lebenslauf zu entscheiden. Sie waren viel mehr in gesellschaftliche Zwänge eingebunden. Frauen durften nicht einfach zur Universität gehen, es war verwerflich, eine alte Jungfer zu sein, und sie waren zumeist wirtschaftlich abhängig von ihrer Familie oder dem Ehemann. Mit dem christlich geprägten Weltbild mussten Frauen unbefleckt in die Ehe gehen, während es für Männer durchaus willkommen war, wenn sie Erfahrungen sammelten. Sie mussten ja auch nicht mit den Konsequenzen leben. So gab es damals einen viel höheren Druck, ungewollte Schwangerschaften vorzeitig zu beenden, zumal auch uneheliche Kinder nicht unbedingt glücklich geworden wären. Alternativ gingen junge Frauen für einige Monate aufs Land, wo sie heimlich in dafür vorgesehenen Einrichtungen entbanden. Die entbundenen Kinder lernten ihre Mütter oftmals nicht kennen oder kannten sie nur als ihre Tante oder Schwester.

Wenn du also das Gefühl hast, dass irgendwo in deiner Ahnenlinie etwas nicht stimmt, kann es gut sein, dass die ursprüngliche Anordnung durcheinandergeraten ist. Dass die deutlich jüngere Schwester der Uroma eigentlich ihre Tochter war. Dass das jüngste von vierzehn Kindern eigentlich der Sohn der ältesten Tochter war. Denn auch wenn in den patriarchalen Strukturen unserer Gesellschaft von der väterlichen Seite Ansprüche auf die »offiziellen und gewollten« Kinder gestellt wurden, so waren es doch immer die mütterlichen Linien, die die Konsequenzen trugen, wenn es um Verheimlichen oder Abtreiben ging. Wenn du in den Kontakt mit deiner Linie gehst, ist es durchaus hilfreich, das im Hinterkopf zu haben.

Vergessene Familienmitglieder

Genauso, wie es verschwiegene Familienmitglieder gibt, kann es vergessene Ahnen geben. Durch Katastrophen, Vertreibung, Krieg oder frühen Tod kann es passieren, dass die Namen und Geschichten einzelner nicht bewusst weitergetragen werden und sie somit in Vergessenheit geraten. Oder es ist die unverheiratete Tante und der ausgewanderte alleinstehende Onkel, die dadurch, dass sie nicht zum engen Kern der weitergeführten Linie gehören, einfach in den Erzählungen ausgeblendet werden. Jedoch sind sie da. Manchmal können sie nicht richtig in die Linie der Ahnen treten, manchmal fühlen sie sich zurückgesetzt, manchmal ist an ihrer Stelle eine Lücke.

Wenn du das Gefühl hast, dass es jemanden gibt, der sich bei dir meldet und den du nicht einordnen kannst, kann es gut der Fall sein, dass dieser Ahn einer der vergessenen ist. Ihn zurück in die Linie einzuladen und ihm zu ermöglichen, den ursprünglichen Platz einzunehmen, kann die komplette Linie energetisieren. Es kann auch sein, dass bestimmte Schicksale oder Muster weitergegeben werden, ohne dass man sich an die Ahnen erinnert und deshalb deren Ursprung nicht ausmachen kann. Wenn beispielsweise die ältere Schwester immer unverheiratet blieb, kann das daran liegen, dass es in einer der Generationen zuvor eben genau so eine Schwester gab, die entweder ins Kloster ging oder bewusst unverheiratet blieb, jedoch in Vergessenheit geriet. Durch das Wiederholen des Musters fordert sie uns auf, ihr Schicksal zu betrachten.

Zeremonie:
Integration ausgeschlossener Ahnen

Dauer: fünfundvierzig Minuten
Material: Notizbuch und Stift, Kerze, eine Handvoll Salz, ein Glas Wasser mit einer Prise Salz, Räucherwerk, vier Steine, eine Glocke oder Feder
Inhalt: Setzen des Fokus / Finden des energetischen Lochs / Kontaktaufnahme mit den Ahnen / Anerkennung des Schicksals / Einladen in die Linie / Heilung der Linie

Auch für diese Zeremonie kannst du wie in denen zuvor deinen Space gestalten, indem du die Elemente repräsentierst und deine Intention setzt. Hast du ein konkretes Thema, dann lass dich davon lenken. Du kannst auch offen in die Zeremonie gehen, setz dabei jedoch einen klaren zeitlichen Rahmen oder eine Anzahl von »Löchern«, die du bereit bist zu heilen. Denn energetisches Arbeiten kann durchaus anstrengen, und die Folgen sind manchmal auch für uns physisch spürbar. Zu Beginn kannst du daher die Intention setzen, zu dem Loch geführt zu werden, das für das höchste und beste Gute aller geheilt werden darf. Damit schließt du dich selbst mit ein, für den Fall, dass du nicht sowieso einen eigenen Fokus hast.

Bitte deinen Ahnen-Guide, dich zu begleiten und an deiner Seite zu sein. Das »Stopfen« energetischer Löcher innerhalb einer Linie ist ein sehr machtvolles Instrument, achte dabei gut auf dich selbst. Verwurzle dich gut und geh dann innerlich zurück entlang der Ahnenlinie. Hast du ein »Loch« entdeckt, oder bist du zu einer Stelle geführt worden, wo etwas fehlt oder nicht stimmt, dann bitte den Ahnen, der an dieser Stelle sein

Die Linie heilen durch Integration

sollte, sich zu zeigen. Lade ihn in die Linie ein und dazu, seinen rechtmäßigen Platz einzunehmen. Erlaube allen umgebenden Ahnen, sich zu melden, wenn sie Einwände haben oder etwas mit dir teilen möchten. Nimm ihre Belange ernst, vielleicht gibt es weiterhin Sorgen um mögliche Konsequenzen oder Ähnliches. Erkläre ihnen, dass du aus dem Jahr 2020 kommst und die Welt nun eine andere ist. Lass sie wissen, dass die ganze Linie stärker wird und heilt, wenn die Person, die an diese Stelle gehört, nun endlich in den Kreis der Ahnen eintreten darf und als solcher anerkannt wird.

Handelt es sich um ein vergessenes Kind, kann es sein, dass die Mutter noch von Gram oder Schuld erfüllt ist. Es kann sein, dass sie Angst davor hat, ihr Kind wieder in die Linie zu lassen, weil sie nicht weiß, ob die es annimmt. Sobald du dich überfordert fühlst, bitte deinen Ahnen-Guide, aktiv einzuschreiten und dich zu unterstützen. Es kann etwas ruckeln, bevor alle wieder am richtigen Platz sind. Denn manchmal bedeutet das eben auch eine Veränderung der Position für andere Ahnen.

Nimm dir Zeit und ehre die Sorgen und Bedürfnisse der einzelnen. Hör dir ihre Geschichten an – sie können auch auf Themen in deinem Leben hinweisen. Wenn alle ihren Platz wiedergefunden haben, bedanke dich und komm zurück in die Gegenwart. Bedanke dich auch bei deinem Ahnen-Guide, bevor du den Zeremonienraum auflöst.

Du hast nun eine ganze Zahl von Zeremonien kennengelernt, mit denen du deine Ahnenlinie heilen, transformieren und vervollständigen kannst. Nutze sie alle gegebenenfalls mehrfach, bis du den Eindruck hast, im Feld deiner Vorfahren ganz gut aufgeräumt zu haben. Dann wird dir die Kraft unzähliger Generationen vor dir zufließen und dein Leben ebenso verwandeln wie das deiner lebenden Verwandten und eurer Nachkommen. Auf dieser Basis kannst du mit all deinem Potenzial nach vorn schauen und deine Vision entwickeln und leben. Damit geht es ab dem nächsten Kapitel auch in diesem Buch weiter. Zuvor aber noch ein kleiner Exkurs, der mir für viele Frauen – und auch Männer – wichtig scheint.

Das Ende der Linie

Als ich klein war, hat mein Vater immer gesagt, dass er der Letzte seiner Linie sei. Er hat sich als das Ende seiner Linie gesehen, da er mich und meinen Bruder zur Linie meiner Mutter gerechnet hat und selbst ein Einzelkind war. Somit hatte ich auch erst spät einen wirklichen Zugang zu meiner väterlichen Linie. Interessanterweise ist mein Vater damit, ohne dass es ihm bewusst gewesen wäre, in eine vorchristliche Annahme gefallen: Die Ahnenlinie wurde lange Zeit durch die Frau weitergetragen. In früheren Zeiten, als unsere Vorfahren noch nicht genau wussten, wie Empfängnis und Geburt zusammenhingen, wurden Frauen als magische Wesen angesehen, die bluteten, ohne zu sterben, und die Kinder gebären konnten. Durch sie wurde das Leben gegeben und der Stamm oder die Linie erhalten. Dem folgte die Annahme, dass eine Frau mit möglichst vielen Männern schlafen sollte, damit jeder über seinen Samen das Beste in das Kind geben konnte. Denn zu dem Zeitpunkt waren Kinder noch Teil der Gemeinschaft, und man wollte das Beste für das Ganze.

Erst als klar wurde, dass nur ein Mann eine Frau befruchten kann, und mit dem Aufkommen des Patriarchats veränderte sich die Sicht der Dinge. Kinder wurden, wie ihre Mütter, dem jeweiligen Mann zugeordnet. Frauen wurde die Rolle zugewiesen, den Erhalt der männlichen Linie zu sichern. Kinder zu kriegen wurde damit zu einer essenziellen Funktion für das Überleben einer Frau. Denn ein Kind – am besten ein Sohn – sicherte die Erbfolge und bedeutete für die Frau ein Pfand, das ihr ein Dach über dem Kopf zusicherte. Gabriele Uhlmann verortet die Entstehung des Patriarchats in die Zeit vor etwa achttausendzweihundert Jahren mit der Erfindung des Viehnomadismus. Von da an wurde die Frau in die Ehe gezwungen und sollte dem Mann Söhne gebären und ihm und seiner Herde folgen. Interessant fand ich dabei ihren Hinweis auf die indoeuropäische Sprache, die noch heute mit Metaphern aus der Tierzucht durchwoben ist. Wählt eine Frau verschiedene Sexualpartner wird sie als »unzüchtig« (sinngemäß: sich der Zucht entziehend) oder »zügellos« bezeichnet.[3]

Kinderfreiheit als Frau

Ich spreche hier bewusst von »Kinderfreiheit« und nicht »Kinderlosigkeit«, denn Sprache gestaltet unsere Wahrnehmung. Noch heute spüren wir als Frauen den kollektiven Druck, Kinder in die Welt setzen zu müssen. Dabei soll direkt gesagt sein: Wenn es nach mir ginge, könnte jede Frau entscheiden, ob, wann, wie und wie viele Kinder sie kriegt. Doch spätestens ab dreißig werden kinderfreie Frauen gefragt, wann es denn so weit sei oder warum sie denn noch keine Kinder haben, ab vierzig werden sie mitleidig angeschaut oder es wird angenommen, irgendetwas passt mit ihnen nicht, weil sie Single und/oder kinderfrei sind.

Die kinderfreie Frau ist dem Patriarchat immer ein Dorn im Auge gewesen. Insbesondere wenn es um Ahnenarbeit geht, kann

 2. Aus den Wurzeln schöpfen

bei Frauen der Gedanke aufkommen, dass sie versagt haben, da ohne Kinder ihre Linie nicht weiterlebt. Während ich dieses Buch schreibe, bin ich kinderfrei. Das ist bisher eine bewusste Entscheidung gewesen. (Wer weiß, was die Zukunft bringt.) Ich sehe meinen Bruder, der zwei Söhne hat. Diese werden die Linie fortführen. Doch selbst wenn dies nicht der Fall gewesen wäre: Meine Ahnen haben mir zugesichert, dass es okay ist, falls ich kinderfrei bleibe. Ich kann dennoch eine gute Ahnin sein, für all die Frauen, die nach mir kommen, mit meinem Handeln den Raum verändern, den sie betreten werden, und somit vielleicht eine spirituelle oder idealistische Linie erschaffen oder weiterführen.

Wenn du keinen Impuls spürst, Kinder zu bekommen, oder das Leben es so für dich entschieden hat, dann ist es okay. Auch in der Natur bestehen Dinge nicht für immer. Manche Quellen versiegen, neue entspringen. Und gleichzeitig speisen sich alle aus dem Wasser der Erde. Nicht jeder Samen eines Baumes wächst heran. Und dennoch gibt es weiterhin einen Wald. Wenn wir es uns erlauben, den Blick von uns selbst wieder auf das Große und Ganze zu werfen, dann wird deutlich, dass es nicht darum geht, jede einzelne Linie zu erhalten. Es geht darum, dass wir unsere Vision finden und das Wissen und die Weisheit in die Welt tragen, die wir bekommen haben. So werden spirituelle Linien immer weitergetragen, auch Mönche und Nonnen hatten keine Kinder. Und so werden wissenschaftliche Linien weitergetragen, vom Doktorvater zur Doktortochter.

Gerade letztens habe ich ein Schild gesehen, auf dem anstatt »Schmidt & Sohn« »Schmidt & Neffe« stand. Wenn wir als Frauen wieder voll und ganz erkennen, dass es unsere freie Entscheidung ist, ob wir Kinder haben wollen oder kinderfrei bleiben, dann erkennen wir, dass wir gegenüber unseren Ahnen kein schlechtes Gewissen haben müssen. Und wenn du es genau wissen willst, dann frag deine Ahnen. Nimm dir Zeit vor deinem Ahnenaltar und stell die Frage. Und falls sie meinen, dass du Kinder kriegen solltest, während du das nicht möchtest: Erkläre ihnen, was im Jahre 2020 Lebensrealität ist, und dass deine Existenz nicht mehr davon abhängt. Teile mit ihnen, dass du dein eigenes Bankkonto hast und einen eigenen Job. Du wirst merken, wie schnell sich die Energie verändert. Es ist okay, sich für eine bewusste Kinderfreiheit zu entscheiden. Denn schlussendlich ist es dein Leben. Und nicht das deiner Ahnen.

Finde deine Vision, lebe dein Leben und genieße es. Egal, wie es aussehen mag.

Ahnen an verschiedenen Orten und in Kulturen ehren

Dieser kleine Exkurs ist mir noch wichtig: Für mich gehört es nämlich auch zur Ahnenarbeit, die Ahnen bestimmter Orte zu ehren. So wie es Ahnen gibt, die persönlich mit uns verbunden sind, gibt es eben auch Ahnen, die mit Orten und Kulturen verbunden sind. Allen diesen Ahnen gilt es, mit Respekt zu begegnen. Gerade wenn wir auf Reisen sind, kann es sein, dass die Ahnen des Ortes, an dem wir uns befinden, unseren Vorfahren oder denen, die sie dafür halten, vielleicht nicht besonders gut gesonnen sind. Das kann auf Kolonialisierung, Unterdrückung oder Missionierung zurückzuführen sein – ehrlicherweise gibt es da ausreichend Gründe. Gleichzeitig können unsere Demut und Offenheit ihnen gegenüber Heilung und Bewegung in die Angelegenheiten bringen. Indem wir anerkennen, dass wir uns dessen, was passiert ist, bewusst sind, übernehmen wir Verantwortung. Wir erkennen das an, was oftmals unter den Teppich gekehrt wird.

Ich persönlich habe mittlerweile aufgehört, in Völkerkundemuseen zu gehen, da ich jedes Mal stundenlang brauchte, um mich zu entschuldigen, die Wogen zu glätten und in Gespräche zu gehen. Denn die allermeisten Exponate in den Museen sind eben keine Geschenke, sondern Raubstücke. Sie sind nicht freiwillig übergeben worden, sondern wurden genommen. Oft sind es neben den alltäglichen Gebrauchsgegenständen heilige Insignien, die mit der Energie der jeweiligen Ahnen aufgeladen sind. Wenn wir uns darauf einlassen, können wir diese Energie noch deutlich spüren.

Achtsam in der Welt sein

Ich bin in meinem Leben schon viel gereist und habe festgestellt, dass sich manche Orte für mich leichter und andere schwerer anfühlen. Ich habe bemerkt, dass ich mich in einigen Städten wohler fühle als in anderen – und es liegt nicht unbedingt an der Aufmachung oder Lage. Jedes Mal, wenn ich an den Externsteinen bin, diesem heiligen Ort unserer Vorfahren, fühle ich mich tief verbunden und zu Hause. Ich könnte dort stundenlang sitzen und verweilen. Doch ich kenne auch Menschen, die es dort nicht gut aushalten, weil sie eine Dunkelheit spüren, die von den Steinen ausgeht. Beides ist wahr.

Bis heute hängt in vielen von uns der Schock und das Trauma der gewaltvollen Christianisierung unserer Vorfahren – und das ist es, was in vielen aktiviert wird, wenn sie an den Externsteinen sind. Denn diese waren einer der, wenn nicht überhaupt der wichtigste Kraftplatz unserer Vorfahren, den sie mit ihrem Leben vor den Truppen Karls des Großen verteidigt haben. Dabei starben Zehntausende, und als sich der Führer der Sachsen, der Schamane und Heeresführer Widukind, bereiterklärte, sich taufen zu lassen, damit sein Volk überlebte, wurde auch diese Vereinbarung von Karl dem Großen gebrochen. Er tötete weiter und sperrte Widukind in ein Kloster, in dem er ihn verhungern ließ. Wir spüren den Schock der Menschen, die zuvor an den Steinen waren, wir spüren das, was später durch die spirituellen Praktiken der Nazis dort veranstaltet wurde. Und noch heute kann es uns ein ungutes Gefühl vermitteln. Gleichzeitig können wir auch die tiefe spirituelle Verbindung an diesem Ort wahrnehmen und ihm auf dieser Ebene begegnen. Das dunkle und ungute Gefühl stellt sich oftmals ein, wenn wir nicht über die Vorgeschichte eines Ortes Bescheid wissen oder unvorbereitet an bestimmte Stellen kommen.

So erzählte mir eine Bekannte, wie sie vor einigen Jahren in Mecklenburg-Vorpommern unterwegs war und in einem der Dörfer Atemnot und Gänsehaut bekam. Sie musste den Ort umgehend wieder verlassen. Im Nachhinein recherchierte sie und fand heraus, dass dort kurz nach Ende des Zweiten Weltkrieges ein Massensuizid stattgefunden hatte, da die Menschen so viel Angst vor den sich nähernden Soldaten der Roten Armee hatten. Insgesamt kamen in diesem Dorf an die tausend Menschen so ums Leben. Der Historiker Florian Huber hat sich dem deutschlandweit auftretenden Phänomen angenommen und beschreibt die »Selbstmordepidemie« als »eine Antwort auf den emotionalen Untergang«, der den Zusammenbruch des Nationalsozialismus und des Dritten Reiches begleitet habe: »Die Selbstmordwelle mit

 2. Aus den Wurzeln schöpfen

zehntausenden Toten war der extreme Ausdruck einer Sinnleere und eines Schmerzes, in den sich die Menschen angesichts von Irrtum, Niederlage, Demütigung, Verlust, Scham, persönlichem Leid und Vergewaltigung geworfen sahen.«[4] All dies konnte meine Bekannte in dem Ort noch spüren: das unbearbeitete Trauma, das Auslöser des Suizides war, und das darauffolgende ebenfalls nie komplett aufgearbeitete Trauma. Solche Geschichten zeigen, dass auch Orte eine bestimmte Ahnenenergie in sich tragen.

Orte klären

Vielleicht bist auch du immer wieder an Orten, die dir schwer erscheinen, oder vielleicht wohnst du in einem Gebäude, das eine schwere Geschichte hat. Zeremonien können dir helfen, die dort befindlichen Seelen zu lösen und ins Licht zu schicken. Dabei ist es immer wichtig, sich vorab die Erlaubnis zu holen. Ich bitte immer darum und frage, ob meine Hilfe gewünscht und gebraucht wird und ob sie dem höchsten und besten Guten aller dient. Denn die kollektive Ahnenarbeit ist keine, in der es um unser Ego geht, sondern es geht um etwas, was größer als die Einzelne von uns ist. Es geht um die kollektive Energie und das kollektive Bewusstsein.

Als ich einen Winter lang in Las Palmas auf Gran Canaria gelebt habe, habe ich Paco, einen Canario, kennengelernt, der sich intensiv mit der Geschichte seiner Ahnen, den Guanchen, auseinandergesetzt hat. Als ihm im Laufe unserer Unterhaltung klar wurde, was ich mache, bat er mich, ihm und seinen Ahnen zu helfen. Er sagte, es gebe so viele Orte auf der Insel, an denen er den Schmerz seiner Ahnen spüren könnte. Er sagte, das Blutvergießen durch die Konquistadoren – die Spanier, die mit Kolumbus die Inselbevölkerung brutal kolonialisiert hatten – wäre teilweise immer noch spürbar, und er hätte das Gefühl, dass einige seiner Ahnen hier immer noch festhängen würden. So brachte Paco mich in den kommenden Wochen immer wieder an verschiedene Orte und bat mich, dort mit den Ahnen zu arbeiten, sie zu erlösen und ihnen Frieden zu schenken. Denn, so meinte er, dann würden auch endlich die Inseln wieder Frieden finden können.

Ein Ort ist mir besonders im Gedächtnis geblieben, es war der Ort, an dem die Spanier auf die Insel eingefallen sind und an der eine erbitterte Schlacht zwischen ihnen und den Ureinwohnern stattgefunden hat. An dieser Stelle steht heute ein rotes Haus auf einem privaten Grundstück, und so versuchten wir, so nah wie möglich an die Stelle heranzukommen, ohne irgendwelche Grenzen zu übertreten. Gemeinsam fuhren wir mit dem Auto auf einen kleinen Feldweg hinter dem Haus und liefen so nah wie möglich an die Grundstücksgrenze. Dort breitete ich dann meine Utensilien aus und bat Paco, eine Kerze anzuzünden. Da es seine Ahnen waren, sah ich mich nur als Unterstützung, während er das Licht halten sollte, das seinen Ahnen den Weg nach Hause und zurück in den Frieden weist. Ich öffnete den Space und kreierte einen kleinen Altar, der alle vier Himmelsrichtungen symbolisierte. Ich bat all die Spirit Guides und aktiven, positiven Ahnen um ihre Unterstützung und bat Paco, das Gleiche zu tun. Dann entzündete ich den Salbei, den ich dabeihatte, und bat um Reinigung und Klärung. Direkt im Anschluss öffnete ich eine Lichtsäule aus der Mitte des Altarraumes in den Himmel und bat alle Spirit Guides, mich und all diejenigen, die noch nicht im Licht sind, zu unterstützen. Mich durchfuhr eine Welle der Liebe, und mir kamen direkt die Tränen. Ich sprach einige Gebete und bat um Klärung für diesen Raum, für das Trauma und diejenigen, die in ihm gefangen sind.

Selten habe ich einen Salbei so schnell in Rauch aufgehen sehen. Es schien fast, als ob der Ort und die Ahnen nur darauf gewartet hätten. Ich ehrte sie und erkannte ihr Schicksal, ihren Schmerz und ihre Geschichte an. Und dann wies ich ihnen den Weg ins Licht. In das, was wir christlich geprägt als Himmel bezeichnen und was in der ursprünglichen europäischen Spiritualität Hel, die Welt der Seelen, war. Ich konnte sehen, wie sich ein Zug von Seelen aufmachte, noch etwas unsicher ob dem, was nun passieren würde. Daraufhin bat ich Paco, sich ihnen noch einmal vorzustellen und ihnen zu erklären, dass ich in seinem Auftrag hier sei. Als sie ihn als ihren Enkel erkannten, spürte ich wieder eine Woge der Liebe und der Erleichterung über mich hinweg zu ihm fegen. Sie spülte mich fast weg.

Dann ging alles ganz schnell. Ich sprach ein paar Worte und empfahl sie ins Licht. Ich erklärte, dass sie dort in Liebe, Frieden und Freiheit kommen würden und damit ihre Enkel viel besser unterstützen könnten. Noch bevor ich fertig war, erhob sich eine Welle des Lichts von Seelen, Ahnen und Engeln, und es war fast so, als ob ein grauer Schleier von der Landschaft gelüftet würde. Ich gab auch den Nachzüglern noch die Chance, den Unsicheren, Zweifelnden und »Ungläubigen« – ich erinnerte sie an ihre Göttin und daran, dass trotz der Christianisierung immer noch der Guanchen-Spirit durch die Berge wehte. Ich zählte rückwärts von fünf bis eins, bevor ich die Säule schloss.

Ich spürte noch einmal in mich hinein und dankte all denen, die uns unterstützt hatten. Dann drehte ich mich zu Paco um, der immer noch mit der Kerze in der Hand dastand und mich mit großen Augen anschaute. Ich lächelte ihn an und bat ihn, die

Kerze auszupusten. Dann sammelte ich meine Utensilien ein und packte sie zurück in meinen Beutel. Die Kerze schenkte ich Paco, damit er mit der Energie aus der Zeremonie immer wieder ein Licht für seine Ahnen anzünden könne. Dann umarmte ich ihn und bedankte mich auch bei ihm für sein Vertrauen. Er war immer noch sprachlos – was bei ihm sonst nicht so leicht passierte – und bedankte sich bei mir. Er meinte, so etwas hätte er noch nie erlebt, er wüsste gar nicht, was er sagen solle.

Noch heute denke ich in tiefer Dankbarkeit an diesen und viele andere Momente zurück, wissend, dass ich dem Ort, der mir so viel gegeben hat, auch etwas zurückgeben durfte und konnte. Auch für mich war diese Zeremonie eine besondere. Denn im Anschluss wurde ich nach und nach auf die verschiedenen Inseln gerufen und durfte in tiefer Demut das, was ich mit einem Urenkel der Ureinwohner der Inseln begonnen hatte, weiterführen. Ich habe im Anschluss noch viele Gespräche mit Paco geführt und ihm geholfen, in die Kommunikation mit seinen Ahnen zu kommen. Er hat mir dafür vom bis heute unabhängigen und doch fast vergessenen Königreich auf Gran Canaria, von den Kultstätten und anderen kraftvollen Orten berichtet und sie mir gezeigt.

3

DER STARKE STAMM

3. Der starke Stamm

Willkommen im Hier und Jetzt. Nachdem du nun deine Wurzeln geheilt hast und alte Glaubenssätze und Traumata lösen konntest, ist es an der Zeit, deinen Stamm zu stärken. Vorab: Du brauchst nicht alle deine Themen gelöst und alle Familientraumata aufgelöst zu haben, um eine klare Vision zu entwickeln. Es ist jedoch absolut hilfreich, die stärksten und intensivsten Themen anzugehen. Ich habe für mich selbst erfahren, wie befreiend es sein kann, sich von den unbewussten Erwartungen und Beschränkungen zu lösen und immer mehr meinen wahren Weg zu finden. Auch wenn ich dachte, dass der Weg, den ich zuvor eingeschlagen hatte, schon der richtige war.

In Teil 2 habe ich einige der Traumata und Themen, die mich begleiteten, mit dir geteilt. Bin ich hier und heute frei von allen Themen oder Einschränkungen? Beileibe nicht. Denn ich bin auch nur ein Mensch, und als Menschen dürfen wir unser Leben lang auf der Spirale des Seins lernen. Es geht nicht darum, perfekt zu sein oder ohne Makel oder eben Themen. Es geht darum, dass wir unserer selbst mehr und mehr bewusst werden. Dass wir unsere Essenz wiedererkennen oder vielleicht auch zum ersten Mal wirklich bewusst erleben.

Durch die Heilung der Linie können wir im Hier und Jetzt Frieden und Freiheit erfahren. Wir können negative und destruktive familiäre Muster in Segen transformieren. Dadurch kann Gesundheit auf allen Ebenen entstehen, das Selbstwertgefühl gestärkt und eine klare Vision entwickelt werden. Vielleicht hast du während der Zeremonien im vorherigen Teil bemerkt, dass sich nicht nur dein Leben, sondern auch dein Familiensystem begonnen haben zu verändern. Vielleicht hattest du Gespräche mit Familienmitgliedern, die vorher so nicht möglich gewesen wären, vielleicht hast du Konflikte erlebt, die das zum Überkochen gebracht haben, was lange gebrodelt hatte – und dadurch konnte es nun endlich befreit werden. Vielleicht hast du bemerkt, dass sich so etwas wie eine Distanz zu deiner Familie entwickelt hat. In diesem Fall lass dir und den anderen den Raum. Wenn sich ein Teil im System bewegt, dann braucht das System seine Zeit, um darauf zu reagieren. Und auch wenn wir das Resultat der Gebete unserer Ahnen sind, so sind wir nicht unsere Familie. Sondern ein Teil von ihr, der das Recht hat, autark zu handeln und glücklich zu sein. Dieses Glück entsteht, wenn wir mit unserer Essenz in Kontakt gehen. Das bedeutet, dass wir uns weiterhin als Teil des gleichen Wurzelwerkes sehen können und gleichzeitig erkennen, dass wir als eigenständiger Baum wachsen.

In diesem Teil des Buches finden wir deine Vision. Du lernst deine wahren Wünsche und Werte kennen und wirst kraftvolles Handwerkszeug nutzen, um deinen ganz persönlichen Nordstern als Leitstern zu einem wahrhaft erfüllten Leben zu machen. Dabei findet sich deine Vision nicht in einer einzelnen Zeremonie, sondern wir gehen dabei Schritt für Schritt immer weiter. Ich schlage dabei manchmal auch ein bisschen einen Bogen in dem, was ich dir aus meiner Erfahrung beschreibe. Denn so wie ich das Thema Vision betrachte, unterscheidet es sich doch stark von dem, wie wir meist üblicherweise da herangehen. Deshalb möchte ich, dass du die Art, wie ich dir das Thema vermitteln möchte, auch wirklich in der Tiefe verstehst. Bald bist du bestens für die kommende Reise in dein neues Leben vorbereitet.

Wenn dich einige der Aufgaben oder Fragen in diesem Buchteil triggern, schau genau da besonders hin. Ich selbst kenne es von mir, dass ich früher dachte (und mich auch heute noch manchmal dabei ertappe): »Das kenne ich doch schon!« oder »Das weiß ich doch!« oder »Ich lese erst mal weiter und mach

 3. Der starke Stamm

das nebenher ... so wirklich brauche ich es doch nicht ...«. Wenn dir solche oder ähnliche Gedanken begegnen, erinnere dich, was dich zu diesem Buch geführt hat. Nun hast du die Chance zu ernten, was du mit der Ahnenarbeit gesät hast. Eine klare Vision für dein Leben, unabhängig davon, was dir vorgelebt oder was von dir erwartet wurde. Aus eigener Erfahrung kann ich sagen, dass es sich lohnt, dabei etwas tiefer zu tauchen und sich die verschiedenen Lebensbereiche ehrlich anzugucken. Auch ich finde es manchmal unangenehm, mir Dinge eingestehen zu müssen. Doch nur wenn wir ehrlich mit uns sind, haben wir die Chance, zu bekommen, was wir uns wirklich wünschen.

Oft dachte ich auch, dass ich doch schon weiß, was ich will. Ich meinte meine Vision zu kennen. Durch den Prozess, den du in diesem Teil findest, wurde mir klar, dass das nur die halbe Wahrheit war. Ich habe mir zum Teil Dinge einfach nicht in meine Vision geholt, da ich es blöd fand, mir einzugestehen, dass ich sie will oder dass ich damit Probleme habe. Also habe ich lieber eine »sichere« Vision entwickelt. Der Prozess in diesem Teil lädt dich deswegen dazu ein, deinen Kopf ein wenig an die Seite zu platzieren und deine Seele sprechen zu lassen. Denn sie erinnert deine wahre Zukunft. Lass uns also gemeinsam auf die Reise gehen und uns überraschen lassen von dem, wie deine Vision wirklich aussieht.

Das Sein als Essenz der Schöpfung

Unser menschliches Denken ist über die Jahrtausende so geprägt worden, dass wir immer in Anfang und Ende denken. Wir sind darauf trainiert worden zu denken, dass alles einen Anfang und ein Ende hat. Damit wäre die Geburt ein Anfang und der Tod ein Ende. Was aber ist, wenn wir damit nur einen Teil des wahren immerwährenden Kreislaufes sehen? Wenn wir einen Baum betrachten, dann entsteht dieser aus einem Samen. Dieser Samen stammt von einem Baum, der ihn, oft in einer Frucht, produziert hat. Ist die Frucht reif, fällt sie auf den Boden. Der Boden fängt sie auf. Die Frucht wird gefressen oder verrottet, der Samen bleibt übrig. Die Erde umhüllt ihn, und aus ihr zieht er dann die Kraft, die er braucht, um seine Schale zu durchbrechen und zu einem Keimling zu werden. Aus diesem Keimling, genährt von Erde, Sonne und Regen, wird nach und nach ein Baum, der tiefe Wurzeln schlägt. Irgendwann wachsen an ihm die ersten Früchte, werden reif und fallen zur Erde. Und auch sie werden wieder von der Erde umschlungen und genährt, werden zu Keimlingen und wachsen zu Bäumen. Nach vielleicht hundert oder auch sechshundert Jahren zieht der Baum seine Lebenskraft zurück und stirbt.

Dieser Baum aber macht damit nicht nur Platz für die, die nach ihm wachsen – durch sein sogenanntes Ableben bekommen sie mehr Licht –, sondern er wird nach und nach zu der Erde, die die Früchte der nachwachsenden Bäume nährt. Und damit bleibt die Essenz des Baumes, der die Samen hervorbrachte, weiter bestehen. Er verschwindet nicht, sondern verwandelt sich. Es ist nicht zu Ende, sondern die Form verändert sich.

Wenn wir unser Leben und unsere Familien und Ahnen so betrachten, können wir erkennen, dass es weder mit uns begann noch mit uns enden wird. Dass wir der wachsende Baum sind und dass es an uns ist, einen kräftigen Stamm zu kreieren, um dann eine prachtvolle Krone wachsen zu lassen, aus der wir Früchte und Samen in die Welt geben – in Form von Kindern, Projekten,

Ideen oder auch Visionen. Unsere Essenz ist dabei immer da, in verschiedenen Formen. Wenn wir beispielsweise das Erbe einer Visionärin antreten, sei es unsere Großmutter oder eine andere Frau, dann ist ihre Essenz weiterhin spürbar, auch wenn sie physisch nicht mehr da ist. Wenn wir in die Fußstapfen von jemandem treten, um sie dann zu unseren zu machen oder den Pfad in eine neue Richtung zu führen, werden wir immer die Essenz desjenigen spüren, der den Pfad begann.

So wird auch unsere Essenz immer da sein. In der einen oder anderen Form. So wie wir im Bauch unserer Großmutter sind, wenn unsere Mutter mit uns schwanger ist, so wie wir unsere Enkeltochter schon im Bauch tragen, wenn wir mit unserer Tochter schwanger sind. So wie der Baum schon die Generationen von kommenden Bäumen in sich trägt, bevor sie Bäume werden. So wie die Wolken, die auf den Samen regnen, der das Wasser wieder verdunsten lässt, bis es dann wieder zu Wolken wird. Die Essenz der Wolke ist immer da, sie verändert nur ihre Form. Weder der Baum noch die Wolke versuchen dabei, etwas zu leisten. Sie sind einfach. Ein Baum ist durchaus aktiv, jedoch beginnt er sein Wachstum nicht mit dem Ziel, mindestens fünftausend Früchte zu produzieren und mindesten fünfhundert neue Bäume entstehen lassen, damit sein Leben erfolgreich war. Er wächst in Kooperation mit seiner Umwelt heran und ist einfach der Baum, der er ist. Es ist in seiner Essenz. Er versucht nicht, genauso auszusehen wie die anderen Bäume, er hat keinen Anspruch, der hübscheste zu sein oder der produktivste. Er erkennt sich als Teil des großen Ganzen und ist damit.

Wenn wir uns ebenso auf das Sein als Essenz der Schöpfung konzentrieren und ihm vertrauen, dann beginnen sich unsere Visionen zu verändern. Dann können wir uns verabschieden von den vermeintlichen Ansprüchen und Erwartungen und uns auf unsere Essenz fokussieren. Wir können uns befreien von dem vermeintlichen Geflecht der Verstrickungen unserer Ahnen – die in den allermeisten Fällen eben nicht durch das Sein, sondern das ewig getriebene Tun entstehen – und herausfinden, was wir wirklich wollen und wer wir wirklich sind. Wir können das Sein als Essenz der Schöpfung erkennen. Und begreifen, dass wir so, wie wir sind, schon ganz hervorragend sind, ohne etwas dazutun zu müssen.

Vom Tun zum Sein

Die Erkenntnis, dass wir wunderbar sind, ohne etwas dafür tun zu müssen, hat eine ganze Menge Druck aus meinem Leben genommen. Für mich persönlich war dieser Schritt ein großer. Jahrelang habe ich gedacht, dass mein Wert davon abhängt, was ich tue, und dass sich meine Identität über meinen Job kreiert. Und ich habe danach gehandelt.

Durch das Transformieren und die Heilung meiner Ahnenlinie habe ich mehr und mehr gespürt, dass das überhaupt nicht der Fall ist: Mein Wert bestimmt sich nicht durch meine Leistung. Heute bin ich an dem Punkt, dass ich liebe, was ich tue, das Schreiben dieses Buches, meine Vorträge, meine Workshops, das Mentoring, jedoch hängt meine Identität nicht mehr daran. Denn meine Essenz ist unabhängig davon. Wenn ich ab morgen beginnen würde, Backwaren zu verkaufen oder Rezeptionistin zu sein, dann würde mein Selbstbewusstsein nicht darunter leiden. Denn ich ziehe meinen Wert und meine Selbstbestätigung nicht aus meinem beruflichen Wirken, sondern aus meinem Sein.

Gerade in den letzten Jahren habe ich in der Selbstentwicklungsszene einen Trend beobachtet, der weg von der Entwicklung hin zu Verwirklichung und Optimierung geht. Einen Trend, der uns suggeriert, dass es noch etwas zu tun gäbe, um wirklich wir selbst zu sein. Es wird uns an vielen Stellen vermittelt, dass wir selbst schuld daran sind, wenn wir unser »Optimum« nicht leben, und einfach mehr tun müssten. Dieser Trend sorgt dafür, dass wir weiterhin einem unerreichbaren Ideal hinterherlaufen, das uns nie ins wahre Sein bringt, sondern immer im Tun hält.

Gepaart mit dem sowieso existierenden toxisch patriarchalen System, das uns alle immerwährend geschäftig hält, wird so eine gefährliche Mischung kreiert, die uns allen die Idee vermittelt, wir müssten nur schneller laufen und uns mehr anstrengen, um als Erste ins Ziel zu kommen – und dann bekämen wir die Belohnung. Die Falle dabei ist jedoch: Es gibt keine Belohnung. Die Belohnung ist, dass wir das nächste Level spielen dürfen – es ist wie ein niemals endendes Nintendo-Spiel. Und wenn wir versuchen, aus diesem ewigen Rasen heraus eine wirklich kraftvolle Vision zu entwickeln, dann werden wir scheitern. Ich selbst hatte damals so viele Ideen darüber, wie mein Leben aussehen könnte. Und so begann ich auf sie hinzuarbeiten, ja fast schon ihnen hinterherzujagen. Wenn ich ihnen näher kam, dann stellte ich oft fest, dass sie mir nicht das gaben, was ich erhofft hatte, oder dass die Freude nur kurz anhielt. Der Weg dahin war zugleich so anstrengend gewesen, dass ich keine Kraft mehr hatte, diese kurzen Momente des Angekommen-Seins zu genießen.

So ging es mir beispielsweise 2014, als ich ein wirklich ehrgeiziges Ziel erreicht hatte. Es war ein Freitagabend, und ich fuhr mit meinem Einkaufswagen durch die Supermarktgänge. Ich hatte gerade die Nachricht erhalten, dass die Crowdfunding-

Kampagne, für die ich in den letzten Wochen so hart gearbeitet hatte, erfolgreich abgeschlossen war. Es war alles erreicht, wofür ich gearbeitet hatte, und es sollte mich zur nächsten Stufe meiner unternehmerischen Entwicklung führen. Doch das Einzige, was ich in diesem Moment spüren konnte, war Erschöpfung. Nur zwölf Wochen zuvor saß ich an meinem Schreibtisch und dachte über den nächsten Schritt in meiner Tätigkeit nach. Ich wollte etwas anderes, etwas Größeres erschaffen. Durch das Crowdfunding wollte ich mein Business nach vorn bringen und mehr Menschen erreichen. Ich dachte, Crowdfunding kann nicht so schwer sein. Ich wusste nicht wirklich viel. Aber ich war umgeben von Menschen, die über Crowdfunding sprachen, und wenn man ein erfolgreiches Crowdfunding abgeschlossen hatte, dann hatte man irgendwie einen Meilenstein geschafft. Ich studierte, ich bereitete mich vor, ich war bereit loszulegen – und ich tat es ganz allein. Ich erinnere mich nicht, wie viele E-Mails ich in den vier Wochen der Kampagne verschickt habe, auf wie viele Events ich gegangen bin oder wie viele ich gehostet habe – es war anstrengend. Im Nachhinein betrachtet hätte ich das Geld auf andere Weise viel einfacher verdienen können. Wie auch immer: Ich war auf Kurs, folgte dem Plan, bereit zum Erfolg und zur nächsten Erfolgsgeschichte. Bis ich mich an diesem Freitagabend im Supermarkt wiederfand. Und wenn ich ehrlich bin, war es eher mein Wagen, der mich herumfuhr, als andersherum.

Als mir eine Freundin die Nachricht schickte, dass ich das Ziel erreicht hatte, war ich ganz allein zwischen Maiskonserven und Gurkengläsern, und einer meiner ersten Gedanken war: Endlich ist es vorbei. Und das war der Moment, in dem mir klar wurde, dass sich in meinem Leben etwas Grundlegendes ändern musste. Obwohl ich gerade offiziell einen Meilenstein erreicht habe, den viele Leute nie erreicht haben, habe ich kein »Hell, yes« gespürt. Ich wollte nur nach Hause gehen und mich unter meiner Decke verstecken. Ich fühlte mich am Boden zerstört.

Nur sechs Jahre zuvor hatte ich meinen Job aufgegeben, weil ich erkannt hatte, dass ich im System funktionierte, aber das System funktionierte nicht für mich. Ich war sehr gut in dem, was ich tat, und auch erfolgreich, wurde aber zweimal bei Beförderungen übergangen. Also beschloss ich, zu gehen und etwas zu tun, woran ich glaubte und worin ich wirklich gut war. Ich wollte eine spirituelle Praxis eröffnen – aber der Gründungsberater, dem ich damals vertraute, traute meiner Idee nicht. So begann ich als Beraterin und Trainerin. Es war gutes Geld, aber keine Erfüllung, und wieder war ich in einem System gefangen, das mich nicht unterstützte. Ich wechselte zum Coaching und eröffnete eine Praxis. Ich fühlte mich gut. Und die Crowdfunding-Kampagne fühlte sich wie der nächste Schritt an. Aber hier war ich: an einem Freitagabend in einem Supermarkt, erschöpft und unglücklich. Der Coach, der so vielen Frauen half, ein erfolgreiches Business und ein glückliches Leben zu kreieren, konnte es selbst nicht schaffen? Wie kann das sein? Ich hatte doch alle Bedingungen erfüllt. In meinem Job hatte ich alle Regeln befolgt und das getan, was von mir verlangt wurde, und dennoch war ich leer ausgegangen. Mit meiner Gründung folgte ich wieder den Vorgaben, und wieder fand ich mich unglücklich und unerfüllt auf meiner Couch wieder. Und mit dem Crowdfunding, das der nächste Schritt auf der nächsten Stufe sein sollte, hatte ich mich komplett erschöpft. Irgendetwas lief hier grundsätzlich schief.

Wenn du auch dieses Gefühl kennst, dann kann ich dir rückblickend sagen, dass es bei mir daran lag, dass keine der Visionen, die ich lebte oder ins Leben bringen wollte, wirkliche meine war.

Keine von ihnen berührte mein Herz und meine Seele. Sie waren durchaus nah dran, jedoch immer so weit weg, dass es genügte, mich auszubrennen und unglücklich werden zu lassen.

Impuls
Kennst du diese oder ähnliche Situationen? Schreib sie auf, auch wenn sie klein wirken. Vielleicht hattest du mal einen Traum, doch der wurde dir ausgeredet? Vielleicht hast du auf andere gehört und hast beim Ankommen am vermeintlichen Ziel festgestellt, dass das Gras auf der anderen Seite eben nicht grüner ist?
Lass dir Zeit. Wenn du willst, kannst du einen Zeitstrahl auf Papier zeichnen – am besten eine DIN-A4-Seite quer für jedes Jahrzehnt, das du begonnen hast – und dann nach und nach die Situationen einfüllen. Lass dich nicht irritieren, wenn es dir so vorkommt, als ob dein ganzes Leben gefüllt wäre von solchen Erfahrungen. Es ist gut, einfach mal wertfrei hinzuschauen und vielleicht dadurch auch Muster und Themen zu erkennen.

Den Weg finden

Für mich persönlich war an diesem Freitagabend im Supermarkt nach meinem vermeintlichen Erfolg der Moment gekommen, an dem ich wusste: Es muss sich etwas ändern. Also schloss ich meine Augen und betete. Etwas, was ich seit einer Weile nicht mehr getan hatte.
»Zeig mir den Weg.«

 3. Der starke Stamm

Auf dem Heimweg begann etwas zu passieren. Ich fing an, die Stimmen meiner Großmütter zu hören, meiner leiblichen und derjenigen des Rates der dreizehn indigenen Großmütter. Die Frauen in diesem Rat kamen im Jahr 2006 auf der Basis einer Prophezeiung zusammen und wirkten seitdem gemeinsam für globale Heilarbeit an Mutter Erde und die Weitergabe des uralten Wissens an neue Generationen. Ich habe sie jahrelang aktiv begleitet und unterstützt, einige von ihnen adoptierten mich, andere wurden meine Lehrerinnen. Nun war es, als würden sie mich rufen, fast so, als würden sie direkt zu mir kommen. Als ich nach Hause kam, fühlte ich, wie sich etwas veränderte. Es war, als wollten mir diese weisen Frauen etwas sagen. Ich folgte dem Impuls und klappte meinen Laptop auf. Die erste E-Mail in meinem Postfach war eine Erinnerung von Flordemayo, einer Maya-Priesterin, die mich an das dreizehnte Treffen der dreizehn indigenen Großmütter erinnerte.

»Es muss sich etwas ändern. Zeig mir den Weg.« Und ich wusste: Wenn ich immer nur dem vermeintlich bekannten Weg folge, würde ich nicht dort ankommen, wo meine Seele hinwill.

Wie ferngesteuert sah ich meine Finger über die Tasten fliegen. Ich bestätigte Flordemayo direkt meine Teilnahme an dem Gathering, und vier Wochen später saß ich in einem Flugzeug nach Rapid City, South Dakota. Denn zum ersten Mal begann ich, mich zu fragen: Was will ich? Was will ich wirklich? Was will ich für mich in dieser Welt erschaffen? Und zwar ganz ehrlich und ohne schlechtes Gewissen. Ohne »Darf ich das?«, ohne »Ist das wirklich möglich?«.

Die Antworten waren ganz anders, als mein Kopf es sich erhoffte, und gleichzeitig kamen sie meiner Seele sehr vertraut vor. Und so schreibe ich diesen Absatz gerade, während ich in der

Toskana sitze und über sanfte Hügel blicke. Es ist vormittags, die Zikaden zirpen, der Hund meiner Freundin Sandra, die mich hierher eingeladen hat, liegt in der Sonne, und der Wind streift leicht über die Veranda der alten Villa und durch die Baumwipfel. Hätte sich mein Kopf das jemals vorstellen können? Nein. Hätte einer der Menschen, die mich auf den verschiedenen Stationen meiner Karriere begleitet haben, das in mir sehen können? Nein. Hätte ich es mir mit all den epigenetischen Verwicklungen meiner Ahnen erlauben können? Nein. Nur wenn wir uns mit unserer Essenz des Seins verbinden, können wir kraftvolle Visionen schaffen. Und nur dann können wir sie auch umsetzen und ins Leben bringen.

In die eigene Kraft als Frau kommen

Wir leben in einem System, in dem wir gelernt haben zu funktionieren. Allerdings funktioniert es nicht für uns. Es ist ein System, das von Männern für Männer gemacht wurde. Um in die ureigene Kraft als Frau zu kommen, ist es wichtig, sich die Mechanismen und die Strukturen deutlich zu machen, um nicht immer wieder darauf reinzufallen. Ich selbst habe lange Zeit an die Versprechungen geglaubt. Wenn ich das brave funktionierende Mädchen bin, dann bekomme ich am Ende auch eine Belohnung dafür. In der Realität war es jedoch so, dass alles irgendwie eher wie ein Trostpreis aussah, egal, was ich getan habe. Den Hauptpreis wollte man mir nicht wirklich geben. Anfangs frustrierte mich das, und ich versuchte, einen Weg zu finden, über den ich auch den vermeintlichen Hautpreis bekommen könnte. Bis ich feststellte, dass ich ihn eigentlich gar nicht wollte. Denn immer der nächsten Belohnung oder Bestätigung nachzujagen, bedeutet eben auch, in dem Spiel gefangen zu sein. Außerdem stellte ich fest, dass die Freude über die Preise relativ kurz anhielt und es sehr schnell darum ging, das nächste Ziel zu erreichen.

Ich glaube zutiefst an Wachstum, und ich glaube an Fortschritt. Jedoch glaube ich nicht daran, dass man alles dem vermeintlichen Wachstum und dem angeblichen Fortschritt unterordnen sollte. Für mich war es einer der großen Aha-Momente, als mir klar wurde, dass wir als Frauen grundsätzlich anders in diese Welt gehen als Männer. Ich glaube nicht, dass das immer so sein muss, sicher wäre es in einer anderen gesellschaftlichen Struktur möglich, das zu ändern. Solange wir jedoch pinke und blaue Spielzeuge an Babys verteilen, Jungs Ritter und Mädchen Prinzessinnen sind und wir lernen, dass es erstrebenswert ist, gute Noten und Sportpokale nach Hause zu bringen, und nicht, sich in Pirouetten über eine Wiese zu bewegen, wird sich das nicht ändern. Unsere Gesellschaft ist auf dem Leistungsprinzip aufgebaut, und dieses fördert in einer toxischen Art und Weise maskuline Eigenschaften und Merkmale. Damit ist die erste Botschaft, die wir als Mädchen erfahren: Du bist nicht gut genug, so wie du bist. Was passiert, ist, dass wir unsere feminine Seite abspalten und unsere maskuline aktivieren. Und wir sind richtig gut darin, denn in sämtlichen Bildungsstatistiken schneiden wir besser ab als die Jungs. Allerding zu einem hohen Preis.

Ich selbst war auch eine dieser guten Schülerinnen, war Klassensprecherin und später Schulsprecherin. Ich habe mein Studium mit Bestnoten abgeschlossen und war bereit für die Welt. Ich erfüllte alle Voraussetzungen, hakte alle Punkte ab und fand mich bald in einem internationalen Managementjob wieder. Ich hatte einen Freund, der ebenso erfolgreich war, wir wohnten in einer wunderschönen Altbauwohnung im Generalsviertel in Hamburg, wir machten tolle Urlaube, und nach außen hin war alles perfekt. Doch in all dem war ich nicht wirklich glücklich.

Ich merkte, irgendetwas stimmte nicht. Ich hatte doch alles getan, was von mir verlangt wurde, all die Tipps und Tricks befolgt, die einem gegeben werden, doch irgendwas fehlte. Und ich wusste nicht wirklich, was. Und so kam, es wie es kommen musste – rückblickend kann ich sagen: zum Glück. Ich nahm zu. Ich wurde bei Beförderungen übergangen. Ich kündigte meinen Job. Ich beendete meine Beziehung. Ich machte mich selbstständig und startete mein eigenes Ding. Das wäre die Lösung, dachte ich. Jedoch stellte ich einige Jahre später fest, dass ich wieder an der gleichen Stelle angekommen war: Ich nahm zu. Ich wurde im Business übergangen. Ich beendete meine Beziehung.

Ich richtete mich neu aus. Und ich machte eine Atempause. Denn ich merkte: Hier wiederholt sich was. Mittlerweile weiß ich, dass ich einfach auf einer anderen Ebene der Spirale an der gleichen Stelle angekommen war. Denn auch wenn sich die Dinge im Außen verändert hatten, so war das Thema im Inneren noch das gleiche. Ich hatte meine feminine Seite vernachlässigt.

Als ich als Mädchen in die Welt gegangen war, habe ich schnell gelernt, dass mich feminine Eigenschaften nicht weiterbringen und mir nicht die Aufmerksamkeit garantieren, die ich gern hätte. Also habe ich, wie so viele von uns, diesen Teil in mir negiert. Übrigens auch ein Grund, warum wir alle irgendwann erschrocken sagen: »Oh mein Gott, ich bin wie meine Mutter!« Denn unsere Mutter repräsentiert oft vieles von dem, was wir negieren. Sie wird zur Verkörperung dessen, was wir abgespalten haben.

Solange wir uns diesen Teil nicht zurückholen und ihn wieder integrieren, humpeln wir quasi einbeinig durchs Leben.

Es half mir nicht, die äußeren Umstände zu verändern, denn ich ging auch das Neue mit der gleichen Energie an wie zuvor das Alte. Und fand mich somit immer wieder an der gleichen Stelle wieder. Um in unsere eigene Kraft als Frau zu kommen, dürfen wir uns wieder mit unserer femininen Seite versöhnen. Mit den Eigenschaften, die uns aberzogen wurden, mit den Energien, die »verteufelt« wurden, mit dem, was uns und unsere wahre Kraft ausmacht.

Das Feld zwischen maskulin und feminin

Durch die Rückverbindung in meine feminine Energie konnte ich meinen Modus ändern. Die Ahnenarbeit war ein großer Teil davon. In meiner Linie nach den negierenden Glaubenssätzen zu schauen, nach den traumatischen Erfahrungen und den Enttäuschungen, war hilfreich und transformierend. Gleichzeitig habe ich meinen Modus geändert, indem ich mir mein eigenes Koordinatensystem erstellt habe und nicht mehr den vorgegebenen, aber nicht erfüllenden Paradigmen von Erfolg, unheimlichem Wachstum und ewiger Zielerreichung gefolgt bin. Ich fand meinen ganz eigenen Nordstern und konnte dadurch im wahrsten Sinne des Wortes einen neuen Weg einschlagen. Einen, der sich nach meinen Bedürfnissen richtet und nicht nach denen der Gesellschaft, einen Weg, der mich und meine Seele erfüllt und nicht auf schnellen Erfolg aus ist. Einen Weg, der mich, seitdem ich ihn betreten habe, immer wieder überrascht und beschenkt.

Auf eine Weise, wie ich sie zuvor nicht kannte. Seit ich mein Leben nach meinen Wünschen ausrichte, bin ich als verrückt bezeichnet worden, Freunde wurden gefragt, ob ich das ernst meine, und mir wurde gesagt, dass ich das so nicht machen könne. Ich habe es aber trotzdem getan, und ich bin glücklich dabei. Es ist ein Weg, der mich erfüllt, denn er orientiert sich an meiner inneren Erfüllung und sieht Erfolg im Außen als ein Resultat davon – nicht andersherum.

FEMININE ENERGIE	MASKULINE ENERGIE
Innenschau	Ausblick
Einbindung	Ausschließlichkeit
Ozean	Tropfen
Schild	Speer
Fluss	Richtung
Sein	Tun
Ruhe	Geschäftigkeit
Haltung	Bewegung
Einheit	Einzigartigkeit
Stille	Expression

Es ist ein Weg, auf dem ich bereit bin, innezuhalten und mich dem Fluss hinzugeben, anstatt in ewiger Geschäftigkeit zu versuchen, meinen Kopf durchzusetzen. Die feminine Energie erwächst im Innen und zeichnet sich durch eine Haltung aus, mit der wir in die Welt gehen. Wir erkennen in dieser Haltung, dass wir eben nicht der einzelne Tropfen sind, sondern der Ozean. Wir begreifen, dass unser Nordstern ein Teil dieses Sternenmeeres ist und dass wir gemeinsam das Universum bilden. In dem Moment, in dem ich mich auf diese Haltung der femininen Energie einlassen konnte, veränderte sich auch mein Handeln im Außen.

Aus unser Grundenergie entsteht die Wahrnehmung der Welt: durch Intuition und Ratio. Sind wir energetisch ausgeglichen, ist es uns möglich, beide Perspektiven zu vereinigen. Das wiederum ermöglicht uns, beide Pole zu aktivieren und damit einen breiten ausgeglichenen Handlungsrahmen zu erschaffen. Wir können uns ohne Widerspruch zwischen Kreativität und Analyse bewegen. Wir können Passion erfahren, ohne das Ziel aus den Augen zu verlieren. Dann sind wir als Frau in unserer Kraft und können unser Leben kreieren.

Impuls
Wo merkst du in deinem Leben, dass du noch mehr auf der maskulinen Seite bist als auf der femininen Seite? An welchen Stellen würdest du dir mehr feminines Angebundensein wünschen? Wo darf mehr Hingabe in dein Leben treten?

Aus den Wurzeln Kraft schöpfen

Nachdem ich aktiv begonnen hatte, meine Linien zu klären, konnte ich den bewussten Kontakt zu meinen Ahnen Schritt für Schritt intensivieren. Ich konnte ihnen auf Augenhöhe begegnen, und vor allem konnte ich beginnen, sie als Unterstützer zu sehen. Vielleicht bist du durch deine zeremonielle Arbeit aus Teil 2 des Buches auch schon an diesen Punkt gekommen. Lass dir versichern: Wir können unsere Ahnen aktiv in unsere Visionen einbinden. Wir können ihr Wissen und ihre Weisheit einsetzen, um unsere Schritte zu gehen. Wir können mit ihren Eigenschaften Dinge bewegen und verändern. Auch dazu kannst du ganz einfach auf die Zeremonien aus dem zweiten Teil zurückgreifen.

Mittlerweile kennst du deine Ahnen besser als je zuvor. Du hast gelernt, wie du friedvolle und damit unterstützende Ahnen von nicht friedvollen und damit manchmal eher sabotierenden Ahnen unterscheiden kannst. Du kannst deinen Ahnenaltar nutzen, um regelmäßig um Unterstützung zu bitten. Und du kannst für das Finden deiner Vision aktiv Begleitung erbitten. Vielleicht schweben dir jetzt schon einige Ahnen vor deinem inneren Auge, die besondere Eigenschaften mitgebracht haben, die du gern nutzen würdest.

Impuls
Was, denkst du, brauchst du für eine erfolgreiche Visionssuche und das Finden deiner Vision? Schreib es auf. Vielleicht ist es Abenteuergeist, vielleicht Durchhaltevermögen, vielleicht ist es Klarheit. Wisse, du kannst hier nichts richtig oder falsch machen, sondern einfach nur deins. Was du jetzt aufschreibst, ist nicht final, sondern eine erste Bestandsaufnahme, zu der du immer wieder zurückkehren kannst. Wenn du die Eigenschaften aufschreibst, fallen dir dazu passend vielleicht auch schon Ahnen ein, von denen du weißt oder denen du in deinen Zeremonien zuvor begegnet bist. Dann schreib sie direkt zu der jeweiligen Eigenschaft. Und wenn du möchtest, kannst du diesen Impuls auch als Zeremonie gestalten. Dann öffne einen Space, ruf deine Guides und bitte die entsprechenden Ahnen, für die jeweiligen Eigenschaften zu erscheinen und dich damit zu inspirieren.

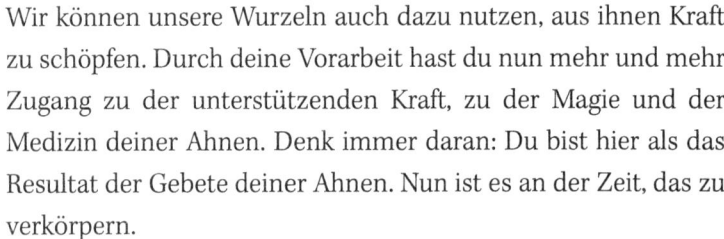

3. Der starke Stamm

Wir können unsere Wurzeln auch dazu nutzen, aus ihnen Kraft zu schöpfen. Durch deine Vorarbeit hast du nun mehr und mehr Zugang zu der unterstützenden Kraft, zu der Magie und der Medizin deiner Ahnen. Denk immer daran: Du bist hier als das Resultat der Gebete deiner Ahnen. Nun ist es an der Zeit, das zu verkörpern.

Ich selbst habe zum Beispiel durch meine Ahnenarbeit Zugang zu meiner Urgroßmutter bekommen. Als Kind von zwei Beamten fühlte ich mich immer etwas fehl am Platz mit meiner Selbstständigkeit. So gern meine Eltern es auch wollten, sie konnten mich an vielen Stellen nicht wirklich unterstützen, wenn es um Ideen oder deren Umsetzung ging. Ich fühlte mich anfangs oft etwas verloren und fragte mich, wieso in mir nun unbedingt dieser Wunsch nach Selbstständigkeit entstehen musste. Bis ich in der Recherche zu meiner Linie darauf gestoßen bin, dass meine estnische Urgroßmutter eine handelstüchtige Frau war. Ihr erster Mann, mein Urgroßvater war unternehmerisch tätig, und auch in zweiter Ehe war sie mit einem deutschen Kaufmann verheiratet und deutlich mehr als nur seine Ehefrau. Sie unterstützte ihn in der Führung seines Unternehmens und das durchaus erfolgreich. Diese Erkenntnis war für mich sehr heilsam, denn ich fühlte mich innerhalb meiner Familie nicht mehr allein. Durch sie konnte ich mich mit diesem Teil meiner Wurzeln verbinden und dadurch Kraft und auch Inspiration schöpfen.

Wenn es in dir also tiefe Impulse oder Träume gibt, die du dich vielleicht nicht traust umzusetzen oder von denen du denkst, dass sie überhaupt nicht in deine Familie passen, dann lohnt es sich, etwas weiter als die bekannten zwei oder drei Generationen nach hinten zu schauen. Du wirst feststellen, dass es immer jemanden gibt, bei dem du quasi heimisch wirst. Auch wenn ich nicht adoptiert bin, so kenne ich das Gefühl und den Gedanken, ich müsste adoptiert sein. Oft habe ich mich als Kind einsam gefühlt und dachte, meine Familie müsste eine andere sein. Ich habe so viele Unterschiede gesehen und mich selbst nicht verstanden und mit meinen Ideen aufgefangen gefühlt. Durch die Ahnenarbeit und die Verbindung mit den Wurzeln konnte ich dieses Gefühl transformieren. Auch wenn es nicht immer meine Eltern oder Großeltern sind, so habe ich nun starke Verbindungen zu Ahnen, bei denen ich mich mit bestimmten Themen absolut zu Hause fühle.

Der Tanz auf der Spirale

Eine essenzielle Erkenntnis auf dem Weg zur eigenen Vision ist, dass wir im Leben nicht die rote Tartanbahn entlangrennen mit dem Ziel, die Erste zu sein. Das Leben bewegt sich wie eine Spirale, auf der wir tanzen dürfen. Wir können unseren Lebenszweck nicht verwirken oder verpassen, denn unser Leben selbst ist der Zweck. Ich habe oft beobachtet, wie die Suche nach der Vision zu einer geradlinigen Mission wurde, die fast schon akribisch durchgezogen werden musste. Doch sobald wir uns vom Rennen und der Geradlinigkeit verabschieden, entsteht der Platz für den Tanz. Und der Tanz selbst hat kein Ziel. Er wird nicht schneller getanzt, damit wir schneller fertig sind. Wir tanzen, um zu tanzen. Wir tanzen für den Moment – egal, wie lange er währt. Wir tanzen mit Hingabe.

Wenn wir immer die Erste oder Beste sein wollen, dann gehen wir in die Disziplin, wir tauchen tief ein in die maskuline – oftmals schon toxisch maskuline – Idee von: Es kann nur einen geben, und wir müssen jemandem etwas beweisen. Was wäre, wenn es nichts zu beweisen gäbe? Wenn du schon alles erreicht hättest? Wenn es einfach darum geht, den Tanz auf der Spirale zu tanzen?

Deine Vision ist wie die Grundmelodie, zu der du tanzt. Sie ist nicht die akribisch gezogene Linie, die dir jeden Schritt zentimetergenau vorgibt. Sicherlich hast du dich auch schon mal in einer Situation befunden, von der du das Gefühl hattest, dass sie dir total bekannt vorkommt. Manchmal denken wir dabei: Warum muss ich da schon wieder durch? Oftmals ist es so, dass sich die Situation auf den ersten Blick genauso wie die vorherige anfühlt, schauen und spüren wir genauer hin, stellen wir jedoch oft fest, dass sie sich doch um einige Nuancen geändert hat. Wir befinden uns auf der Spirale eine Ebene weiter oben. Wir sind vielleicht an der gleichen Stelle, aber auf einer anderen Ebene angekommen. Und damit bewegen wir uns nicht im Kreis, sondern tanzen immer weiter fort. So wie jeder Tanzschritt, den wir machen, auch immer wieder ein neuer ist, selbst wenn wir ihn zuvor schon getanzt haben. Sobald wir uns dem Tanz auf der Spirale hingeben, kann unser Leben eine neue Dynamik bekommen. Es können sich wahrlich neue Dimensionen eröffnen, und wir kommen mehr und mehr ins Sein.

Eine Vision ist wie gesagt keine strikte Vorgabe, sondern eher ein Leitstern, in dessen Richtung wir uns bewegen. Es ist kein Ziel, das erreicht werden will, sondern ein Zustand, der gelebt werden möchte. Eine klare Vision ist deswegen auch keine bis ins Kleinste durchgeplante Blaupause, sondern ein Bild mit einer bestimmten Stimmung. Es ist etwas, mit dem wir uns im Hier und Jetzt schon verbinden können, was wir direkt zu leben beginnen können und nicht etwas, was in der weiten Ferne auf uns wartet und erst wahr wird, wenn wir bestimmte Bedingungen erfüllen. Eine klare Vision ist kein »Wenn, dann«-Szenario, es ist ein »Ab jetzt«-Bild. Es ist eine Grundmelodie, zu der wir unseren eigenen Gesang hinzufügen können und die wir um unsere eigenen Bewegungen ergänzen können.

Meine ersten beruflichen Schritte bin ich noch in der Energie des Abhakens von Punkten auf dem klar vorgezeichneten Weg gegangen. Doch statt, dass mich jedes Häkchen näher an mein Glück herangeführt hätte, hatte ich eher das Gefühl, mich von ihm zu entfernen. Selbst mit dem Schritt in die Selbstständigkeit, von dem ich mir so viel erhofft hatte, befand ich mich noch im Abhak-Modus des patriarchalen Systems. Erst als ich mich daraus löste und die Erkenntnis »Ich funktioniere im System, aber das System funktioniert nicht für mich« wirklich habe sacken lassen, bin ich einen Schritt zur Seite getreten. Oder eher habe ich einen beherzten Sprung aus dem Hamsterrad gemacht. Erst damit konnte ich den Abstand gewinnen und die Liste loslassen, die mich angeblich irgendwo hinbringen sollte, das jedoch nie wirklich tat. Erst durch diesen Sprung kam ich in die Ruhe, aus dem ewigen Tun ins Sein. Ich begann, wieder zu atmen. Atem ist unser Lebenselixier, und er zeigt uns den Weg zu unserer Vision. Folgen wir ihr, dann führt sie uns dahin, wo unsere Seele sich zu Hause fühlt. Dieser Weg kann sich ganz anders gestalten als all das, was uns die Gesellschaft bisher erzählt hat.

Eine essenzielle Erkenntnis für mich auf meiner Visionssuche und dem Finden war, dass ich mich von dem, was uns als Frauen im Patriarchat – und damit dem aktuellen System – erzählt wird, lösen darf und muss. Ich muss mich verabschieden von den unterschwelligen Erwartungen, die ich vielleicht erfüllen will, und von den Dingen, die sich für eine Frau gehören. Ich habe bewusst die gläsernen Decken nach oben in meinem Kopf zerschlagen und die klebrigen Böden unter meinen Füßen gebohnert, damit ich tanzen konnte. Denn wenn wir als Frauen eine klare Vision entwickeln, dann ist es vorbei mit dem vorsichtigen Vorantrippeln und den leisen Sohlen, die dadurch immer wieder festkleben, dass wir uns mit ausgedienten Rollenmodellen konfrontiert sehen oder bei Beförderungen übergangen werden. Dann ist es vorbei mit den gläsernen Decken, die dafür sorgen, dass wir das vermeintliche Glück sehen, aber nicht anfassen dürfen. Dann dürfen wir auch den gläsernen Schuh zerschmettern, denn wir brauchen keinen Prinzen, der ihn uns wieder anzieht. Dann werden wir frei, mit jedem tanzenden Schritt auf der Spirale.

Die Spirale ist ein uraltes Symbol, das sich durch unsere gesamte Existenz zieht. Sie findet sich im Großen – in der Galaxie, der Laufbahn der Sonne und der Planeten und im Spiralnebel – und im Kleinen – im Schneckenhaus, im Farn, in der DNA. Die Elemente bewegen sich in Spiralen. Wasser fließt im Strudel, Rauch steigt spiralförmig auf, der Wind wird zum Wirbelsturm. Auch unsere Erde nimmt den Lauf einer Spirale. Ihre Umlaufbahn bewegt sich im Kreis, und doch landet sie nie an dem Punkt, an dem sie gestartet ist, sondern immer nur in dessen Nähe. Ein scheinbarer Kreis, der sich niemals schließt: eben eine Spirale.

Auch wir tragen die Spirale in uns: im Wirbel auf dem Kopf als unserer Verbindung zum Kosmos, als Spirale in der Hand, wenn wir sie zu einer Faust schließen. Die Idee der schnurgeraden Linie ist eine junge menschengemachte. Sie entstand beim Ziehen von Grenzen, beim Abgrenzen, Sortieren und Festlegen. In der Natur kommen solche Grenzen nicht vor. Alles ist im Fluss und in Bewegung. Und somit dürfen wir uns auch wieder daran erinnern, dass wir Teil der Natur sind und damit Teil der natürlichen Bewegung. Wir dürfen uns wieder tanzend auf der Spirale bewegen.

Den eigenen Nordstern finden

Eine Vision, die uns klar durchs Leben führt, muss in jeder Lebenslage für uns auffindbar sein. Wir müssen jederzeit Zugang zu ihr bekommen können, und sie sollte uns klar und fokussiert durchs Leben begleiten. Deswegen vergleiche ich unsere persönliche Vision gern mit dem Nordstern. Der Nordstern Stella Polaris ist der Stern, dem die Seefahrer schon seit Urzeiten folgen, um ihren Weg nach Hause zu finden. Es ist der einzige Fixstern am Firmament der nördlichen Halbkugel. Damit verändert er als einziger seiner Position nicht, er erscheint uns am Himmel fest verwachsen, während sich die anderen Sterne und Sternbilder mit den Jahreszeiten bewegen und über den Himmel wandern. Stella Polaris leuchtet hell und klar an einer Stelle. Kennt man die Koordinaten, ist dieser Fixstern der sichere Weg nach Hause, der absolute Orientierungspunkt.

Wegen seiner Helligkeit und Nähe zum Pol ist Polaris seit Menschengedenken ein wichtiger Stern in der Himmelsnavigation und daher unter vielen verschiedenen Namen bekannt, darunter Stella Maris (»Meeresstern«), Alrukka (phönizisch), Lodestern (»Leitstern«, abgeleitet vom altnordischen leiðarstjarna), Cynosura (aus dem Griechischen κυνόσουρα, was »Hundeschwanz« bedeutet), Engelsstern, Star of Arcady (Arcady ist gleichzusetzen mit dem Paradies), Mismar (»Nadel« oder »Nagel«), Tramontana, Navigatoria und Polstern. Von den Griechen bis zu den Nordmännern, von den Stämmen in Nordamerika bis zu den Inuit in Alaska – alle hatten einen Namen für den Stern, den wir hier Stella Polaris nennen. Wenn wir eine Vision entwickeln, dann darf sie so klar leuchten wie Stella Polaris und gleichzeitig so verlässlich sein wie dieser Stern.

Um von überall nach Hause finden zu können, müssen wir allerdings zunächst erst einmal unseren persönlichen Nordstern finden. In den kommenden Schritten zeige ich dir, wie du nicht nur deinen Blick in die richtige Richtung wenden kannst, sondern auch die Koordinaten findest, die dich immer, überall und jederzeit Richtung Nordstern weisen und dich somit sicher in die Richtung deiner Seelenheimat führen.

Oftmals ist es so: Wenn wir von Visionen sprechen oder von Dingen, die in der Zukunft liegen, definieren wir sie aus dem jetzigen Zustand. Sie sind oft eine Flucht, ein nicht zu klar definiertes Ziel, das irgendwo in der Ferne schwebt. Der Weg zu unserer Vision ist jedoch wie eine Reise. Bevor wir das Ziel bestimmen, gilt es erst einmal zu schauen, von wo aus wir starten. Denn das beeinflusst die Gesamtplanung der Reise. Deswegen ist der allererste Schritt einer kraftvollen Visionssuche die Standortbestimmung. Durch den unbedingten Fokus auf das vermeintlich gewünschte Ziel und den erhofften Zweck wird dieser Schritt gern vernachlässigt.

Falls dir eine der kommenden Übungen – die du auch als extra Worksheets zum Selbstausfüllen findest unter dem Link auf Seite 252 – blöd erscheint oder du denkst, dass sie unsinnig ist oder du sie ja schon kennst, dann bitte ich dich darum, alles mit einem offenen Herzen und vor allem einem freien Kopf anzugehen. Widerstand ist meiner Erfahrung nach ein Zeichen dafür, dass ich auf dem richtigen Weg bin. Aufgaben, die ich zuvor schon mal gelöst habe, entlocken mir beim zweiten Mal immer die Idee zu einem neuen Weg, denn auch wenn die Aufgabe die gleiche ist, bin ich es nicht mehr. Mein Leben und meine Erfahrungen haben sich bereits verändert. Die kommenden Übungen sind wie eine ultimative Packliste für die Reise deines Lebens.

Wir können auch ohne Packliste verreisen, mit ihr jedoch können wir sicher sein, nichts übersehen zu haben. Wir werden dann nicht plötzlich in der Wildnis feststellen, dass die Taschenlampe jetzt doch hilfreich gewesen wäre. Wenn du also bereit bist für die Reise zu deinem ganz persönlichen Nordstern, der dir den Weg zu deinem USP, deinem Unique Soul Purpose, deinem einzigartigen Seelenzweck zeigt, dann lass uns beginnen. Ich verspreche dir, es wird eine einzigartige Reise, die dich an Orte führen wird, von denen du noch nicht einmal wusstest, dass sie existieren.

Commitment statt Challenge

Bevor wir starten, ein kleiner Hinweis: Das Finden der eigenen Vision in der femininen Energie ist kein Kampf und keine Challenge. Immer wieder habe ich in den letzten Jahren beobachtet, wie überall Challenges aufploppen. Auch ich selbst habe schon einige mitgemacht. Um ehrlich zu sein, die meisten waren nicht wirklich von Erfolg gekrönt. Und zwar aus den folgenden drei Gründen: Entweder ich habe sie nicht bis zum Ende durchgehalten, ich verlor das Interesse oder sie haben irgendwie für mich nicht funktioniert. Und als ich mich umschaute merkte ich, dass es vielen anderen genauso ging. Eine Challenge ist logischerweise immer eine Herausforderung. Gleichzeitig ist sie aber auch ein Wettstreit oder gar eine Kampfansage.

Was mir beim Beobachten diverser Challenges deutlich geworden ist, ist, dass Challenges zumeist ein Symptom bekämpfen, sich aber nicht mit der Ursache auseinandersetzen. Deswegen bin ich auch überzeugt davon, dass das erfolgreiche Finden einer erfüllenden Vision nur dann möglich ist, wenn wir uns nicht nur mit den Symptomen unserer Unzufriedenheit auseinandersetzen, sondern uns die Ursachen anschauen – was wir im zweiten Teil durch das Arbeiten mit den Ahnen bereits getan haben. Sobald ich in den Kampf gegen etwas gehe, gebe ich ihm Energie. Ich löse es nicht auf, ich versuche, es zur Seite zu schieben. Und so sind Challenges, in denen wir die Zähne zusammenbeißen, auch oft auf den kurzfristigen Durchbruch angelegt und tragen damit eben auch das Risiko eines Einbruchs mit sich. Nach der Challenge bricht man wieder ein, und ehe man sich's versieht, ist alles wie vorher. Denn das Symptom ist eben nicht die Ursache des Problems, sondern nur der sichtbare Auswuchs.

Die Herangehensweise, die sich für mich und viele, viele andere Frauen bewährt hat, ist quasi die sanfte Schwester der Challenge: das Commitment. Während die Challenge gegen das Offensichtliche kämpft, bekennt sich das Commitment zum tiefer liegenden Kern. Es ist die Hingabe an den Ursprung. Hingabe ist eine urfeminine Energie, ohne Kampf, jedoch voller Liebe zu etwas. In dem Moment, in dem wir unsere Energie als Liebe auf etwas fokussieren, beginnen wir zu kreieren. Wenn wir uns zu etwas committen, sind wir verbindlich uns selbst gegenüber. Es geht nicht darum, irgendjemandem etwas zu beweisen, sondern unseren inneren Wunsch und den Ruf unserer Seele zu ehren. Damit eröffnen wir etwas Neues, statt gegen etwas Bestehendes anzukämpfen. Über die Jahre habe ich immer wieder festgestellt, dass es sich für mich persönlich leicht und stimmig anfühlt, wenn ich in der Energie eines Commitments bleibe, und ich spüre, wie meine Inspiration jedes Mal jubelt, wenn ich mich für sie entscheide. Als Belohnung schenkt sie mir weitere Ideen. Ich bin im femininen Flow.

Aufgrund dessen habe ich mich entschieden, mir bei jeder potenziellen Challenge und Herausforderung die Zeit für einen zweiten Blick zu nehmen, um dann das Commitment für mich zu formulieren. Ein Beispiel ist der Klassiker Abnehmen. In der Challenge laufe ich dabei jeden Tag, esse keine Kohlenhydrate mehr und pushe mich, um gegen den Status quo anzukämpfen. Ich schubse mich aus meiner vermeintlichen Komfortzone heraus und versuche, es richtig und perfekt zu machen. Am Ende bin ich vom Kämpfen und Pushen erschöpft.

Mit dem Commitment schaue ich, woran es liegt, dass ich mein aktuelles Gewicht habe. Ich erkenne, dass ich immer dann esse, wenn ich erschöpft bin, und committe mich mit mehr Ruhepausen oder Powernaps. Ich bemerke, dass ich bei Müdigkeit esse, die am Sauerstoffmangel im Büro liegt, und sorge nun für regelmäßiges Lüften, nehme morgens und abends die Bahn eine Station später, um etwas zu laufen, und versorge meinen Körper bewusst mit dem, was er braucht. Damit öffne ich etwas Neues, anstatt gegen etwas Bestehendes anzukämpfen. Für mich persönlich fühlt es sich leicht und stimmig an, und ich spüre, wie mein Körper jedes Mal jubelt, wenn ich mich für ihn entscheide. Als Belohnung schenkt er mir mehr Energie, und wahrscheinlich bekomme ich bald von selbst wieder mehr Lust auf Bewegung. Ich bin im femininen Flow.

Ich kann gegen den Status quo ankämpfen oder für das Potenzial meiner Seele einstehen. Ich kann um Perfektion kämpfen oder für die Inspiration Raum schaffen. Ich kann meine Verhaltensweisen und Macken bekämpfen oder meine Stärken und mein Potenzial fördern. Das heißt nicht, dass ich keine Herausforderungen mehr annehme. Ich betrachte sie einfach nur anders. Und somit lade ich dich ein, auch den Prozess des Findens deiner eigenen Vision als ein Commitment zu sehen. Mit dieser Grundhaltung kannst du dich ganz anders auf die erfolgreiche Suche nach deiner erfüllenden Vision machen.

> **Impuls**
> Wofür möchtest du deine Vision finden? Welches Commitment möchtest du dir gegenüber machen? Wo und wie willst du deinem Potenzial gegenüber verbindlich sein? Wie kannst du das für dich sicherstellen? Das können feste Zeiten im Kalender sein, fixe Momente im Tagesablauf oder Auszeiten. Es kann auch sein, dass es bedeutet, einige Dinge einfach sein zu lassen, wie den nervigen Small Talk mit dem Kollegen, das Auslesen des Buches, das dir eigentlich nicht gefällt, Verabredungen, die dir nicht wirklich Freude bringen. Dadurch schaffst du Raum für dich und dein Commitment.

Standortbestimmung

So viele sind besessen von ihren täglichen To-do-Listen, ohne zu wissen, was sie wirklich wollen. Das ist wie auf einer Wanderung zu sein und den Wald vor lauter Bäumen nicht zu sehen. Um zu wissen, in welche Richtung du gehen willst, musst du vor allem deinen Startpunkt kennen. Und am besten nicht nur den persönlichen Standort, sondern auch den gesellschaftlichen. Denn je nach Standpunkt wechselt die Perspektive auf die Dinge.

Um die Reise vorzubereiten, starte ich deswegen sehr gern mit dem Bild, wie mein Nordstern aktuell aussieht. Passend zur feminin fließenden Energie hat mein Nordstern fünf Spitzen. Fünf ist die Zahl der Göttin, der Venus und des Venussterns – er ergibt sich durch die Umlaufbahn der Venus um die Erde, wenn man sie über lange Zeiträume aufzeichnet. Wenn man einen Apfel quer aufschneidet, zeigt auch er einen fünfzackigen Stern in seinem Zentrum – die Form des Kerngehäuses. Es ist dabei ein wenig so, als ob wir die Geschichte von Adam und Eva wieder korrigieren. Denn mit diesem Weg, den wir nun gemeinsam beschreiten, entscheiden wir uns, nicht mehr von der Frucht vom Baum der Erkenntnis zu essen. Denn darüber generieren wir ein Wissen, das durch klare Zielvorgaben bestimmt wird und uns auffordert, alles bis ins kleinste Detail zu erklären und zu planen, sodass kein Platz für Mystik und Seele bleibt. Mit dieser Reise, die wir nun antreten, entscheiden wir uns dafür, wieder von der Frucht vom Baum des Lebens zu naschen. Wir entscheiden uns für das »Gegengift« zu dem, was uns aus dem (vermeintlichen) Paradies vertrieben hat.

Dazu lassen wir unseren Blick zunächst zurückschweifen – um mehr als dreitausendfünfhundert Jahre zurück. Denn zu diesem Zeitpunkt wurde die ursprüngliche Geschichte von der Vertreibung aus dem Paradies geschrieben. Darin wird der Garten Eden als ein Ort beschrieben, in dem alle einen Platz haben und durch den der Geist der Schöpfung weht. Das ist die feminine Schöpfungsenergie. Es ist alles ganz wunderbar und in Einheit, bis zu dem Tag, als der Mensch in die verbotene Frucht beißt. Jedoch ist es nicht Eva, sondern Adam – wobei die beiden damals noch nicht diese Namen trugen –, der beherzt zugreift und zubeißt. Durch den Biss in die Frucht vom Baum der Erkenntnis passiert das Unvermeidliche, und seine Nachwirkungen halten bis heute an. Auf einmal fühlt sich Adam nicht mehr dem Großen und Ganzen zugehörig. Er erfährt eine Abspaltung von der Natur und von der ursprünglichen Schöpfung. Es entstehen Scham und Unsicherheit. Das ist auch der Grund, warum Adam Eva auffordert, sich mit einem Feigenblatt zu bedecken. Sobald der Geist der Schöpfung auf die beiden trifft, sieht er sofort, was passiert ist, denn Adam hat ein schlechtes Gewissen, bedeckt sich und versucht, das Geschehene zu vertuschen. Daraufhin werden beide aus dem Garten verwiesen. Vor seine Türen werden Wachen gestellt, damit sie nicht so einfach wieder zurückkönnen. Denn sie sollen verstehen, was sie getan haben.

Und sie sollen nicht einfach so von der Frucht vom zweiten Baum im Garten kosten können und dadurch ewig leben. Denn in der ursprünglichen Geschichte gibt es diesen zweiten Baum. Neben dem Baum der Erkenntnis steht der Baum des Lebens. Und die Frucht, die wir von ihm pflücken können, ist die Weisheit. Sie würde uns daran erinnern, dass wir Teil des Großen Ganzen sind, und uns wieder nach Hause führen. Wir sind Natur, wir sind Schöpfung, so wie alles andere auf dieser Welt. Wenn wir das einmal wirklich verinnerlicht haben, erkennen wir, wie paradox das System ist, in dem wir aktuell leben. Das der Frau die Schuld gibt für etwas, was sie nicht tat – denn es war das Patriarchat, das zur Spaltung führte. Das die Frauen bis heute büßen lässt und ihnen die Verantwortung für alles Unerklärbare zuweist.

Durch die Arbeit mit unseren Ahnen binden wir uns ganz bewusst wieder an das ursprüngliche und wahre Netz der Schöpfung an. Wir erkennen, dass wir Teil von etwas sind, das größer ist als wir selbst. Wenn wir uns auf den Weg zu unserem Nordstern begeben, beginnen wir, den Weg in Richtung Baum des Lebens zu beschreiten. Wir ergreifen die Chance, wieder zurückzukehren in den Garten, aus dem wir einst vertrieben wurden. Nicht nur für uns, sondern auch für diejenigen, die nach uns kommen. Und damit erfährt die daraus entstehende Vision eine Kraft, die weit über To-do-Listen und vermeintliche Ziele hinausgeht.

Der fünfzackige Stern

Der Nordstern, dem ich folge, hat wie gesagt fünf Spitzen. Alle leuchten hell und klar am Himmel und weisen mir den Weg nach Hause. Schlussendlich werden wir zu unserem Stern, denn wir werden zu der Vision, die wir suchen. Wir werden das verkörpern, was unsere Seele sich wünscht. Wenn wir mit unserer Reise beginnen, kann es jedoch sein, dass wir noch nicht alle Spitzen voll leuchtend erkennen können, dass an einigen Stellen noch Wolken ihre Leuchtkraft schmälern. Im ersten praktischen Schritt lade ich dich nun ein, eine Bestandsaufnahme zu machen, um deinen Standort zu bestimmen. Sei versichert, keiner startet mit fünf leuchtenden Spitzen, denn dann wären wir ja schon angekommen.

Jede der Spitzen steht für einen Themenbereich, der sich aus verschiedenen Elementen zusammensetzt. Ich lade dich ein, zunächst einmal die gesamte Übung durchzulesen, um dann deine eigene Zeremonie für diesen Prozess zu kreieren. Denn es bedarf einiger Zeit, viel Ehrlichkeit und vor allem der Wertfreiheit dir selbst gegenüber, um zu einem passenden Überblick zu kommen. Für jeden Bereich findest du einen Impuls, den du in Ruhe beantworten kannst. Du kannst alles in einem machen oder dir einen Abend pro Bereich nehmen. Mach es so, wie es für dich stimmig ist. Es können Emotionen wie Frust oder Ärger hochkommen, enttäuschte Erwartungen können spürbar werden. Es ist wichtig, dir die Zeit zu nehmen, all das zu spüren und zu transformieren. Deswegen rate ich dazu, lieber etwas mehr Zeit einzuplanen und das Ganze als eine Zeremonie zu betrachten, anstatt einfach aus dem Verstand heraus Listen zu erstellen, zu denen du keine emotionale Bindung hast.

Bevor du dich an die Übung setzt, sorge dafür, dass du in einem kreativen Status bist. Den kannst du fördern, indem du vorher einfach ein oder zwei Lieder lang tanzt. Such dir dazu deine Lieblingslieder aus, sie dürfen ruhig mit einem ordentlichen Beat sein, der dich dazu bringt, deinen Körper zu bewegen. Alternativ kannst du auch etwas malen oder zeichnen und dich mit viel Hingabe in den Prozess begeben. Oder du kannst etwas basteln, was Fokus erfordert. Ziel ist es, dich aus den Gedankenschleifen und dem Kopf zu bringen und in einen Flow – ganz in diesen Moment und vollkommen versunken in das, was du machst. Stell dir also gern einen Wecker, der nach sieben Minuten klingelt und dann unterbrich das, was du tust, und setz dich direkt an die Übung. Gern kannst du dazu im Hintergrund leise Musik laufen haben. Und du kannst das Ganze wie eine Zeremonie behandeln, indem du schon vorab den Ort, an dem du dich hinsetzt, schön gestaltest, mit einer Kerze oder einem Duft. Der Platz sollte aufgeräumt sein und dich dazu einladen, dort zu verweilen. Hab ein Glas Wasser und vielleicht auch einen Kräutertee parat. Bitte deine Spirit Guides, deine Ahnen und wen du magst um Unterstützung und darum, dass die Wahrheit durch dich fließt. Bitte darum, dass das, was du schreibst, zu deinem höchsten und besten Guten ist. Und bitte um die Weisheit, es nicht zu bewerten, sondern geschehen zu lassen.

Es kann sein, dass dir die Fragen langweilig werden – spüre dann hinein, ob das vielleicht nur dein Kopf ist, der dich davon abbringen will. Auch wenn die Übung umfangreich ist oder sich vielleicht zäh anfühlt, die Beantwortung der Fragen hilft dir, einen Überblick zu gewinnen.

Ich selbst habe beim ersten Mal innerlich gestöhnt und Widerstand bemerkt. Denn mich mit diesen Fragen auseinanderzusetzen, hat auch bedeutet, wirklich ehrlich mit mir sein zu müssen. Damit einhergegangen ist die Erkenntnis, dass ich mein Leben nicht so toll und erfüllend fand, wie ich es mir eingeredet hatte und wie es an der Oberfläche aussah. Ich musste mich zum Teil schon dazu durchringen weiterzumachen. Ich habe mir damals jeden Abend eine Stunde Zeit genommen, den Wecker gestellt und Musik angemacht. Ich habe mir auf diese Weise eine Woche gegeben, um alle Fragen zu beantworten. Und am Ende war ich erstaunt, was allein das Beantworten in mir bewegt hat. Noch heute kehre ich zu den Fragen zurück, denn mein Leben und ich entwickeln uns immer weiter vorwärts, und es ist hilfreich, immer wieder herauszufinden, wo ich eigentlich stehe und ob ich schlussendlich noch dem richtigen Stern folge.

Manchmal kann es helfen, die Fragen gemeinsam mit einer Freundin zu beantworten und die jeweiligen drei Haupterkenntnisse aus den Bereichen miteinander zu teilen.

Egal, was am Ende herauskommt, bewerte dich nicht und hab vor allem nicht das Gefühl, dein Leben sei sinnlos oder komplett daneben. Du hast bis hierher ein Leben gelebt, das durchwoben war von den Erwartungen und Ideen deiner Vorfahren. Durch die Zeremonien bist du nun so klar, wie du es noch nie zuvor warst – du bekommst damit auch automatisch einen neuen Blick auf dein Leben. Gleichzeitig kann es einfach sein, dass du bisher dem falschen Stern gefolgt bist, sodass dein Leben natürlich nicht dem entsprechen kann, was du dir vielleicht wünschst. Und das kann dir jetzt deutlich werden.

Übung:
Das Jetzt beleuchten

Dies ist eine Bestandsaufnahme. Stell es dir wie eine Inventur vor und mach die Übung schriftlich. Wenn du weißt, woran du bist, kannst du die nächsten Schritte gehen. Ich wünsche dir Leichtigkeit und Neugier beim Bestimmen deines Standortes.

Erste Spitze des Nordsterns: Bestimmung & Tun

Wenn du an deine Bestimmung und an dein Tun denkst, was kommt dir als Erstes in den Sinn? Lass deinen Gedanken freien Lauf.

Bestimmung

Wenn du deine Bestimmung beschreiben würdest, was würde dir spontan in den Sinn kommen? Wisse, es gibt kein Richtig oder Falsch, sondern nur deins. Es geht um eine Bestandsaufnahme und nicht um eine Prüfung. Wie sehr lebst du deine Bestimmung? Woran erkennst du es, wenn du sie lebst oder verfehlst? Was fehlt dir zum Leben deiner Bestimmung?

Tun

Wie sehr bist du im Tun? Auf welche Art bestimmt dein Tun dein Leben? Wie beeinflusst dein Tun dein Sein? Definierst du dich über dein Tun? Wenn ja, wie? Versuche, ehrlich mit dir zu sein – das ist eine Beobachtung, keine Bewertung.

Job

Wie geht es dir mit deinem Job, deiner beruflichen Tätigkeit, dem, was du tust, um Geld zu verdienen? Wie fühlt es sich an?

Wie wohl fühlst du dich dabei? Wie sehr bist du in deinem Job du? Wie sehr passt du dich an? Gibt er dir Energie oder entzieht er dir Energie? Was genau liebst du? Was magst du nicht? Selbst wenn du deinen Job hasst, schreib die einzelnen Antworten auf. Es hilft immer, einen Überblick zu haben, um klarer feststellen zu können, an welcher Stelle genau die Energie gerade nicht frei fließt.

Wirkungsweisen
Wie wirkst du in der Welt? Nicht: Wie wirkst du auf deine Umgebung, sondern: Wie ist deine Wirkung in der Welt? Inspirierst du Menschen? Lässt du sie lächeln? Gibst du ihnen das Gefühl, überflüssig zu sein? Motivierst du deine Umgebung? Zeigst du anderen ihre Fehler auf? Schenkst du Menschen Zeit?

Bewerte nicht, sondern stell einfach nur fest. Jede von uns wirkt in dieser Welt, oftmals unbewusst. Es kann durch erlernte oder übernommene Verhaltensweisen geschehen. Erst wenn wir uns dieser bewusst werden, können wir aktiv unsere Wirkungsweise in der Welt verändern.

Deine drei Aha-Momente aus diesem Bereich sind:

1.

2.

3.

Zweite Spitze des Nordsterns: Gesundheit & Körper

Wenn du an deine Gesundheit und an deinen Körper denkst, was kommt dir als Erstes in den Sinn? Lass deinen Gedanken freien Lauf.

Gesundheit

Was bedeutet Gesundheit für dich? Würdest du dich als gesund bezeichnen? An welcher Stelle bist du oder handelst du ungesund? Gibt es etwas, was sich für dich krank anfühlt oder wo du dich krank fühlst? Das können körperliche Belange sein oder emotionale.

Körper

Wie ist dein Verhältnis zu deinem Körper? Seid ihr in Frieden miteinander oder gibt es Stellen, an denen du ihn optimieren willst? Was liebst du an deinem Körper – innerlich und äußerlich? Was fordert dich heraus?

Bewegung

Was bedeutet Bewegung und Beweglichkeit für dich? Wie bewegst du dich durch dein Leben? Wie sehen bei dir physische Bewegung und Beweglichkeit aus? Wie sind bei dir mentale Bewegung und Beweglichkeit? Beharrst du auf Perspektiven, bist du offen für neue Eindrücke? Wie sind bei dir emotionale Bewegung und Beweglichkeit? Verharrst du in Stimmungen, schwankst du zwischen himmelhoch jauchzend und zu Tode betrübt? Bist du in der Lage, deine Emotionen schnell zu bewegen?

Ernährung
Wie nährst du dich? Statt zu bewerten, beobachte. Was und wie regelmäßig isst du? Wie fütterst du deinen Verstand? Eine bewusst geschaute Dokumentation kann uns nähren, unbewusstes Zappen kann uns leerlaufen lassen. Wie nährst du dein Herz? In welchen Momenten geht dir dein Herz auf? Wie versorgst du deine Seele? Welche Aktivitäten würdest du gern in dein Leben einladen? Welche Einflüsse möchtest du minimieren?

Sex
Die sexuelle kreative Energie fließt durch uns alle. Sie ist wie ein Lebenselixier. Sex bedeutet hier nicht nur Geschlechtsverkehr zwischen Menschen, sondern bezieht auch die Bewegung der sexuellen Energie mit ein. Magst du Sex? Brauchst du Sex? Fehlt dir Sex, wenn du ihn nicht hast? Hast du Sex mit dir selbst? Wie gut kennst du deine sexuellen Bedürfnisse? Erlebst du Sinnlichkeit in deinem Leben? Wie gehst du mit Intimität – emotionaler, spiritueller und körperlicher – um?

Deine drei Aha-Momente aus diesem Bereich sind:

1.

2.

3.

Dritte Spitze des Nordsterns: Wohlstand & Finanzen
Wenn du an deinen Wohlstand und deine Finanzen denkst, was kommt dir als Erstes in den Sinn? Lass deinen Gedanken freien Lauf.

Wohlstand
- Unabhängig von Geld, was verbindest du mit Wohlstand? Wie fühlt sich Wohlstand für dich an? Kennst du das Gefühl? Wenn ja, wann fühlst du es? Der Begriff bedeutet wortwörtlich »einen guten Stand« zu haben, sich wohl in seiner Position zu fühlen. Was fällt dir dazu ein?

Finanzen
Wie sieht es mit deinen Finanzen aus? Hast du ein gutes Verhältnis zu Geld? Hast du genügend Geld? Kannst du es einfach bekommen? Kannst du es gut halten? Welches Gefühl bekommst du bei dem Gedanken an Geld und finanzielle Angelegenheiten?

Bildung
Hast du Interesse an neuem Wissen und neuen Fähigkeiten? Ist es dir wichtig, immer wieder Neues zu lernen? Fühlst du dich wohl mit deinem Wissen und deiner Weisheit? Hast du das Gefühl, vielleicht etwas verpasst zu haben? Gibt es einen Kurs oder eine Ausbildung, die du vom Herzen her schon immer machen wolltest?

Freizeit
Kannst du klar zwischen Arbeitszeit und Freizeit unterscheiden? Wie füllst du deine freie Zeit? Lässt du sie passieren oder nutzt du sie aktiv? Hast du Hobbys oder Beschäftigungen, auf die du dich

freust? Bist du jemand, der den Tag geschehen lässt? Planst du deine Wochenenden oder Urlaube im Voraus? Hast du fixe Zeiten im Kalender, die für bestimmte Aktivitäten geblockt sind?

Flexibilität
Entspannt es dich, wenn alles nach Plan verläuft? Planst du gern deine Tage und deine Zeit? Kannst du spontan deine Pläne ändern? Bist du flexibel, wenn Situationen sich ändern? Kannst du die Kontrolle abgeben? Liebst du es, den Überblick zu haben?

Deine drei Aha-Momente aus diesem Bereich sind:

1.

2.

3.

Vierte Spitze des Nordsterns: Beziehung & Liebe

Wenn du an deine Beziehungen und an Liebe denkst, was kommt dir als Erstes in den Sinn? Lass deinen Gedanken freien Lauf.

Beziehung

Wie würdest du deine Beziehung zu dir selbst beschreiben? Kennst du dich gut und gibst du deinen Bedürfnissen Raum? Wie unterscheidet sich die Beziehung zu dir von den Beziehungen zu anderen? Kannst du in der Beziehung zu anderen bei dir bleiben oder gehst du in der Beziehung auf? Welche Beziehungen prägen dein aktuelles Leben? Welche Beziehungen haben dich in der Vergangenheit geprägt? Ist eine Beziehung etwas, was dich nährt oder wobei du vor allem gibst?

Liebe

Was bedeutet Liebe für dich? Wie würdest du Liebe in einem Satz beschreiben? Woran erkennst du Liebe?

Partnerschaft

Was bedeutet Partnerschaft für dich. Wie sieht eine gesunde und gleichberechtigte Partnerschaft für dich aus? Woran erkennst du eine Partnerschaft, die auf Liebe und Hingabe basiert?

Familie & Freunde

Wie sieht dein Netz von Familie und Freunden aus? Wie gehalten fühlst du dich von diesem Netz? Würdest du es dir wünschen, dass das Netz enger oder größer wäre? Kannst du dich auf deine Familie verlassen? Manche Menschen sagen, Freunde sind Familie, die wir uns aussuchen. Siehst du das genauso? Hast du in deiner Familie und bei deinen Freunden gut funktionierende Einzelbeziehungen oder funktionieren sie über die Gruppen? Gibt es etwas im Hinblick auf deine Familie, was du vermisst?

Deine drei Aha-Momente aus diesem Bereich sind:

1.

2.

3.

Fünfte Spitze des Nordsterns: Spiritualität & Seele

Wenn du an deine Spiritualität und an deine Seele denkst, was kommt dir als Erstes in den Sinn? Lass deinen Gedanken freien Lauf.

Spiritualität

Was bedeutet Spiritualität für dich? Was zeichnet spirituelle Menschen aus? Was ist eine spirituelle Handlung? Woran kannst du erkennen, dass jemand spirituell ist? Würdest du dich als spirituell bezeichnen? Gibt es Bereiche in deinem Leben, in denen du gern mehr Spiritualität spüren oder praktizieren würdest?

Seele

Körper, Geist und Seele lautet der altbekannte Dreiklang. Wie funktioniert er für dich? Hast du das Gefühl, du bist in den Bereichen ausgeglichen? Was ist Seele für dich? Wie nährst du sie?

Selbstliebe

Was bedeutet Selbstliebe für dich? Wie zeigt sie sich? Woran kannst du erkennen, dass ein Mensch voller Selbstliebe ist? Bist du in Selbstliebe? Wann zeigt sich das? Kannst du gut mit dir sein? Kannst du in Stille mit dir sein?

Authentizität

Traust du dich voll und ganz du selbst zu sein? An welchen Stellen hältst du dich zurück? Teilst du deine Ansichten über Spiritualität mit anderen? Inszenierst du dich deiner Umgebung entsprechend? Kennst du deine vermeintlichen Stärken und Schwächen? Versuchst du, deine Schwächen zu verbergen? Bist du ehrlich dir selbst gegenüber? Stehst du zu dir?

Weisheit

Hörst du auf deine innere Weisheit? Traust du deiner inneren Weisheit? Erlaubst du ihr, durch dich zu wirken? Hältst du sie zurück, wenn sie dir nicht logisch erscheint?

Deine drei Aha-Momente aus diesem Bereich sind:

1.

2.

3.

Was willst du wirklich?

Oftmals stellt sich nach der Standortbestimmung das Gefühl ein: »Oh mein Gott, das will ich nicht mehr! Ich habe keine Lust mehr auf meinen Job, ich will keinen Tag länger meiner meckernden Freundin zuhören, ich will nicht mehr so viel Zeit mit meiner Familie verbringen, ich will nicht jeden Monat mein Konto überziehen!« Bestimmen wir unseren Standort, sehen wir auf einmal all die Dinge, die wir nicht mehr wollen. Ich finde, das ist gut – auch wenn es sich im ersten Moment frustrierend anfühlen kann. Doch es bedeutet, dass du bereit bist, die Reise anzutreten und dich zu bewegen. Weg von dem Ort, an dem du dich befindest.

Klarheit durch Kontrast

Wir sind gesellschaftlich darauf gepolt, die Dinge zu sehen, die uns nicht gefallen, den Fehler zu finden, den Makel zu benennen. Oft erzählen wir unseren Freundinnen, was uns an unserem Partner nervt, anstatt zu berichten, wie toll er ist und was er wieder Wunderbares gemacht hat. Wir tauschen uns über die Macken von anderen aus, anstatt ihre positiven Eigenschaften hervorzuheben. Wir bewerten unserer Meinung nach unpassende Outfits, anstatt Komplimente zu verteilen. Es ist wichtig zu erkennen, dass wir im Patriachat darauf getrimmt werden, auf Unzulänglichkeiten zu schauen und auch an uns selbst eher die vermeintlichen Mängel zu erkennen, anstatt uns liebevoll anzunehmen. Damit hängen wir energetisch allerdings immer im »Weg von ...« und es fällt uns schwer, in die Energie von »Hin zu ...« zu gehen.

3. Der starke Stamm

Auf diese Weise sind wir oft mit unserem Blick auf das fixiert, was wir nicht mehr wollen, denn es ist einfach deutlich präsenter vor unserer Nase. Etwas, was uns hilft, die Perspektive zu ändern ist: Klarheit durch Kontrast. Die folgende Übung hilft dir in diesem Sinne, die Perspektive zu wechseln und die Blickrichtung zu ändern.

Übung:
Klarheit durch Kontrast
Mach dir eine Tabelle und schreib zuerst in die linke Spalte, was du nicht mehr willst. Zum Beispiel: »Ich will nicht mehr neun Stunden täglich arbeiten.« Nachdem du die linke Spalte gefüllt hast, wechselst du in die rechte Spalte und findest das jeweils positive Äquivalent. In unserem Beispiel könnte dann dort stehen: »Ich will acht Stunden täglich arbeiten.« Oder: »Ich will zwölf Stunden am Tag arbeiten.« Werde dabei so konkret wie möglich. Du kannst die Tabelle beliebig verlängern.

Nimm also einfach all die Punkte, die dir beim Bestimmen deines Standortes als das, was du nicht mehr willst, aufgefallen sind, und schreib sie auf – es braucht dafür keine feste Reihenfolge. Und dann geh nach und nach durch und versuche, die andere Hälfte der Spalte zu füllen. Dabei kannst du frei hin- und herspringen, du musst nicht unbedingt von oben nach unten vorgehen. Folge auch hier der Leichtigkeit. Beantworte zuerst, was dir leichtfällt. Manchmal werden dadurch die offenen Punkte auch deutlicher.

Was willst du wirklich?

Was ich nicht mehr will Mein »Weg von …«	**Was ich will** Mein »Hin zu …«

   3. Der starke Stamm

Wahre Werte

Wenn wir feminin handeln und weibliche Führung wollen, sind wir dazu aufgefordert, in unsere Rolle als Change-Makerinnen und Veränderungsschaffende zu gehen, oder wie Gandhi schon sagte: »Sei du selbst die Veränderung, die du dir wünschst für diese Welt.« Es geht nicht mehr darum, das Vergnügen auf später zu verschieben und Arbeit höher als Spaß zu bewerten. Es geht darum, unsere »Sweet Spots« auf der Kreuzung von Ambition und Leichtigkeit zu finden.

Um zu erkennen, was dein Nordstern ist und in welche Richtung du unterwegs sein möchtest, musst du deine Werte kennen. Wir haben sie bewusst oder unbewusst verinnerlicht – in jedem Fall aber bilden sie die Basis unseres Handelns. Etwas wertzuschätzen bedeutet, auf etwas Wert zu legen. Alles, was du im Leben liebst, kann als ein Wert bezeichnet werden. So geben wir Dingen im Leben einen Wert – die Vase von Oma ist uns sehr viel wert, die Vase, die wir von der Schwiegermutter bekommen haben, nicht wirklich viel, wir warten sogar darauf, dass sie endlich herunterfällt und kaputtgeht. Auch wenn die monetären Kosten für Omas Vase bei zwei Euro liegen und die von der Schwiegermutter bei hundertfünfzig. Wert bestimmt sich bei Dingen also nicht aus dem, was extern dafür veranschlagt wurde, sondern was es uns bedeutet.

Neben dem Wert für Gegenstände gibt es auch Lebenswerte, die unser Handeln und unsere Einschätzung von Situationen beeinflussen. Die Lebenswerte können in zwei Arten unterteilt werden: den Zweckwert und den Zielwert. Liebe, Familie und Geld sind Werte, die von vielen Menschen als erstrebenswert beschrieben werden. Von ihnen ist Liebe der Zielwert, ein emotionaler Zustand, den man begehrt. Während Familie und Geld Zweckwerte sind. Sie sind quasi ein Mittel, um den emotionalen Wunschzustand herbeizuführen. Einen Zielwert kannst du daran erkennen, dass er den finalen Zustand beschreibt, es steht nichts mehr dahinter. Einen Zweckwert kannst du daran erkennen, dass er als Zweck für ein finales Ziel fungiert. Wenn du dich zum Beispiel fragst: »Was bedeutet Familie wirklich für mich?« oder »Was bedeutet Geld wirklich für mich?«, dann kann die Antwort »Liebe«, »Sicherheit«, »Glück« und Ähnliches lauten. Deswegen ist es wichtig, dass wir immer versuchen, zum Zielwert zu gelangen, indem wir uns die Frage stellen: Was steckt dahinter? Denn der Zielwert entspricht dem Erreichen der Vision, der Zweckwert führt uns dahin.

Als Menschen streben wir nach für uns erfreulichen Zuständen und nach Emotionen, die uns Freude bereiten. Wie du in der letzten Übung erfahren hast, gibt es dabei die Perspektive des »Weg von ...« und die Perspektive des »Hin zu ...«. Erstere steht für den Kampf und die Challenge, zweitere für die Hingabe und das Commitment. Wählen wir also Werte, zu denen wir streben, dann können wir mit ihnen unser Leben kreieren. Wählen wir welche, die wir tunlichst vermeiden wollen, dann gehen wir in die Kampfenergie und geben diesen Werten und Zuständen Kraft.

Übung:
Deine Werte

Schau dir die folgenden Listen an und schreib davon inspiriert deine Werte auf. Dabei kann es helfen, die Übung »Klarheit durch Kontrast« wieder anzuwenden, besonders wenn du dich gerade in einer herausfordernden Situation befindest und da rauswillst, doch nicht genau weißt, wohin. Beginne dann mit den »Weg von ...«-Werten und ergänze sie anschließend durch die »Hin zu ...«-Werte.

Wenn du alle aufgelistet hast, frage dich bei jedem Wert, ob da noch etwas dahintersteckt.

»Hin zu ...«-Werte

Wir streben nach erfreulichen Zuständen und Emotionen, die uns die meiste Freude bereiten. Hinter ihnen stehen »Hin zu ...«-Werte wie:

- Liebe
- Erfolg
- Freiheit
- Intimität
- Sicherheitsgefühl
- Abenteuer
- Kraft
- Leidenschaft
- Komfort
- Gesundheit

Jede von uns bewertet sie anders. Wichtig ist zu erkennen, dass wir zuerst unsere höchsten Werte erreichen müssen und es immer einen Weg gibt, alle unsere Werte gleichzeitig zu erfüllen.

»Weg von ...«-Werte
Auf der anderen Seite haben wir eine Liste von Emotionen, wo wir fast alles dafür tun, sie nicht zu erleben. Sie können sogar stärker sein als die »Hin zu ...«-Werte. So kann ein »Hin zu« Ehrlichkeit und ein »Weg von« die Vermeidung von Schmerzen sein – und die ist dann wichtiger und bestimmt das Handeln stärker. »Weg von ...«-Werte sind beispielsweise:

- Ablehnung
- Wut
- Frustration
- Einsamkeit
- Depression
- Misserfolg
- Demütigung
- Schuld

Deine Listen
Deine aktuellen Grundwerte sind

Hin zu:

Weg von:

Hast du deine Listen notiert, stell dir die folgende Frage: »Was ist für mich im Leben am wichtigsten?« Brainstorme die Antwort

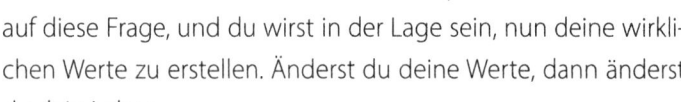

auf diese Frage, und du wirst in der Lage sein, nun deine wirklichen Werte zu erstellen. Änderst du deine Werte, dann änderst du dein Leben.

Frage dich dann: »Was müssen meine Werte sein, um mein bestmögliches Schicksal zu schaffen, um die beste Person zu sein, die ich sein könnte, um den größten Einfluss in meinem Leben zu haben?«

Lausche den Antworten, die sich in dir zeigen, und schau, welche Werte deinen Listen hinzugefügt werden und welche beseitigt werden müssen.

Liste dann neu auf:

Deine neuen Grundwerte sind

Hin zu:

Weg von:

Wenn du deine Werte benannt hast, kannst du tiefer gehen und für dich festlegen, wann du diese Werte erlebst und die damit zusammenhängenden Emotionen spürst. Achte dabei darauf, dass du das unabhängig und aus dir selbst heraus formulierst. Zum Beispiel könnte dein Wert Verbindung sein. Dann ergänzt du: »Sie erlebe ich, wenn ich tanze, wenn ich jemanden umarme.« Oder Ehrlichkeit: »Sie erlebe ich, wenn ich meine Meinung sage, wenn ich zu mir stehe.«

Erstelle nun deine neue Liste.

Meine »Hin zu ...«-Werte sind:

1.

2.

3.

4.

5.

1. Erlebe ich, wenn ...

2. Erlebe ich, wenn ...

3. Erlebe ich, wenn ...

4. Erlebe ich, wenn ...

5. Erlebe ich, wenn ...

Glückwunsch! Nun hast du schon eine kraftvolle Basis geschaffen. Lass die letzten Schritte Revue passieren und lass das, was du aufgeschrieben hast, wirken. Wenn du das Bedürfnis hast, etwas zu klären, geh gern noch einmal zu den Zeremonien in Teil 2 zurück. Vielleicht ist dir bei den »Weg von ...«-Werten etwas deutlich geworden, zum Beispiel, dass sie nicht wirklich mit deiner Realität übereinstimmen und dennoch immer in der

Familie präsent waren. Dann kannst du sie wunderbar zurückgeben, indem du den Ahnen findest, bei dem sie ihren Ursprung haben. Weise ihn in deiner Zeremonie freundlich darauf hin, dass dieser Wert für dich keine Bedeutung hat, und biete ihm an, für sich selbst auch zu überprüfen, ob er ihn behalten oder loslassen möchte. Du selbst kannst ihn auf jeden Fall komplett von deiner Liste streichen, wenn sich das für dich stimmig anfühlt. Oder du spürst vielleicht, dass du einen starken Wunsch nach einem »Hin zu ...«-Wert hast, der aber in deiner Familie verpönt war. Dann kannst du dies ebenfalls mit der Ahnenarbeit lösen.

Diese Arbeit ist nicht linear. Sie folgt deinem Tempo und deinen Bedürfnissen. Sobald du das Gefühl hast, dass alles stimmig ist, ist es Zeit, den Blick wieder nach vorn in die Zukunft zu richten. So kann es eine Zeitlang ein Pendeln zwischen der Arbeit in den Ahnenlinien der Vergangenheit und dem visionären Blick in die Zukunft sein.

Die Macht der Worte

Ich bin schon oft gefragt worden, aus welchem Grund ich das Wort »wozu« anstatt »warum« verwende. Und auch, was mich dazu bringt, so sehr darauf zu bestehen. Meine Antwort: Worte haben Macht und Energie. Nicht umsonst steht in der Bibel: »Am Anfang war das Wort.« Und an den Externsteinen, diesem heiligen Ort bei Detmold, von dem ich eingangs berichtete, gibt es an einer Stelle die Runen der Schöpfung, mit denen Dinge »in die Existenz gesprochen« werden konnten. Unsere Worte erschaffen unsere Realität und beeinflussen unsere Energie. Sie können darüber entscheiden, ob wir das Glas halbvoll sehen oder halbleer.

Deswegen ist es essenziell, die Energie hinter Worten genau zu erspüren. So versuche ich beispielsweise auch immer, das Wort »Leidenschaft« zu vermeiden und durch »Passion«, »Liebe«, »Interesse« oder ähnliche Worte zu ersetzen. Denn ich möchte kein »Leiden schaffen«. Ich bemühe mich auch, mich nicht zu entschuldigen, wenn mich keine Schuld trifft. Denn ich möchte mir nicht pro forma Schuld aufladen, das ist uns Frauen schon viel zu lange so ergangen. Ich verwende hier lieber das Wort »Pardon«, das für »Verzeihung« steht. Ebenso habe ich begonnen, das Wort »aber« aus meinem Wortschatz zu streichen, denn es negiert alles, was zuvor gesagt wurde: Die Sonne scheint, aber es regnet. Ersetze ich »aber« durch »und gleichzeitig«, kreiere ich einen kraftvollen Raum der Möglichkeiten: Die Sonne scheint und gleichzeitig regnet es. Allein dieser simple Satz erzeugt ein komplett anderes Bild vor unserem inneren Auge und erlaubt eine Freiheit, die zuvor nicht möglich gewesen wäre. Worte erschaffen unsere Realität, und es lohnt sich, einmal genauer hinzuhören bei dem, was wir sagen. Zu anderen und zu uns selbst.

Impuls
Fallen dir Worte ein, die du öfters nutzt und die eine andere energetische Bedeutung haben, als du eigentlich beabsichtigst? bGibt es Worte, die in deiner Familie immer gesagt wurden, die du ungeprüft übernommen hast? Beobachte dich einfach in den kommenden Tagen und versuche, für solche Worte Ersatzworte zu finden, die du ab jetzt benutzen kannst. Dadurch kannst du sofort deine Energie verändern. Wenn wir uns in die Richtung unserer Vision begeben, ist es hilfreich, es mit einer bekräftigenden Energie zu tun.

Nun zurück zum Warum. Wenn wir nach dem Warum fragen, dann richten wir uns in die Vergangenheit aus. Wir versuchen, die Ursache für etwas zu finden oder einen Grund. »Warum« fragt nach den Ursachen, nach den kausalen Bedingungen in der Vergangenheit. Und auf die Antwort einer Warum-Frage können wir sofort die nächste Warum-Frage stellen. Vielleicht kannst du dich auch erinnern, als Kind die ewigen Warum-Ketten gefragt zu haben. Warum ist das so? Und die Mutter hatte eine Erklärung. Und warum ist das so? Und die Mutter zauberte die nächste Erklärung hervor. Und warum ist das so? Und die Mutter sagte: Darum!

»Warum« ist vergangenheitsorientiert und gehört damit zum »Weg von ...« statt zum »Hin zu ...«. Deutlich wird das bei Fragen wie: Warum ist das passiert? Warum ist es überhaupt so weit gekommen? Warum ist das Projekt gescheitert? Warum passiert das immer mir? »Warum« wird auch oft genutzt, um einen Schuldigen zu finden. Warum ist das passiert? Weil sie nicht zugehört hat.

Sobald wir das »Warum« gegen das »Wozu« austauschen, verändert sich die Energie spürbar. Wir richten unseren Blick in die Zukunft. Aus der Ursachenforschung wird das Finden der Vision. Es ist, als ob wir gedanklich den Kopf wenden würden, von einer Richtung in die andere. Weg von dem, was wir kennen, hin zu dem, was wir erfahren wollen. »Wozu« fragt nach der Zielgerichtetheit und nach der Absicht. Auf Antworten von Wozu-Fragen kann man nicht erneut »Wozu?« fragen.

Deutlich wird das schon, wenn wir bei den zuvor gestellten Fragen das »Wozu« einsetzen: Wozu ist das passiert? Wozu ist es überhaupt so weit gekommen? Wozu ist das Projekt gescheitert? Wozu passiert das immer mir? Die Antworten werden jetzt komplett anders ausfallen, denn unsere Gedanken und unsere Energie werden automatisch anders geleitet. Probiere es gern direkt selbst aus und versuche, dein »Warum« immer durch ein »Wozu« zu ersetzen. Du kannst das tun, wenn du dir selbst Fragen stellst, im Dialog mit anderen oder auch im Meeting, wenn du bewusst die Frage noch mal anders stellst und schaust, wie die Kollegen nun reagieren. Lass dich von den Reaktionen und Antworten überraschen.

Wozu für mich

Dein Wozu für dich ist das, was du für dich ganz persönlich in diese Welt bringen möchtest. Es ist das, was du dir wünschst in deinem Leben zu erfahren, zu haben oder zu sehen. Es ist dein »Was motiviert mich?« Gerade für uns als Frauen ist die Beantwortung des »Wozu für mich« essenziell, da wir immer noch tendenziell unsere Wünsche hintanstellen. Durch die Klarheit, die du mit der letzten Übung gewonnen hast, kannst du nun einfacher die Richtung bestimmen, in die es für dich gehen darf. Was möchtest du für dich erschaffen?

Bevor du dich an die Aufgabe machst, dein Wozu für dich zu bestimmen, kreiere einen zeremoniellen Raum. Dies ist kein Schultest, sondern die Möglichkeit, dich wirklich mit deinen innersten Wünschen zu verbinden. Bevor du ins Schreiben oder Aufzeichnen gehst, nimm dir Zeit, dich zuerst kreativ zu betätigen, zu tanzen oder dich zu schütteln. Das hilft dir, in den Körper zu kommen, die rechte Gehirnhälfte zu aktivieren und dich zu öffnen. So kann sich das leichter zeigen, was im Alltag vielleicht verborgen bleibt. Fünf Minuten schütteln können schon ausreichen, um dich in einen vollkommen anderen Zustand zu versetzen, in dem deine Energie frei fließt und du ganz präsent bist.

Vielleicht möchtest du dich anschließend auf den Boden setzen, umgeben von Kerzen und mit passender Musik? Oder dir gefällt der leere Schreibtisch oder Küchentisch besser? Vielleicht möchtest du wie in den Zeremonien zuvor einen Space kreieren, der die Elemente repräsentiert? Wichtig ist, dass du ungestört bist und dir Zeit nimmst. Bitte deine Spirit Guides um Unterstützung. Verbinde dich mit deinen Ahnen und bitte denjenigen oder diejenige, die dich am besten unterstützen kann, darum, bei dir Platz zu nehmen. Wenn du so weit bist, entzünde eine Kerze – ich habe zu solchen Anlässen immer ein Licht brennen.

Nun gehst du in drei Schritten weiter, wie sie die folgende Anleitung auch beschreibt. Im ersten Schritt notierst du deine kühnsten Wünsche und Sehnsüchte. Im zweiten Schritt untersuchst du, was tatsächlich dahintersteht. Und im dritten Schritt fühlst du in dich hinein, wie es dir geht, wenn sich dein Seelenwunsch erfüllt hat, und findest Wege, dieses Empfinden in deinem Leben immer häufiger zu spüren.

Im ersten Schritt widmest du dich also der Frage: Was ist es, was du für dich in diesem Leben erschaffen möchtest? Du darfst dabei absolut in die Vollen gehen und musst dich nicht zurückhalten. Ist es dein Wunsch, ein großes Haus zu haben? Möchtest du dir einen Privatkoch leisten können? Willst du viel Zeit mit deiner Familie in der Natur verbringen? Möchtest du einen Personal Trainer? Träumst du von einem großen Garten und viel Zeit, um darin zu wirken? Willst du Business Class reisen? Lass deinen Wünschen freien Lauf. Und dann spüre hinein. Wie fühlst du dich, wenn du Business Class reist? Reich, luxuriös, sicher, entspannt, verwöhnt oder etwas ganz anderes? Schreib dir auch diese Gefühle dazu auf. Du kannst dazu eine Tabelle nutzen oder einfach ein großes Blatt Papier, auf dem du eine Mindmap erstellst. Wenn du die Dinge zeichnen möchtest, tu das. Lass dich von dem Fluss, der bei dieser Übung entstehen kann, tragen.

Der zweite Schritt, der nun folgt, ist ganz wesentlich. Wir haben in unserer Gesellschaft die Tendenz, Wünsche und Visionen zunächst in materiellen Dimensionen zu erfassen. Oft ist es das Haus, das Auto oder eine andere Errungenschaft, die uns in den Kopf kommt. Was jedoch viel wichtiger ist: herauszufinden, was dahintersteckt. Hinter dem Wunsch nach einem Haus kann das Bedürfnis nach Sicherheit stehen, die Suche nach dem Gefühl von Heimat, die Sehnsucht nach Struktur. Ich habe anfangs auch eine Wohnung beziehungsweise ein Haus in meiner Vision gehabt und dachte immer, dass es das sei, wonach ich streben würde. Damit habe ich auch mein Handeln darauf ausgerichtet. Als ich jedoch mit der Frage nach dem Dahinter feststellte, dass es für mich nicht um das Haus, sondern um das, was ich damit verbinde ging, hat sich mein Fokus spürbar verändert: Mir wurde klar, ich möchte ankommen. Ich möchte einen Ort, an dem ich mich zu Hause, und Menschen, denen ich mich zugehörig fühle. Mittlerweile habe ich beides. Ich habe zunächst meine Eltern, die immer noch in meinem Geburtsort wohnen. Daneben habe ich eine Heimat in Arizona bei Menschen, die mich lieben und die mir sagen, wann es Zeit ist, wieder nach Hause zu kommen. Es gibt dort ein Zimmer, das meins ist, und einen Feuerplatz, der meine Seele durchatmen lässt, wenn ich an ihm sitze. Neben Arizona habe ich noch andere Orte und Menschen gefunden. Und ich habe durch das Hinterfragen meines Wunsches auch eine Heimat in mir gefunden. Etwas, was ich vorher so nicht kannte und was mein Leben grundlegend verändert hat. Das erfüllt mich mit Glück.

Allerdings war es mir nur durch das Hinterfragen meines ersten offensichtlichen Wunsches möglich, das zu finden, was wirklich für mich zählt. Ich habe bis heute keine eigene Immobilie, doch dafür mehrere Orte, die ich mein Zuhause nennen kann.

Es ist sehr kraftvoll, hinter den ersten Eindruck zu schauen. Und es kann sehr bewegend sein. Mir einzugestehen, dass ich mich heimatlos und allein fühlte, war nicht leicht, es hat auch Tränen gekostet. Was es mir allerdings ermöglicht hat, war, mein Leben nach meinen wahren Bedürfnissen auszurichten. Einen Wunsch aufzugeben, kann kraftvoll sein und ungeahnte Energien freisetzen.

Ein anderes Beispiel ist mein langgehegter Wunsch, Spanisch zu lernen. Irgendwann hatte sich diese Idee in meinem Kopf festgesetzt. Und so gehörte zu meinen Visionen immer eine Kaja, die fließend Spanisch spricht. In der Realität sah es jedoch so aus, dass ich bereits drei Sprachschulen besucht und auf den Kanaren gelebt hatte und immer noch kein fließendes Spanisch sprach. Und gleichzeitig war diese fixe Idee da, dass es zu meinem perfekten Leben gehören müsste. Auch hier habe ich dahinter geschaut, worum es eigentlich ging. Ich musste mir eingestehen, dass ich oft das Gefühl hatte, nicht gut genug zu sein, sodass mein Ego die Vorstellung, fließend Spanisch sprechen zu können, wahnsinnig gut fand. Ich habe mich dabei auch mit Freunden verglichen, die in Brüssel arbeiten – die meisten von ihnen sprechen vier Sprachen fließend. Ich war endlich ehrlich: Den Job, den meine Freunde dort haben, möchte ich nicht – das fließende Spanisch konnte ich also streichen. Ich merkte außerdem, dass mich mein Ego davon abgehalten hat, an Konversationen teilzunehmen, weil es mir einredete, mein Spanisch müsste dafür besser sein. Als mir klar wurde, dass dieser Wunsch kein unterstützender, sondern in Wirklichkeit ein einschränkender und egogetriebener war, habe ich ihn auf ein Zettelchen geschrieben und schlussendlich mit all den anderen aufgegebenen und freigelassenen Wünschen verbrannt.

Das Tolle daran? Nun war auf einmal ausreichend Platz für meine wahren Seelenwünsche. Durch das Erlösen egogetriebener Ziele befreien wir uns, wir erlauben uns durchzuatmen und erkennen, dass wir gut so sind, wie wir sind. Seitdem freue ich mich über jede Unterhaltung, die ich mit meinem rudimentären Spanisch hinbekomme, quatsche stundenlang mit Busfahrern über die Landschaft, ohne wirklich zu wissen, worum es geht, und bekomme Komplimente für meine Aussprache. Und ich bin frei. Im zweiten Schritt kannst du ebenfalls zu dieser Freiheit kommen.

Es folgt der dritte Schritt, das Seelenempfinden, denn wir wollen uns in diesem ganzen Prozess nicht wie die Elster von glänzenden Objekten täuschen lassen und am Ende statt eines Diamanten ein Stück Alufolie bekommen. Es ist wichtig, dass unsere Vision widerstandsfähig wie ein Diamant ist und nicht biegbar und zerknüllbar wie Alufolie. Oftmals wird in der Visionsarbeit auf schnell erzielbare tolle Bilder hingearbeitet, die für unser Gehirn auch absolut attraktiv wirken. Sie sind allerdings nicht das, was uns wirklich langfristig begleiten wird. Es sind oftmals Ziele, die wir vermeintlich erreichen sollen oder wollen, doch sie sind nicht tief mit unserer Seele verbunden. Mit unserer Seele verbunden ist das Gefühl hinter den Wünschen. Haben wir ein Bild und hinterfragen es, kommen wir auf eine Ebene, in der wir dann spüren können, wie es sich anfühlt, wenn dieses Szenario wahr wird. Als aus meinem Wunsch nach einem Haus das Finden einer Heimat wurde, konnte ich mich dort hineinfallen lassen und spürte, wie die Anspannung aus meinem Körper wich und sich ein tiefes Aufatmen ausbreitete. Es entstand ein Gefühl, das ich vorher so noch nicht kannte und seitdem Heimat nenne. Ich spürte, wie in mir Ruhe einkehrte, und es war fast so, als ob mich jemand in die Arme schloss. Als ich das spürte, wurde mir klar: Das ist es, was ich immer will. Das ist mein wahres Wozu: Heimat.

Und so ging ich nach und nach durch meine Liste und fand die Gefühle, die dahinterstanden. Und dann schaute ich, wie sie zusammenpassten. Heimat. Intimität. Freiheit. Liebe. Erde. Weite. Herzöffnung. Strahlen ... Ich erkannte, dass Intimität für mich ein Teil von Heimat ist, dass Weite und Herzöffnung zusammengehören und dass Erde auch Liebe ist. Am Ende blieben mir fünf Empfindungen. Und ich wusste: Deswegen bin ich hier und tue, was ich tue. Um genau das zu empfinden, mit jeder einzelnen meiner Zellen. Zu einem solchen Finden lade ich dich mit dieser Übung hier ein.

Übung:
Dein Wozu für dich

Schritt 1:
Bilder fangen – Was ist dein Ideal?
Im ersten Schritt geht es darum, die Bilder und die Ideen, die dir kommen, zu notieren. Öffne dein Herz und stell dir die Frage: »Wenn alles möglich wäre, wenn es keine Einschränkungen geben würde, was würde ich mir für mich wünschen? Was würde

ich mir erlauben? Was dürfte sich in meinem Leben zeigen? Was würde ich mir gönnen, wenn ich unendliche, niemals versiegende Ressourcen hätte?«

Lass alles fließen, und wenn du dich bei dem Gedanken ertappst, dass das zu viel oder zu groß oder unmöglich sei, schreib es gerade auf und mach es noch größer. Kommt der Gedanke, dass es ja egoistisch wäre, erinnere dich daran, dass es unendliche Ressourcen gibt, dass niemandem etwas weggenommen wird und dass das Universum sich freut, dir deine Wünsche zu erfüllen.

Schreib oder zeichne einfach erst einmal alles auf, ordnen kannst du es später immer noch. Es geht jetzt nur um das Was, nicht um das Wie. Wenn du willst, stell dir einen Wecker oder Gong, lass dir mindestens fünfundvierzig Minuten Zeit, damit du wirklich nach und nach größer visionieren kannst, damit die Dinge wachsen dürfen.

Bist du fertig, kannst du beginnen, Dinge zu gruppieren. Du kannst das, was zusammenpasst, zusammenfügen und Verbindungen schaffen. Vielleicht entstehen dabei noch einmal neue Begriffe oder Bereiche – das ist absolut okay. Genieße es und lass dich überraschen. Verbinde dich mit der kindlichen Neugier in dir und dem Raum, in dem alles möglich ist.

Schritt 2:
Wahrheit finden – Was steht dahinter?
Im zweiten Schritt schaust du noch einmal auf all die wunderbaren Dinge, die du gefunden hast. Erlaube dir, noch einmal tief in diese Wünsche einzutauchen und den Seelenwunsch, der eigentlich dahintersteckt, zu erkennen. Du kannst das für dich machen oder diesen Schritt gemeinsam mit einer Freundin

durchführen. Dann setzt ihr euch einander gegenüber in den Zeremonien-Space und eine von euch beginnt, der anderen vorzulesen, was sie sich aufgeschrieben hat. Nach jedem Punkt fragt die andere: »Wozu ist das gut?« Nach jeder Antwort fragt sie weiter, bis ihr an den Kern gekommen seid. Dabei geht es nicht darum, dass sie dich in irgendetwas bestätigt, sondern ihre Aufgabe ist es, den Raum zu halten und ihn durch die Frage zu vertiefen. Das Ganze kann ein intensiver Prozess sein. Plant genügend Zeit dazu ein und sorgt auch hier dafür, dass ihr ungestört seid. Es kann sehr berührend und intim sein, sich so auszutauschen. Ihr könnt euch auch immer abwechseln, wenn euch das leichter erscheint. Haltet den Fokus jedoch immer nur auf einer Person und erlaubt es ihr, richtig tief in den Prozess einzusteigen. Danach könnt ihr wechseln.

Schritt 3:
Seelenempfindungen – Wie wird es sich anfühlen?
Bis hierher hast du schon einen immensen Schritt getan. Du darfst dir an dieser Stelle gern einmal selbst auf die Schulter klopfen oder, wie meine Mutter es gern macht, dir auf jede Schulter ein Küsschen geben. Ich weiß selbst, dass das Finden der eigenen Vision ein herausfordernder Prozess sein kann, der sich manchmal zäh und doof anfühlt, obwohl wir doch etwas Leuchtendes, was uns magisch anzieht, kreieren wollen.

Tauche nun bewusst in die Bilder und Szenen aus dem zweiten Schritt ein. An dieser Stelle bietet sich eine meditative Trance an. Du kannst entspannende Musik im Hintergrund anmachen oder deine Notizen zu den ersten beiden Schritten aufnehmen und dir dann anhören. Schließe deine Augen und bitte auch hier um Begleitung, wenn du möchtest. Stell dir die einzelne Situation so gut wie möglich vor. Versuche, alle Details zu sehen, die Farben wahrzunehmen und zu erkennen, welche Jahreszeit es ist. Spüre, wie es sich anfühlt, Dinge in deiner Umgebung zu berühren und dich vielleicht auf den Boden niederzulassen oder im Stuhl zu sitzen. Lausche den Geräuschen, die zu dir vordringen – Musik, Stimmen, Vogelgezwitscher. Vielleicht bist du in einer Unterhaltung oder einem Konzert. Hör gut hin.

Und dann schließ innerlich die Augen und atme tief ein. Gibt es einen spezifischen Geruch? Öffne die Augen, vielleicht kannst du ja feststellen, woher er kommt. Oder es gibt etwas Leckeres zu essen oder zu schmecken.

Bist du mit allen Sinnen in dem Moment angekommen, spüre in deinen Körper hinein. Wie fühlt er sich an? Wie kannst du die Emotion wahrnehmen, und wie würdest du sie beschreiben? Bleib in der Empfindung und lass sie sich ausbreiten. Lass dich in sie hineinfallen. Genieße es. Und dann versuche, es zu benennen. Welches Wort auch immer dir kommen mag, es ist okay. Du musst es nicht wie ein schon bekanntes Gefühl benennen. Die Frauen, die mit mir ihre Vision erstellt haben, fanden Namen wie »rosa Zuckerwatte«, »Meeresrauschen«, »Frühlingsknospenöffnen«, »Seide um mein Herz«, »Mutterboden« oder »das Kissen meiner Großmutter«. Das einzig Entscheidende ist, dass du weißt, wie es sich anfühlt und wie du es in deinem Körper spürst.

Versuche am Ende, deine Empfindungen auf maximal fünf zu fokussieren. Dazu kannst du im Zweifel auch fünf übergeordnete finden, unter denen sich die anderen verteilen. So limitierst du dich nicht.

Deine Seelenempfindungen sind:

1.

2.

3.

4.

5.

Abschließend spüre noch einmal hinein und versuche, jeweils mindestens drei Momente zu finden, in denen du diese Empfindung jetzt schon spüren kannst, oder die du einfach kreieren kannst, um diese Empfindung wahrzunehmen. Beispielsweise kann ich für das Gefühl Heimat sorgen, indem ich mit meinen Freunden kommuniziere. Ich kann die Erde der Orte in die Hand nehmen oder die Gesänge, die mir die Menschen von dort schicken, anhören, denn sie verbinden mich sofort. All diese Dinge lösen direkt das Gefühl von Heimat in mir aus. Je häufiger und intensiver ich in dieses Gefühl gehe, desto stärker ist das Feld für diese Energie, und ich ziehe automatisch Momente an, die mir mehr Heimat geben. Und wer weiß, vielleicht ist auch eines Tages wirklich ein Haus dabei. Dann aber mit einer ganz anderen Bedeutung.

Notiere dir für jede deiner fünf Seelenempfindungen mindestens drei Arten, wie du sie aktiv auslösen kannst:

1.

2.

3.

Dein Wozu für dich ist die erste richtig große Koordinate auf deinem Weg zu dem Leben, das du wirklich liebst. Schon jetzt kannst du alles, was du tust oder was in deinem Leben präsent ist, im Sinne dieser Koordinate betrachten. Es ist quasi der menschliche, ganz individuelle Aspekt deiner Vision. In Ergänzung mit der zweiten Koordinate, deinem Wozu für die Welt, wird es zu einem kraftvollen Kompass.

Wozu für die Welt

Der zweite Teil deines persönlichen Koordinatensystems ist das Wozu für die Welt. Es ist dein Beitrag, um die Welt zu verändern. Manche würden fragen: Wie willst du deine Spuren auf der Erde hinterlassen? Dein Wozu für die Welt ist der Unterschied, den du am Ende gemacht haben möchtest. Das Wozu für die Welt ist der größere Sinn, dem deine Aktivitäten in diesem Leben folgen. Dabei geht es wirklich um das Wozu und nicht um das Wie. Erlaube deinem Kopf nicht, dir einen Strich durch die Rechnung zu machen, indem er direkt sagt: »Wie soll das denn gehen?«, sondern versuche, deiner Seele zu folgen.

Dabei hilft es, sich mit dem inneren Kind zu verbinden. Was wolltest du als kleinen Mädchen in der Welt verändern oder bewirken? Ich wollte als Kind den Stars aus der Klatschpresse helfen, weil die so traurig waren. Ich wollte sicherstellen, dass es keine traurigen Menschen mehr gibt. Zum Teil tue ich das ja jetzt auch. Trau dich, bei deinem Wozu groß zu denken. Möchtest du den Urwald retten? Möchtest du Schuldbildung für alle Kinder? Möchtest du, dass kein Tier mehr leiden muss? Möchtest du das Ende der Massentierhaltung? Möchtest du sauberes Wasser auf der ganzen Welt? Oder vielleicht etwas ganz anderes? Trau dich: Schreib es auf. Über das Wie sprechen wir später.

Übung:
Dein Unique Soul Purpose

Schritt 1:
Tauche ein – Das Wozu

Auch hier kannst du wieder einen zeremoniellen Rahmen für dich schaffen, ähnlich dem aus der Übung zu deinem Wozu für dich. Vielleicht machst du ja auch beide direkt hintereinander.

Erlaube dir nun, wirklich voll und ganz in das Was einzutauchen. Schreib alles auf, was du für die Welt tun möchtest. Versuche dann, aus den verschiedenen »Wozu« Gruppen zu bilden und Prioritäten zu setzen. Das Ende der Massentierhaltung und das Ende des Tierleids liegen beispielsweise nah beieinander und könnten vielleicht unter einem Begriff zusammengefügt werden. Am Ende solltest du im Optimalfall ein Thema haben, maximal allerdings drei. Die anderen musst du nicht verbrennen, sondern kannst sie zunächst einfach in deine innere Schublade legen. Auch hier gilt: Ein Fokus hilft uns, den Weg zu gehen. Und: Nur weil du deine Priorität vielleicht auf Tiere gelegt hast, bedeutet das nicht, dass du nichts anderes im Leben mehr machen darfst. Du kannst weiterhin für sauberes Trinkwasser sein oder mehr Schönheit in die Welt bringen wollen. Doch es ist nicht deine A-Priorität. Auch hier gilt: Wir lassen keinen Mangel entstehen, weil wir am Entweder-oder kleben, sondern erlauben den Dingen, gleichzeitig zu existieren.

Dein Wozu für die Welt lautet:

1.

2.

3.

Schritt 2:
Werde konkret – das Was
Im nächsten Schritt wird es schon praktischer. Hier hilft es, dich vorab noch einmal ordentlich zu schütteln und dich vielleicht auch mit anderen zusammenzutun. Denn nun formst du aus dem Wozu ein Was: Mehr Schönheit in die Welt bringen kann durch Fashion, Gartenbau oder Wandtapeten passieren. Sammle alles, was dir einfällt, und ziehe Freunde hinzu, die mit dir Ideen finden. Je größer die Sammlung, desto größer deine Auswahl. Versuche, für jeden Bereich mindestens zehn Optionen zu finden.

Dann geh jede einzelne durch und spüre hinein, wie sie sich für dich anfühlt. Vielleicht geht beim Gartenbau dein Herz auf,

3. Der starke Stamm

während sich bei den Wandtapeten der Körper versteift. Finde die Punkte, die dich annähernd oder genauso fühlen lassen wie die Seelenempfindungen, die du zuvor benannt hast.

Wähle auch hier maximal fünf aus und versuche, wirklich im Was zu bleiben und nicht schon ins Wie zu rutschen. Denn das limitiert dich. Es kommt im nächsten Schritt dran. Das Wie ist die Kopf- und Verstandesenergie, es ist das konkrete Umsetzen von Dingen. Wenn du jetzt schon auf die Wie-Ebene gehst, nimmst du dir die Möglichkeit, frei und uneingeschränkt zu visionieren. Deine fünf Was sollten Lust auf mehr machen, auf Entdecken und Eintauchen. Sie sollen dir das Gefühl geben, dass du dieses Was immer machen könntest.

Was du in die Welt bringst:

Wozu Nummer 1:

Wozu Nummer 2:

Wozu Nummer 3:

Schritt 3:
Action! Dein Wie

Hast du deine kraftvollen Was gefunden, gehst du zum Wie, dem operativen Umsetzen. Bleiben wir beim Beispiel des Gartenbaus, stellt sich die Frage, wie du es umsetzen kannst. Du könntest dir beispielsweise einen Schrebergarten besorgen, ein Beet an der Straße pflegen, eine Ausbildung zum Gartengestalter machen, guerillamäßig wilde Blumen auf Verkehrsinseln säen, zeitweise oder komplett in einem Aufforstungsprojekt arbeiten oder es finanziell unterstützen. Du kannst auch googeln und dich überraschen lassen, was unter den Begriffen, die du als dein Was benannt hast, auftaucht. Was machen andere Menschen, wie setzen sie dieses Was um?

Ein weiteres Beispiel: Tierschutz. Du kannst dich aktiv bei der Tierschutzorganisation Peta engagieren, du kannst dafür sorgen, dass überall Trinknäpfe für Hunde stehen, du kannst vegan leben und Freunden darüber berichten, du kannst beim WWF arbeiten, oder du kannst einen Imkerschein machen und einen Bienenstock kultivieren. Es gibt unzählige Möglichkeiten. Und es geht hier auch wieder darum, erst mal alle zu sammeln, bevor du sie bewertest oder in deinem Kopf als unmöglich ausschließt.

Nun geh auch diese Liste durch und finde drei Dinge, die du sofort umsetzen kannst, eine Sache, die du gern mittelfristig angehen möchtest, und etwas Langfristiges. So könnten beispielsweise vegan leben, Peta unterstützen und Trinknäpfe für Hunde direkt umsetzbare Aktivitäten sein. Der Imkerschein ist etwas Mittelfristiges und die Arbeit beim WWF etwas, was du langfristig anvisieren kannst. Durch die unmittelbar umsetzbaren Elemente kreierst du eine Energie, die dir hilft, dem Langfristigen näher zu kommen. Du veränderst deinen Fokus und richtest ihn klar aus. So kannst du dich jetzt schon zum Imkerkurs anmelden, auch wenn der erst in vier Monaten startet. Dadurch committest du dich und wirst merken, wie sich dein Fokus und dein Handeln bereits verändern. Es ist essenziell, mehr vom Wozu für die Welt in unser Leben zu bringen. Denn auch wenn es »für die Welt« ist, so ist es am Ende doch die Erfüllung unseres Unique Soul Purposes, des Grundes, warum wir hier sind. Es ist das, was wir hinterlassen wollen. Für diejenigen, die nach uns kommen. Das Wozu für die Welt hilft dir, selbst eine gute Ahnin zu werden. Mit dem Wozu für dich findest du einen Weg, um deine ganz individuellen Wünsche und Seelenempfindungen zu erkennen. Das Wozu für die Welt ist dann der Ausdruck des Potenzials deiner Seele.

Der Unique Soul Purpose

Deine unmittelbaren Aktivitäten:

1.

2.

3.

Deine mittelfristige Vision:

Deine langfristige Vision:

Yippie! Glückwunsch! Du hast nun deine Seelenempfindungen und deinen Unique Soul Purpose gefunden und benannt! Damit hast du den schwierigsten und herausforderndsten Teil gemeistert. Im Anschluss kommt nun der Teil, den ich am meisten liebe:

der Segen für beides. Und gleichzeitig ist dies ein wunderbarer Moment, einfach mal eine Pause einzulegen und alles sacken zu lassen.

Segen ist Energie

Du hast deine Seelenempfindungen und deinen Unique Soul Purpose benannt. Jetzt lade ich dich ein, dir die Zeit zu nehmen, beide noch einmal ordentlich zusammenzufassen, sie also entweder auf ein Blatt Papier zu schreiben oder aufzuzeichnen. Tu dies mit voller Hingabe und spüre, wie die Energie dort hineinfließt. Du kannst das Ergebnis am Ende rahmen und aufhängen, sodass du es immer im Blick hast. Quasi als einen Wegweiser, der dich an deine Koordinaten erinnert. Dabei geht es nicht darum, einen Satz wie »Ich werde Schauspielerin und lebe in einer großen Villa« zu formulieren, sondern darum, deine Wozu als Koordinaten anzusehen, die dich leiten. Deine Seelenempfindungen und dein Unique Soul Purpose helfen dir, dich immer wieder zu fokussieren. Sie sind Orientierungspunkte im Alltag und bei Entscheidungen. Diese feminine Version der Visionsarbeit erlaubt der Magie des Lebens wirklich aufzutauchen und präsent zu werden. Denn wir haben eben nicht von vornherein jedes kleinste Detail beschrieben, sondern erlauben uns und den Dingen, die uns begegnen, sich zu entwickeln und zu bewegen.

Du kannst beide Wozu auf zwei verschiedene Blätter schreiben oder auf einem festhalten. Lass deiner Kreativität freien Lauf. Das Aufschreiben der Dinge, die wir aktiv tun können, um unsere Vision Wirklichkeit werden zu lassen, hilft uns, dies auch tatsächlich immer wieder zu tun. Ich kenne Frauen, die ihre Visionskoordinaten auf einem kleinen Zettel im Portemonnaie dabeihaben oder als Liste auf dem Handy. Und wann immer sie nicht weiterwissen, das Gefühl haben, irgendwie in die falsche Richtung zu laufen, oder sich etwas verloren vorkommen, schauen sie auf die Liste und setzen einen oder mehrere der Punkte darauf um. Damit ändern sie direkt ihre Energie und finden ihren Fokus und ihre Seelenempfindung wieder.

Deine Vision segnen
Hast du deine Seelenempfindungen und deinen Unique Soul Purpose aufgeschrieben, atme tief ein uns aus und spüre noch einmal in dich hinein. Lies dir das, was du geschrieben oder gemalt hast, laut vor beziehungsweise beschreibe es dir. Fühle hin, was es macht. Du kannst dabei Sätze verwenden wie: »Ab heute committe ich mich mit den folgenden Seelenempfindungen: ...«

Dann nimm dir einen Moment Zeit, um das, was du erschaffen hast, zu segnen. Wenn wir etwas segnen, dann erlauben wir der göttlichen Kraft, in Liebe und zum höchsten und besten Guten aller durch uns zu fließen. Sprich deinen Segen aus: »Hiermit segne ich meine Vision. Ich bedanke mich bei allen, die mir geholfen haben, sie zu finden, und bei denen, die mir helfen, sie ins Leben zu holen. Ich schicke Liebe, Frieden und Freiheit als Energien in alle Momente, die ich auf dem Weg dorthin erleben werde. Ich segne jedes einzelne Element und jede Empfindung. Ich danke meinen Ahnen für den Weg, den sie bisher gegangen sind, und werde nun meinen eigenen Weg beschreiten. Ich schicke Segen in meine Wünsche, Aktivitäten und Empfindungen. Möge es sich zum höchsten und besten Guten aller Beteiligten und damit auch für mich kreieren, manifestieren und zeigen. Durch alle Zeiten, Räume, Dimensionen und Realitäten hinweg. So ist es. So ist es. So ist es.«

Du kannst die Worte für dich stimmig machen und den Segen dreimal wiederholen, wenn du möchtest. Du kannst deine Hände segnend über die Seiten halten und spüren, wie universelle Energie durch sie hindurch in das Papier hineinfließt. Ein Segen ist ein kraftvolles Gebet, das Welten verändern kann. Nutze es. Das Entscheidende hierbei ist dein Fokus, deine Intention und die Liebe, mit der du deinen Segen aussprichst.

Feminine Visionsenergie

Bei der femininen Art, eine Vision zu finden, geht es nicht darum, dass wir uns wie beim klassischen Manifestieren auf nur eine Option versteifen. Wir finden die Richtung, wir bestimmen die Koordinaten, und damit bekommen wir den Blick auf unseren Nordstern. Der Stern ist dabei nicht unsere Vision, sondern unser Leitstern, der uns zu diesem noch unbekannten Ort führt, der sich wie zu Hause anfühlt. Denn wir greifen nicht, wie so oft beschrieben, nach den Sternen, sondern gehen unseren Weg hier auf der Erde. Das Koordinatensystem aus dem Wozu für dich und dem Wozu für die Welt gibt dabei die Richtung vor. Das Einzige, was wir wirklich benennen können, sind unsere Koordinaten.

Versuchen wir, den Ort zu beschreiben, ist es wie bei einer Landkarte. Diese kann den endgültigen Ort nie ganz definieren. Es ist so, wie wenn die Seefahrer früher von einer langen Reise zurückkehrten. Sie erinnerten sich natürlich daran, wie ihre Heimat aussah, in dem Moment jedoch, in dem sie auf das Ufer

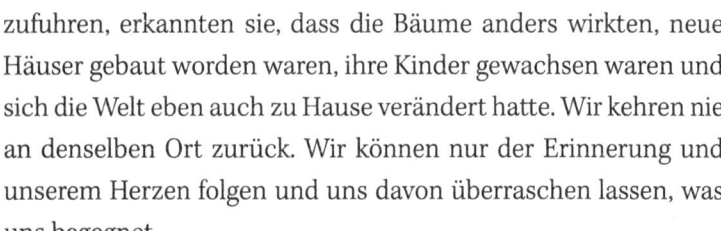

zufuhren, erkannten sie, dass die Bäume anders wirkten, neue Häuser gebaut worden waren, ihre Kinder gewachsen waren und sich die Welt eben auch zu Hause verändert hatte. Wir kehren nie an denselben Ort zurück. Wir können nur der Erinnerung und unserem Herzen folgen und uns davon überraschen lassen, was uns begegnet.

Es gibt den wunderbaren Satz: Die Landkarte ist nicht das Gebiet. Sie ist eben nur eine Idee davon, eine Beschreibung dessen, was wir dort vorfinden. Schauen wir auf Cornwall auf einer Landkarte, spüren wir nicht den Wind, der uns um die Nase weht, während wir aufs Meer blicken. Wir können den Duft der Rosen nicht wahrnehmen, das Salz auf der Haut oder das Kreischen der Möwen. Es gibt keine Wärme der Sonne auf unserem Gesicht und kein tiefes Einatmen der Meeresluft. Und gleichzeitig zeigt die Karte uns den Weg.

Deine Vision ist eine Erinnerung und eine Abbildung dessen, was dich erwarten wird – und gleichzeitig ist es eben nur die Landkarte. Das bedeutet, dass du nicht an einer konkreten Kleinigkeit festhalten solltest, sondern am Gesamtbild. Das ist auch der Grund, warum wir mit Emotionen und Werten arbeiten, denn sie gehen tiefer als die reine Beschreibung von etwas.

Nun ist es so, dass wir wahrscheinlich nicht direkt ab morgen den Privatkoch haben werden oder sofort in die Business Class upgraden können – obwohl wir immer Raum für diese Option lassen. Denn vielleicht buchen wir die Business Class nicht und werden dennoch in einem überbuchten Flugzeug dort hineingesetzt. Oder wir bekommen Besuch und werden überraschend bekocht. All dies sind Momente, die uns in der Grundenergie unserer Vision näher bringen. Sie zu genießen, anstatt sie zu negieren, weil sie noch nicht ganz exakt das waren, was wir wollten, das ist die wahre Kunst. Ich bedanke mich in solchen Momenten immer und bitte um mehr davon.

So habe ich mich vor einiger Zeit auch mal wieder hingesetzt, um meine Koordinaten noch einmal zu überprüfen. Spätestens nach zwei Jahren checke ich immer noch mal ein und beantworte mir die Fragen, die ich dir in diesem Teil des Buches gestellt habe. Denn meine Reiseerfahrung ändert sich und meine Bedürfnisse und Wünsche auch. Damit kann sich auch mein Wozu für mich deutlich verändern, was bedeutet, dass ich den Kurs korrigieren darf. Denn das feminine Finden der Vision bedeutet auch, nicht an Altem festhalten zu müssen, sondern sich dem Fluss hinzugeben.

So war es für mich zu einer Zeit besonders wichtig, flexibel zu sein. Flexibilität war einer meiner Grundwerte, und nach dem gefühlt starren Kalender in meiner Praxis und den vorgegebenen Terminen durch Kooperationspartner schrie mein Inneres nach Flexibilität. Mittlerweile stehe ich an einem Punkt, an dem ich absolut verbindlich fixe Tage in meinem Kalender für meine Mentoring-Kundinnen geblockt habe. Ich bin verbindlich, wenn es um meine Schreibpraxis geht, und liebe Struktur. Mein Fokus ist von Flexibilität zu Freiheit gewandert. Denn ich habe irgendwann für mich gemerkt, dass das Streben nach Flexibilität auch immer ein Kampf mit den Strukturen bedeutet, die mich theoretisch einengen könnten. Freiheit jedoch kann für mich nur existieren, wenn ich in Frieden bin. Und so ist Frieden einer meiner Zweckwerte für den Zielwert Freiheit geworden. Diese findet sich nun allerdings nicht mehr im Außen, sondern im Innen. Meine Koordinaten haben sich immer an mein Wachstum angepasst. Denn es wäre unpassend, weiterhin etwas als Referenz zu nehmen, was mir nicht mehr entspricht.

Das bedeutet nicht, dass sich unser komplettes Koordinatensystem verändern muss. Es bedeutet, dass sich einige Elemente anpassen und weiterentwickeln, während andere als kraftvolle Grundpfeiler weiter bestehen. Ich habe eines gelernt, wenn es um das Suchen und Finden der eigenen Vision geht: Das Leben, die Göttin, das Universum zeigen uns immer nur so viel, wie wir in dem Moment erfassen, verstehen oder auch umsetzen können. Nur durch das Gehen in die Richtung der Vision, die uns gegeben wird, lernen wir das Gebiet kennen und entdecken Neues. Und wenn wir bereit sind, bekommen wir einen weiteren Einblick in das, was möglich ist und auf uns wartet.

Wenn ich auf meine Wünsche zurückblicke, kann ich klar sagen, dass sie sich mit dem Leben meines Lebens verändert haben. Denn die Wünsche, die ich mit Anfang zwanzig hatte, sind für mich heute nicht mehr relevant. Und je mehr wir zu uns finden, desto schneller können sie sich überholen. Dazu ist die Ahnenarbeit ein kraftvolles und starkes Tool, das dich dauerhaft begleiten kann. Auf deinem Weg wirst du immer wieder auf neue Herausforderungen oder Verhaltensweisen stoßen, die vorher nicht relevant waren. Du wirst Glaubenssätze heraushören, die dir bisher unbekannt waren, einfach weil es noch keine Situation gab, in der sie zur Sprache gekommen wären. Und du kannst mit all den Zeremonien, Tools und Einblicken aus Teil 2 deinen Weg klären und deiner Vision, dem Potenzial deiner Seele, wieder ein paar Schritte näher kommen.

Im Geiste deiner Vision leben

Wenn wir eine Vision gefunden haben, dann reicht es nicht, sie nur zu kennen, sondern wir müssen aktiv auf sie zugehen. Auch die Seefahrer haben sich nicht einfach nur in ihr Boot gesetzt, sondern die Segel gehisst, die Ruder benutzt und im Zweifel ihre Boote über Land getragen. Du kannst dir für jede deiner persönlichen Reiseetappen aussuchen, wie du reisen möchtest. Zu Fuß oder lieber im ICE? Aus eigener Erfahrung weiß ich, dass es manchmal Zeiten gibt, in denen es wunderbar ist, kleine Schritte zu gehen, und manchmal lohnt es sich, im Expresszug die Dinge an sich vorbeiziehen zu lassen. Es kommt immer auf die Gegebenheiten an und was wir an Möglichkeiten vorfinden, wenn wir an unserer nächsten Etappe ankommen.

Übertragen bedeutet es, dass du eine Praxis, die du begonnen hast, nicht für immer beibehalten musst. Manchmal ist es an der Zeit, etwas anderes zu tun oder zumindest die Uhrzeiten oder Abläufe zu ändern. Eben weil du und dein Leben sich ändern. Ich habe beispielsweise eine Zeitlang jeden Morgen fünfundvierzig Minuten in der Stille meditiert. Nach einigen Monaten spürte ich, dass mich diese Praxis nicht mehr so erfüllte, und folgte dem Impuls, Mantras zu singen, während ich morgens saß. Ich spürte eine neue Energie und Kraft durch mich fließen, die mir auch neue Klarheit verlieh. Aus der einen Form der Meditation wurde die andere. Was Bestand hat, ist die Hingabe, das Commitment.

Mittlerweile ist es Teil meines Commitments, jeden Tag in der Natur zu sein und mich zu verbinden. Das bedeutet nicht, dass ich unbeständig bin, denn mein Grundcommitment von einer vollen Stunde am Tag für meine Seele halte ich immer noch ein. Ebenso kenne ich Menschen, die seit zehn Jahren die gleiche Praxis verfolgen und für die das ganz wunderbar funktioniert. Entscheidend ist nicht das Äußere, sondern das, was es mit dir macht. Wenn du also zu Anfang noch etwas herumprobierst, ist das vollkommen in Ordnung. Eine Prinzessin, die gekrönt wird, muss sich auch erst an ihre neue Aufgabe und die ungewohnte Schwere der Krone auf ihrem Haupt gewöhnen. Mögen ihre Handlungen zunächst noch etwas unsicher und ihre Schritte noch nicht gleichmäßig sein, so werden sie mit der Zeit sicher und flüssig. Das wirst auch du erfahren. Versprochen. Solange du dich an dein Grundcommitment hältst. Nur weil wir eine klare Vision gefunden haben, wird sie nicht automatisch wahr. Wir müssen unser Navigationsgerät einstellen, für die Transportmittel sorgen und dafür, dass wir genügend Ressourcen haben, um ans Ziel zu gelangen.

Das Leben kreieren, das du wirklich willst

Betrachte deinen potenziellen Weg im Sinne deiner Vision noch einmal und spüre in ihn hinein. Wie fühlt es sich an, wenn du am Ende ankommst? Wie fühlt es sich an, wenn all das, was du dir aufgeschrieben hast, wahr wird? Spüre noch einmal in alles hinein und stell es dir vor. Spüre, wie es sich anfühlt.

Und dann mach dich bereit, die ersten Schritte in diese neue Richtung zu gehen. Wenn du deine Handlungen von deinem Nordstern ableitest, bekommen sie eine tiefere Bestimmung. Dein Nordstern hilft dir zu entscheiden, welche Dinge du monatlich, wöchentlich oder täglich angehen willst. Denn ab jetzt kannst du dich immer wieder fragen: Bringt mich das meinem Nordstern näher? Hilft mir das, mich in die richtige Richtung zu bewegen? Ist dies etwas, was mich zu meinem seelischen Potenzial führt oder weg davon?

Das bedeutet nicht, dass du ab heute ein ätherisches Wesen werden müsstest. Es ist mir ganz wichtig zu betonen: Das Leben will gelebt werden. Mit jedem Genuss, den es bietet. Mit all der Freude, die in ihm steckt. Mit all den großartigen Momenten, die es für uns bereithält. Deswegen ist das Wozu für dich auch so relevant. Denn das ist es, wo du dich verwöhnst, das Leben genießt und voll und ganz eintauchen darfst.

Der Weg zu unserer Vision muss keiner von Entbehrung und Kampf sein. Denn sobald wir erkennen, dass unser seelisches Potenzial nur dann erfüllt ist, wenn wir uns auch selbst erfüllen – indem wir uns nähren und unser Sein leben –, kommen wir nicht mehr zu kurz. Die Wege zur vermeintlichen Erleuchtung, die uns bisher aufgezeigt wurden, sind meist monotheistisch, maskulin und patriarchal fundiert. Dabei ist es signifikant zu erkennen, dass Erleuchtung nur die Hälfte der Miete ist. Denn Erleuchtung ohne Verkörperung ist nichts wert. Das Leben will gelebt werden. Es gilt nicht, die Natur zu beherrschen, sondern eins mit ihr zu sein. Es geht nicht darum, uns bis zur Erschöpfung zu disziplinieren, sondern uns in die Erfüllung hinzugeben. Indem du den Weg zu dir beschreitest, tust du genau das. Dein Nordstern wird dir den Weg weisen.

Und falls du doch einmal vom Weg abkommst, weil die Nebel zu stark waren oder die Wolken dir den Blick genommen haben – gräme und bestrafe dich nicht. Das ist patriarchales Gebaren. Es wird niemandem helfen. Sei gut zu dir und warte auf den nächsten klaren Moment. Und dann richte dich erneut aus und geh weiter. Auch ich habe schon manchmal meinen Nordstern aus dem Blick verloren. Ich habe mich von vermeintlichen Versprechungen vom Weg abbringen lassen und habe dann den Wald vor Bäumen nicht mehr gesehen. Doch ich habe auch gelernt: Unser Nordstern verschwindet nicht. Stella Polaris leuchtet immer, auch wenn du ihn mal nicht siehst. Anstatt also deprimiert auf den Boden zu schauen, gilt es, den Blick nach oben zu richten, dich neu auszurichten und wieder einen Schritt nach dem anderen zu gehen. Manchmal haben wir auch die Option, einen ICE zu nehmen oder mit dem Flieger Strecken zurückzulegen. Das ist ganz wunderbar, wenn es in die richtige Richtung geht. Das kann zum Beispiel eine Begegnung mit jemandem sein, der dir einen tollen Kontakt vermittelt. Oder dass du unerwartet und kurzfristig die Möglichkeit einer Ausbildung bekommst, auf deren Warteliste du für das nächste Jahr stehst, doch jetzt ist jemand krank geworden. In solchen Fällen sagen wir Ja zum Express-Ticket. Und genießen es.

Tipps zur Alltagspraxis

Um deinen täglichen Weg zu gehen, hilft es, immer zwei Begleiter an deiner Seite zu haben: Fokus und Fortschritt. Fokus führt dabei zu Fortschritt. Und Fokus erfordert deine Präsenz. Um wirklich präsent zu sein, ist es unabdingbar, im Herzen zu sein. Doch oftmals schießt uns der Alltag in den Kopf, und der Verstand übernimmt das Zepter. Wir finden uns zwischen To-do-Listen, Plänen und Deadlines wieder. Und so verlieren wir den tieferen Sinn unseres Tuns aus dem Fokus – unseren Nordstern.

Als Erstes gilt es also, unseren Fokus wiederzufinden. Dabei helfen dir im täglichen Leben die folgenden drei Fragen:

1. Wozu? Erinnere dich an deine Vision und leg den Fokus für den Tag fest.
2. Was muss ich tun, wirklich? Kläre deine Energie und setze Prioritäten.
3. Was würde mich stolz machen? Verbinde dich mit deinen Seelenempfindungen.

Stell dir am besten jeden Morgen diese drei Fragen und verbinde dich dabei mit deinem Nordstern. Dann entscheidest du, was wirklich getan werden muss (E-Mail an Steuerberater schreiben, Abo kündigen) und was dich stolz machen würde, wenn du es tust (Yoga machen, Mama anrufen, einer Freundin schreiben).

Was den Fortschritt betrifft: Sei verbindlich dir selbst gegenüber und tue immer als Erstes die Dinge, die durch die drei Fragen auf deiner Liste gelandet sind. Für manche kommt zuerst die Pflicht und dann die Kür, andere wechseln zwischen beidem hin und her.

Durch diese drei Fragen wirst du deine Idee Schritt für Schritt in die Welt bringen, während du dich weiterhin erfüllt fühlst. Denn dein Tun folgt einem höheren Ziel – deinem Nordstern.

> **Impuls**
> **Fünf für den Fortschritt**
> Wähle für jeden Tag fünf Aktivitäten, durch die du deiner Idee, deiner Vision, deinem Nordstern näher kommst. So setzt du deinen Fokus und lässt mehrmals am Tag deine Gedanken in Richtung Ziel gehen. Du kommst ihm näher, denn die Energie folgt den Gedanken. Du kreierst einen Container von Energie, in dem deine Vision mehr und mehr greifbar wird.

Auf diese Weise kannst du mit jedem Schritt den Fluss weiter ins Fließen bringen. Leicht und mit Freude. Denn das ist es, worum es bei der femininen Energie geht: dem Impuls folgend handeln und die Vision halten. Und so deinem Reiseziel näher kommen. Die fünf Aktivitäten dürfen sich auch immer wieder verändern und deinem aktuellen Standort anpassen.

4

DIE KRONE WACHSEN LASSEN

4. Die Krone wachsen lassen

Herzlichen Glückwunsch! Du hast es bis hierher geschafft. Ich weiß, dass die Schritte nicht immer einfach waren und der Weg manchmal langwierig erschienen sein mag, und dennoch bist du hier angelangt. Im ersten Teil hast du den Boden geschaffen. Mit dem Wissen und dem Grundverständnis, das du dort bekommen hast, konntest du dann im zweiten Teil aktiv deine Wurzeln heilen und energetisieren. Die Arbeit mit den Ahnen ermöglicht dir eine Transformation auf einer tiefen Ebene, bis in die Proteine deiner DNA. Mit dieser geklärten Energie und dem erneuerten Energiefluss konntest du dich im dritten Teil deinem eigenen Sein widmen. Durch kraftvolle Wurzeln entsteht ein starker Stamm, und deine Vision bestimmt die Wuchsrichtung.

In diesem Teil nun geht es um das Wachstum deiner Krone. Es geht im wahrsten Sinne des Wortes darum, dir deine Krone aufzusetzen. Du wirst herausfinden, wie du nicht nur deine eigene Krone wachsen lassen kannst, sondern auch zu einer guten Ahnin wirst. Denn so, wie wir das Resultat der Gebete unserer Ahnen sind, beeinflusst auch unser Sein und Tun das derjenigen, die nach uns kommen. Unabhängig davon, ob wir eine Linie biologisch durch eigene Kinder weiterführen, ob wir Kinder adoptieren oder kinderfrei unser Leben gestalten. Unsere Handlungen und unsere Energie beeinflussen all die Frauen und Mädchen, die nach uns kommen. Denn die Mädchen sehen die Frauen, die vor ihnen gehen. Ihre Klarheit in den Handlungen, ihre Stärke in ihrem Gang, ihre Weiblichkeit im Schwung der Hüften.

Ich selbst habe einige Zeit gebraucht, bis ich die Reichweite meiner Handlungen und damit der Früchte, die aus meiner Krone entstehen, begriffen habe. Bis ich einmal bemerkt habe, wie mich ein kleines Mädchen beobachtet hat. Ich hatte eines meiner bodenlangen fließenden Kleider an, roten Lippenstift aufgetragen und aß mit Genuss ein Eis. Ich war vollkommen in meiner Energie und im Moment. Und als ich mich umschaute, sah ich dieses junge Mädchen, wie es mich mit großen Augen anschaute. In dem Moment erinnerte ich mich, wie auch ich als Mädchen andere Frauen angeblickt habe. Manche haben mich beeindruckt, und ich wünschte mir, wie sie zu sein. Es waren dabei nicht die Frauen, die dem gesellschaftlich angepassten Ideal entsprachen, sondern die Frauen, die aus der Masse herausstachen. Diejenigen, die sich trauten, bunte Kleider zu tragen, knallroten Lippenstift. Diejenigen, die zufrieden mit sich selbst wirkten. Es waren die Frauen, die auf mich wie Amazonen wirkten. Frauen, die voll und ganz ihr Ding machten, die immer etwas anders waren und dabei total zufrieden. Ich war fasziniert von den »Bösewichtinnen« in den Filmen und Erzählungen, sie hatten mehr Charakter und waren oft die unabhängigen Frauen, die sich nichts sagen ließen. Ich war fasziniert von der Schauspielerin Daniela Ziegler, die sich traute, ihre weiße Haarsträhne zu zeigen, und wollte auch so sein. Knapp dreißig Jahre später musste ich daran zurückdenken, als sich meine ersten grauen Haare genau an der Stelle zeigten. Heute trage ich meine »Hexensträhne« genau aus dem Grund. Denn ich erinnere mich daran, wie mutig und toll ich Daniela Ziegler fand. Und wer weiß, vielleicht gibt es ein kleines Mädchen, dem es mit mir so ergeht wie mir damals mit Daniela Ziegler.

4. Die Krone wachsen lassen

Impuls

Wenn du zurückdenkst, welche Frauen haben dich als Mädchen beeindruckt? Was war es, was dir an ihnen gefallen hat? Was hat dich fasziniert? Erkennst du es heute in dir wieder? Wenn ja, wie und an welchen Stellen? Wenn nein, was hat sich verändert? Was ist passiert?

Sich die Krone aufsetzen

Die eigene Krone aufzusetzen, bedeutet auch, die beste Version von dir selbst zu leben. Nicht in dem ewigen selbstoptimierenden Streben, sondern in dem dir und deiner Vision hingegebenen Sein. Für mich bedeutet das beispielsweise, dass ich mich morgens so anziehe, als ob ich zur Arbeit gehen würde, auch wenn ich »nur« zu Hause arbeite. Es bedeutet, mich fertig zu machen, auch wenn sich mein innerer Schweinehund absolut dagegen wehrt. Für mich bedeutet es, meinen täglichen Spaziergang zu machen, auch wenn mein Mindfuck meint, keine Zeit dafür zu haben. Oftmals sind es eben genau diese kleinen Dinge, die den Unterschied machen, ob ich mich wie eine Königin fühle und der Magie erlaube, durch mich zu wirken, oder eben nicht.

Dabei ist es wichtig zu erkennen, dass dies für jede von uns etwas anderes bedeuten kann. Ich habe mir beispielsweise lange eingeredet, dass ich so voll easy going produktiv sein kann, auch wenn ich nur in Leggings und T-Shirt existiere. Gleichzeitig habe ich jedoch gemerkt, dass es einen eklatanten Unterschied macht, wenn ich mich aus meiner Hauskluft schäle und umziehe. Meine

Energie ändert sich, meine Präsenz ändert sich und meine Wirksamkeit. Und damit verändern sich auch mein Tag und mein Tagesverlauf komplett. Mir geht es damit nicht um das Äußere an sich, sondern um das, was damit bewegt wird und was es bedeutet. Es ist fast wie eine Zeremonie, die die Energie verändert. Ein Teil meiner Vision ist es, voll und ganz präsent zu sein, denn nur so kann ich bewusst Schritte in Richtung meines Nordsterns machen.

Damit sind all diese kleinen Dinge Teil meines Commitments an mich selbst und an diejenigen, die nach mir kommen werden. Denn diese kleinen Schritte führen zu der großen Transformation, nach der wir uns ausrichten. Allein diese Erkenntnis mit anderen zu teilen kann einen großen Effekt haben.

Erschaffe dein Vermächtnis

Mir persönlich half das Bild einer Königin, einer, die ihr eigenes Königinnenreich hat und nicht durch Heirat Königin wird. Von Geburt an wird sie auf die Rolle vorbereitet, das Reich zu regieren. Diese Rolle ist ihr durch die früheren Generationen übergeben worden. Die Energie fließt durch ihre Wurzeln und all diejenigen, die zuvor das Reich regiert haben. Jede einzelne Ahnin wirkte mit der Absicht, ihren Nachfahren ein gutes Reich zu hinterlassen, das diese dann weiter regieren können. Dabei war es für sie relevant, dass es auch dem Volk gut geht, denn nur wenn es glücklich, zufrieden und gut genährt ist, ist die Königin gut und erfolgreich. In der Herrschaft einer Königin geht es nicht nur um die aktuelle Herrschaft, sondern um das, was sie hinterlässt. Die Menschen erinnern sich nicht an die kleinen Dinge, die sie getan hat, sondern ob sie umsichtig in die Zukunft geblickt hat – denn die Menschen erinnern sich an das, was bleibt. Daran, dass die Felder ihre Kinder ernähren konnten, dass die Flüsse Wasser spendeten, dass sie sich sicher fühlten.

Für jede Einzelne von uns gilt das Gleiche wie für die Königin. Als guten Ahnen geht es uns nicht nur darum, unser Leben im Hier und Jetzt zu genießen, sondern gleichzeitig auch ein Vermächtnis zu hinterlassen. Um dich nicht direkt zu überfordern: Es muss nicht das Schaffen eines Königinnenreiches sein. Ein Vermächtnis bedeutet in diesem Zusammenhang etwas, an das sich die Menschen im Guten erinnern. Etwas, das weiterbesteht und weitergegeben wird. Das kann eine Familientradition sein, die sich durch ihre Liebe und Verbundenheit durch die Generationen zieht und die Menschen miteinander verbindet. Das kann sein, dass du jeden Menschen anlächelst, dem du begegnest, und freundlich im Wesen bist. Dadurch fangen auch andere an zu lächeln, sie geben das Lächeln weiter. Die Erinnerung daran, dass mich im richtigen Moment – vielleicht war ich besonders traurig oder verzweifelt – jemand anlächelt, kann meinen Tag und meine Welt verändern. Dieses Geschenk gebe ich weiter. Und damit ist ein Vermächtnis geschaffen.

Ein Vermächtnis kann durch Vorbilder entstehen, denen wir in ihrem Verhalten folgen. Es kann dadurch entstehen, dass wir Menschen zuhören, sie ermutigen, ihnen einen alternativen Weg aufzeigen oder uns einfach nur im richtigen Moment Zeit nehmen. Selbstverständlich darfst du auch ein Unternehmen mit Millionenumsatz gründen, UN-Botschafterin werden oder vielleicht ja wirklich Königin – oder das Königshaus verlassen. Was mir am Herzen liegt, ist, deutlich zu machen, dass es nicht immer etwas vermeintlich Großes sein muss, um viel zu bewegen und zu verändern. Meiner Erfahrung nach ist es essenziell, einfach authentisch du selbst zu sein und dich immer daran zu erinnern, dass dich irgendwo ein kleines Mädchen sehen kann und du ihr Leben für immer verändern könntest. Positiv wie negativ.

Meine Lebensweise beispielsweise ist für viele Menschen unkonventionell, und ohne es zu beabsichtigen, habe ich dafür schon viele Rückmeldungen von Frauen bekommen, die davon inspiriert wurden und ihr eigenes Leben unter die Lupe nahmen. Ich bin glückliche Alleinstehende – denn ich kann allein stehen – und spreche offen darüber. Auch dafür bekomme ich immer wieder Rückmeldungen, dass es Frauen darin bestärkt hat, sich nicht in die nächste Beziehung zu stürzen und sich immer Raum für sich selbst zu erlauben. Dies sind Dinge, die ich nicht einmal bewusst tue, sondern die entstehen. Ich bin stolzes Mitglied und Unterstützerin von UN Women, Desert Flower Foundation, (I)NTACT und AVAAZ. Und ich spreche darüber nicht, weil ich mich hervortun möchte, sondern weil ich anderen Ideen geben will, was sie tun können. All diese kleinen Dinge lassen ein Vermächtnis entstehen und uns somit zu guten Ahninnen werden.

Ein Baum macht noch keinen Wald, doch gemeinsam können wir genügend Samen für einen Urwald entstehen lassen. Keine von uns muss die Welt allein retten, doch gemeinsam können wir ein Netz aus Samen weben, die alle miteinander aufgehen können. Und selbst wenn einer der Samen nicht aufgeht oder nicht sein volles Potenzial entfaltet, so wird er die anderen nähren. Durch deine Ahnenarbeit hast du schon die kollektive Energie verändert. Mit jedem Schritt, den du tust, webst du ein neues kollektives Bewusstsein. Und wenn du das Gefühl hast, allein zu sein, schau nicht nach vorn, sondern nach rechts und links. Dann wirst du all die Frauen sehen, die mit dir gehen. Denn keine von uns geht je allein. Wir haben immer unsere Ahnen hinter uns, unsere Schwestern neben uns und vor uns die Frauen der Zukunft, die auf uns warten.

Impuls
Wie sieht dein Vermächtnis aus? Was tust du aktuell? Was würdest du gern tun oder teilen? Und was hält dich davon ab, es zu tun? Was wäre die eine Sache, mit der du heute beginnen könntest?

Der eigene Übergang

Eine gute Ahnin zu sein bedeutet auch, sich mit der Vergänglichkeit der Dinge auseinanderzusetzen. Das ist etwas, was in unserer Gesellschaft mittlerweile komplett ausgeblendet wird. Wir negieren die Tatsache, weil wir in einer linear geprägten Gesellschaft leben und von einem Anfang und einem Ende ausgehen. Erinnern wir uns an das Bild zu Beginn des dritten Teils, wo es um das Leben der Bäume ging. Wenn wir linear denken, dass der Baum stirbt, ist dies das Ende. In Wirklichkeit passiert jedoch eine fast schon magische Transformation. Der Baum macht Platz für diejenigen, die nach ihm kommen, und durch sein Zu-Erde-Werden bleibt die Essenz erhalten. Der Baum verschwindet nicht, sondern verwandelt sich. Es ist nicht zu Ende, sondern die Form verändert sich. Damit ist es essenziell für den Wald – nicht für den einzelnen Baum –, dass jeder Baum seine Früchte und Samen in die Welt gibt. Und genau dazu braucht er eine kraftvolle Krone.

In der keltischen Tradition sowie in vielen anderen erdverbundenen Kulturen gibt es nicht die limitierende Vorstellung von einem linearen Ablauf. Es gibt keinen Anfang und kein Ende in dem westlich modern geprägten Sinne. Alles bewegt sich in Kreisläufen, die Energie verschwindet nie, sie verändert sich. In den Jahreszeiten ist es noch heute wunderbar zu erkennen. Auch die vier Himmelsrichtungen stehen symbolisch dafür, und der Lauf von Sonne und Mond erinnert uns tagtäglich daran. Die Sonne wird im Osten »geboren«. Sie ist im Süden in ihrer Lebensmitte, stirbt im Westen und transformiert sich im Norden – dort, wo wir sie nie sehen –, um dann erneut im Osten geboren zu werden.

Es gibt das Bild der göttlichen Dreifaltigkeit und der drei Aspekte der Göttin: Mädchen, Frau und weise Alte. Jedoch blenden wir auch dabei die vierte Form aus: die der Essenz. Denn die Geburt ist ebenso ein Übergang wie der Tod. Werden wir geboren, treten wir in dieses Leben ein. Und gleichzeitig verlassen wir den Raum der reinen Energie. Sterben wir, verlassen wir dieses physische Leben und treten dabei in den Raum der reinen Energie ein. Den Raum der Ahnen und der Energie, die sich später wieder in etwas physisch Greifbares materialisiert. Unsere Aufgabe ist es, uns darauf vorzubereiten.

Durch die Umstände meiner Kindheit, die Krebserkrankung meiner Mutter und ihre anschließende Begleitung krebskranker Menschen, war der Tod schon immer präsent in meinem Leben. Ich habe ihn als Kind nie als bedrohlich empfunden. Und ich habe früh die alten Riten und Bräuche kennengelernt, mit denen wir die Menschen ursprünglich begleiteten. Denn so wie unsere Vorfahren noch wussten, dass es mindestens vierzig Tage braucht, bevor ein Kind voll und ganz in der Welt angekommen ist – es ist die Zeit, in der sich das System und die Nerven auf die Welt einstellen –, so wussten sie auch, dass die Seele eine Zeit braucht, bis sie sich vollkommen vom Körper gelöst hat. In Europa wurde traditionell drei Tage Totenwache gehalten. In der Zeit wurden Kerzen aufgestellt, denn die Wärme erleichtert es der Seele, den Körper zu verlassen. Es ist das komplette Gegenteil der aktuell gängigen Praxis des schnellen Verfrachtens in den Kühlraum. Diese drei Tage wurden genutzt, um sich von den Verstorbenen zu verabschieden. Der Körper wurde gereinigt und mit Ölen einbalsamiert. Anschließend kleidete man die Verstorbenen an und legte sie wieder ins Bett. Man bettete sie zur Ruhe, und dann saßen Familie und Freunde gemeinsam im Zimmer, erzählten sich Geschichten und halfen damit nicht nur sich, sondern auch der Seele, sich zu verabschieden. Es durfte gelacht und erinnert werden. Der Tod als Übergang war ein natürlicher Bestandteil des Lebens. Man verabschiedete sich quasi bis zum nächsten Mal.

Das Wissen um diese Bräuche hat den Umgang mit dem Tod auf der mütterlichen Seite meiner Familie verändert. Meine Mutter begleitete meine Großmutter über ihren letzten Atemzug hinaus. Auch meine Oma wurde nicht sofort dem Bestatter übergeben, sondern durfte in Ruhe gehen. Meine Mutter hat ebenfalls klar für sich festgelegt, dass sie die mindestens drei Tage Übergang möchte und ebenso, dass sie anschließend in einem Friedwald in die Erde zurückkehren möchte. So, wie es unsere Vorfahren schon vor langer Zeit taten: Sie ließen sich in Embryohaltung beerdigen, in dem Wissen, dass sie in den Schoß der Mutter zurückkehren. Auch ich habe für mich klare Vorstellungen und meine Vorkehrungen getroffen. Denn ein Teil davon, eine gute Ahnin zu sein, ist eben auch, dafür zu sorgen, dass der eigene Übergang gut gestaltet wird.

Die Feier zur Beerdigung meiner Großmutter fand in einer Kapelle statt, die über und über mit Sonnenblumen geschmückt war. So hatte sie es sich gewünscht. Der Spruch zu dieser Feier war: »Der Schmetterling hat seinen Kokon verlassen.« Sie wollte eine Feier, bei der sich alle an das Gute erinnern, anstatt selbst in die Angst vorm Tod zu verfallen. Beim anschließenden Zusammenkommen gab es den von mir heiß geliebten klassischen »Beerdigungskuchen«, es wurde gelacht, und es waren viel Liebe und Dankbarkeit im Raum. Es war schön zu sehen, welches Vermächtnis meine Oma hinterlassen hatte. Es wurde sichtbar in den Menschen und spürbar in den Geschichten, die sie teilten.

Auch wenn uns der aktuelle Jugendwahn und die Illusion von Anfang und Ende manchmal mit Angst in Richtung Übergang schauen lassen, so können wir dafür sorgen, dass er doch mit Freude und Liebe gestaltet wird. Nicht nur für uns, sondern eben auch für all diejenigen, die nach uns kommen oder mit uns waren. Ich wünsche mir eine Feier mit wunderbarer Musik – ja, ich arbeite sogar an einer Playlist. Ich möchte meiner Seele ebenfalls Zeit geben, den Körper zu verlassen, und freue mich, wenn dies umgeben von Menschen, die mich lieben und schätzen, geschieht. Ich möchte ebenfalls unter einem Baum ruhen oder meine Asche über die Erde verstreut wissen. Ich wünsche mir lange Tafeln, an denen alle zusammenkommen – gesetzt den Fall, dass noch genügend Menschen da sind, um die Plätze zu füllen. Und es wird den klassischen ostwestfälischen Beerdigungskuchen geben. Für mich ist das Wissen um den Tod kein Moment der Angst, sondern einfach die Erinnerung daran, dass ich die Zeit auf dieser Seite nutze. Es ist eine Einladung dazu, eine gute Ahnin zu sein und zu werden. Bei den Takelma im Norden der USA gibt es dazu auch »Lebensfeiern«: Zusammenkünfte, in denen das Leben der Vorausgegangenen gefeiert wird.

Ordnung schaffen

Ein ganz praktischer Teil des bewusst gestalteten Überganges ist es, die eigenen Dinge in Ordnung zu halten oder in Ordnung zu bringen. Denn je weniger »offene Rechnungen« wir haben, desto leichter wird der Übergang für uns und für diejenigen, die erst mal zurückbleiben. Konkret bedeutet das: Patientenverfügung, Testament, eine Liste von Passwörtern und Zugängen, eine Information über deinen Wunsch für den Übergang. Je nachdem wie weit du deinen Übergang vorbereiten möchtest, kannst du ein Konto für deine Feierlichkeiten anlegen, aufschreiben, wie mit deinen persönlichen Gegenständen verfahren werden soll, mit deinem Altar oder mit anderen Dingen, die bei Hinterbliebenen Fragen aufwerfen könnten. Auch wenn wir oftmals den Wunsch haben, all dies zu ignorieren, so macht es doch auch einen immensen energetischen Unterschied, alles geregelt zu wissen. Und es verschafft uns selbst Klarheit.

Der Prozess als solcher kann bereits sehr klärend sein. Für mich hat es einige Prioritäten zutage gefördert, die mir vorher nicht wirklich bewusst waren. Es hat mir geholfen, einen wahren Überblick über meine Finanzen zu bekommen, was auch für das Hier und Jetzt hilfreich war. Und ich habe noch einmal genauer gespürt, was mir wirklich wichtig ist. Welche Dinge ich noch erleben möchte und was mein Herz höher schlagen lässt. Gleichzeitig habe ich festgestellt, was ich auch im Hier und Jetzt nicht mehr möchte, was mir Energie entzieht und wie ich es ändern kann. Es hat mir geholfen, mein Leben noch klarer nach meinem Nordstern auszurichten und zu merken, an welchen Stellen ich den Blick in die falsche Richtung gelenkt hatte. Ich habe nun einen Ordner, in dem ich alle wichtigen Informationen für meinen Übergang gesammelt habe. Und eine Liste mit Dingen, die ich gern noch machen will und die ich ebenso systematisch wie freudvoll abhake.

Checkliste:
Vorbereitung auf den Übergang

Mach dir über die folgenden Fragen Gedanken und leg schriftliche Unterlagen für diejenigen bereit, die Bescheid wissen sollten, wenn sich dein Übergang ankündigt. All die Dokumente kannst du in einen Ordner packen, der deutlich beschriftet ist. Dies erleichtert es deinen Hinterbliebenen, den Prozess zu gestalten.

Patientenverfügung und Patientenvollmacht
Welche intensivmedizinischen Behandlungen möchtest du in Anspruch nehmen, wenn du nach einem schweren Unfall im Koma liegst oder nach einem Schlaganfall nicht mehr urteilsfähig bist? Ist es dir wichtiger, bis zuletzt bei klarem Verstand zu sein, oder möchtest du lieber möglichst wenig Schmerzen haben? Möchtest du im Todesfall deine Organe spenden oder nicht?

Abschied
Wer soll nach deinem Tod benachrichtigt werden und auf welche Weise? Sind die aktuellen Adressen von zu benachrichtigen-

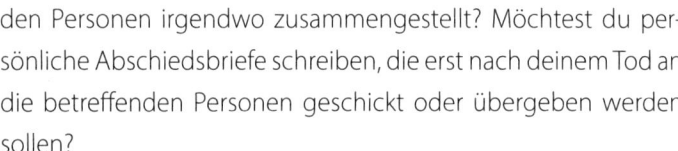

4. Die Krone wachsen lassen

den Personen irgendwo zusammengestellt? Möchtest du persönliche Abschiedsbriefe schreiben, die erst nach deinem Tod an die betreffenden Personen geschickt oder übergeben werden sollen?

Bestattung
Wünschst du dir eine Erdbestattung, eine Urnenbestattung oder möchtest du, dass deine Asche in einem See, im Meer oder an einem anderen für dich bedeutsamen Ort zu verstreut wird?

Hast du ein Konto, zu dem ein Angehöriger deines Vertrauens Zugang hat und auf dem du Geld für die Bestattung hinterlegt hast?

Todesanzeige
Möchtest du eine Todesanzeige? Ist dir etwas besonders wichtig dabei? Hast du einen Spruch, der dich berührt und der dafür verwendet werden soll?

Abschiedsfeier
Wie darf deine Abschiedsfeier aussehen? Hast du dich mit deinen Angehörigen darüber ausgetauscht? Die Feier kann für sie wichtiger sein als für dich.

Testament und Erbe
Pflichtteile für Ehepartner, direkte Nachkommen und weitere Verwandte sind gesetzlich festgelegt. Gibt es jemanden, den du darüber hinaus bedenken willst? Wichtig: Das Testament solltest du einfach zugänglich aufbewahren.

Digitale Daten

Sollen die Angehörigen Zugang zu deinen E-Mails erhalten? Willst du Zugang zu Bildern oder Daten, die du auf Plattformen geladen hast, gewähren? Sollen Profile auf sozialen Netzwerken gelöscht oder in eine Gedenkplattform umfunktioniert werden?

Hast du Zugriffsdaten wie Benutzernamen und Passwörter aller Internetkonten und -aktivitäten auf einer Liste festgehalten und welchen Umgang du mit diesen Daten wünschst?

Richte einen Online-Zugang zu deinem Bankkonto ein, inklusive Zugriff für Passwortinhaber, damit deine Angehörigen im Zweifel auf das Geld zugreifen können.

Und hier noch ein Impuls

Welche Dinge halten dich bisher davon ab, deine Angelegenheiten in Ordnung zu bringen? Was möchtest du in diesem Leben noch erleben? Welche Dinge möchtest du gehen lassen? Was kannst du dafür tun, dass sich deine Wünsche erfüllen?

Das Leben feiern

Bevor wir hinübergehen, heißt es, das Leben zu feiern! Seit ich meine Angelegenheiten geregelt habe, ist meine Energie viel mehr im Hier und Jetzt. Ich bin bewusster mit meiner Zeit und meiner Energie und möchte sie für mich nutzen. Viele Menschen kommen nie wirklich im berühmten Hier und Jetzt an, da sie sich gedanklich in der Vergangenheit befinden oder um die Zukunft kreisen. Durch die Arbeit mit unseren Ahnen können wir die Energie der Vergangenheit lösen. Durch das Klären unseres Übergangs entlasten wir die Zukunft. Wir kreieren damit mehr Raum im Hier und Jetzt. Denn schlussendlich bleibt uns nur dieser Moment, und es ist unsere Aufgabe, unsere Krone – oder auch unseren Blumenkranz – aufzusetzen und in diesem Moment aus vollem Herzen präsent zu sein. Der Tanz auf der Spirale hat keinen anderen Zweck, als ihn zu tanzen. Indem wir das Leben feiern und genießen, kreieren wir eine Energie, die uns und unser Umfeld verändert. Wir beginnen, wahrlich zu leben.

Meine Mutter beispielsweise hat die Angewohnheit, manchmal abrupt an blühenden Bäumen stehen zu bleiben und den Duft zu genießen. Als ich jünger war, fand ich das unnötig und manchmal auch peinlich. Doch mit den Jahren haben ich es schätzen gelernt, die Welt nicht nur mit dem Sehnerv zu erleben, sondern mit all meinen Sinnen. Das Leben ist dazu da, gelebt zu werden.

Du hast nun eine klare Vision und vor allem einen ganzen Trupp von Ahnen, die dich auf deinem Weg unterstützen – also erlaube es dir, dein Leben zu leben! Genieße es in vollen Zügen. Heb die gute Unterwäsche nicht für den besonderen Moment auf, der vielleicht nie kommt. Benutze das gute Geschirr und erfreue dich daran. Buche die Reise, nach der sich deine Seele sehnt, auch wenn deine Freunde lieber woandershin wollen. Traue dich, dich in den Mittelpunkt zu stellen. Zeig der Welt, was es bedeutet, eine Frau voller Lebensfreude zu sein, die vor allem Ja zu sich sagt! Hast du Angst, dabei egoistisch zu sein, dann lass dir gesagt sein: Ein Egoist fragt sich nicht, ob er egoistisch ist! Also, auf geht's!

Als Frauen haben wir erst seit nicht einmal einhundert Jahren die Chance, unser Leben so zu gestalten, wie wir es wollen. Es ist für uns als Kollektiv also ein ganz neues Gefühl, eine immer noch neue Wirklichkeit, die wir noch entdecken und für uns erfinden. Denn die Vorbilder, die wir bisher hatten, haben sich meist nach dem toxisch maskulinen System gerichtet, um das zu bekommen, was sie wollten. Nun ist es an dir, als Teil dieses Kollektivs der Frauen weltweit deinen eigenen Weg zu beschreiten und damit dieses Leben voll und ganz zu deinem zu machen. Jede einzelne Frau, die sich traut, ihren eigenen Tanzschritt zu finden, ändert die Energie im Kollektiv. Jede Frau, die einen ihrer Wünsche wahr macht, verändert das Selbstverständnis aller Frauen. Jede Frau, die ihre Stimme für sich erhebt, spricht für alle Frauen. So ist es an uns, diese neuen Wege zu beschreiten und vor allem richtig viel Freude daran zu haben. Es darf bunt sein. Wir dürfen Blumen im Haar tragen. Und vor allem dürfen wir anfangen, anderen Frauen zu applaudieren, während sie es tun.

Weiblichkeit als politisches Statement

Ich habe einige Zeit gebraucht, bis ich mir über etwas klar geworden bin. Heute weiß ich: In einem weiblichen Körper geboren zu sein, bedeutet, ein wandelndes politisches Statement zu sein. Denn solange wir immer noch keine wirkliche Gleichberechtigung haben, solange Gleichbehandlung ein noch nicht komplett umgesetztes Konzept ist, solange wir über #metoo und die damit verbundenen Erfahrungen diskutieren müssen, solange in Deutschland alle drei Tage eine Frau durch häusliche Gewalt stirbt, solange Abtreibung ein Straftatbestand ist, so lange sind wir noch nicht dort angekommen, wo wir uns als Frauen in unserem Körper und unserem Sein wirklich sicher fühlen können.

In die Welt schreiten

Unsere Lebenswelt ist immer noch völlig anders als die von Männern. Deutlich wird dies für mich immer dann, wenn ich in Gruppen Männer an der Lebenswelt vieler Frauen teilhaben lasse. Wenn sie davon sprechen, wie sie abends den gut beleuchteten Umweg wählen, anstatt die Abkürzung durch den dunklen Park. Wenn klar wird, dass sich Mädchen vorm Ausgehen doch noch einmal umziehen, da sie sich in dem Outfit, das sie gewählt hatten, in der Gegenwart von Jungs unsicher fühlen würden. Ich habe mit den Jahren gelernt, dass mein Sein eine politische Aussage ist – und dass damit auch die Art und Weise, wie ich in die Welt schreite, die Art und Weise derjenigen, die nach mir kommen, beeinflusst. Je mehr wir uns trauen, unseren Raum einzunehmen und einzufordern, desto größer wird der Spielraum für die, die nach uns kommen, und gleichzeitig natürlich auch für uns und alle, die mit uns gehen. Wie oft habe ich in meinem Leben schon gehört, ich solle nicht so kompliziert sein. Dabei hatte ich einfach klar meine Bedürfnisse geäußert und bin bei mir geblieben. Wie oft wurde mir schon gesagt, dass ich immer so vorlaut sei. Dabei war ich einfach für mich eingestanden und hatte meine Meinung gesagt. Wie oft wurde ich schräg angeschaut, wenn ich mich mit Selbstverständlichkeit nach vorn oder einfach mit an den Tisch gesetzt habe, eben weil ich mich nicht mehr in der Unsichtbarkeit verstecke.

Unsere Ahninnen sind für uns auf die Straße gegangen, haben ihre Stimmen erhoben, sind im Gefängnis gelandet oder haben sogar ihr Leben gelassen. Je mehr es mir deutlich wird, wie sehr ich von der Stärke und der Kraft dieser Ahninnen profitiere, desto mehr bin ich auch bereit, ihre Fußspuren fortzuführen. Unsere

Ahninnen haben das verbotene Wissen beschützt und es flüsternd weitergegeben – mit dem tiefen Vertrauen, dass es irgendwann wieder an die Oberfläche kommen wird. Nun ist dieser Moment da. Wir sind als Kollektiv der Frauen stärker und freier, als wir es in den letzten zweitausend Jahren waren. Es ist an uns, diesen Moment zu nutzen und sicherzustellen, dass es so bleibt.

Es ist wichtig, dass wir uns eben nicht mit dem Status quo zufriedengeben, sondern ihn kultivieren und weiterentwickeln. Dein Nordstern hilft dir, dabei deinen persönlichen Weg zu finden. Und dein Wozu für die Welt erlaubt es dir, einen weiblichen Weg zur Veränderung des Status quo zu kreieren. Dabei geht es darum, deinen Weg zu gehen und dich nicht mit anderen zu vergleichen, denn die Wahrscheinlichkeit, dass ihr Wozu das gleiche ist wie deins, ist nicht eklatant groß.

Weiblichkeit als politisches Statement bedeutet, die Herausforderung unserer Ahninnen zu ehren und unsere Freiheit zu leben. Es bedeutet, unseren eigenen Ausdruck des Potenzials unserer Linie zu finden. Es bedeutet, uns zu erlauben, unsere Krone aufzusetzen und zu strahlen.

Dein Weg

Wenn du bis hierher gelesen hast, dann kannst du dir selbst eine dicke Umarmung geben. Denn du hast dich bereitwillig deinem eigenen Prozess gegenüber committet. Ich weiß, dass dies kein »klassisches Selbsthilfebuch« ist. Es ist eine Inspiration und Hilfestellung dafür, unseren ureigenen Weg zu finden. Und der erfordert es eben, dass wir unsere Schritte gehen, auch wenn es mal holprig ist oder unangenehm wird. Der Weg erfordert die Bereitschaft, immer wieder einen Schritt vor den anderen zu setzen, auch wenn uns die Wolken manchmal den Weg versperren und der Regen dazu führt, dass wir uns einfach nur verkriechen wollen. Doch Regen ist Segen, er nährt die Wurzeln und hilft uns, im Fluss zu bleiben. Und so wie sich alles in Zyklen bewegt, bewegen auch wir uns in Zyklen. Manchmal voller Energie, manchmal mit dem Bedürfnis nach Rückzug. Manchmal begegnen wir unserem inneren Zwilling, manchmal steuern wir selbst in den höchsten Wellen zielstrebig auf den Nordstern zu.

Wo auch immer du dich befindest, sei gut mit dir. Bleib im Gespräch mit deinen Ahnen, sie weisen dir den Weg. Und an manchen Tagen reicht es, einfach einen Schritt mit einer stimmigen Intention zu machen. Wenn wir über Weiblichkeit als politisches Statement sprechen, gehört auch feminine Energie als Evolution dazu. Denn in der femininen Energie erkennen wir, dass Rast Widerstand zum ewig tuenden Patriarchat ist. Der eine Schritt, den du mit der für dich stimmigen Intention tust, kann daher auch sein, dass du eine bewusste Pause einlegst. Dass du einfach vor deinem Ahnenaltar sitzt und deinen Vorfahren lauschst. Es kann der Entschluss sein, Raum für eine Zeremonie zu schaffen und den Rest des Tages die daraus entstandene Energie zu spüren. Der Trick ist, nicht mehr zu tun, um mehr zu erreichen. Der Trick ist, die Dinge aus einem Impuls heraus und mit Intention anzugehen. Dann bekommen sie eine Dynamik und Energie, die größer ist als alles Tun.

Hingabe ist in ihrem Kern tief feminin. Dich etwas hinzugeben, bedeutet, den natürlichen Rhythmus zu ehren. Dich deiner Reise hinzugeben, bedeutet, auch deinen eigenen Rhythmus zu ehren. Wenn wir tief einatmen, dann gehört eben auch ein tiefes Ausatmen dazu. Das Ehren dieser Rhythmen und die Hingabe an die natürlichen Bewegungen der Erde sind urweiblich und folgen der femininen Energie. Dies zu leben ist tief politisch, denn es fordert das aktuelle patriarchale System des ewigen Beschäftigtseins heraus. Es hinterfragt die vermeintliche Tatsache, dass nur wer arbeitet etwas wert sei, und öffnet neue Räume. Dich auf diese Räume einzulassen kann herausfordernd sein. Es kann viele alte Glaubenssätze hochbringen, denn unsere Ahnen waren noch mehr in diesen Systemen verhaftet, und Arbeit hatte noch mehr mit Existenz als mit Status zu tun. Wenn du merkst, dass du im Ausatmen, im Ruhen, in der Hingabe getriggert wirst, dann nutze die Zeremonien, die du im zweiten Teil kennengelernt hast. Finde deinen Guide für das Durchbrechen des patriarchalen Konstruktes und lass dich leiten. Du hast die Kraft und die Macht, deine Linie energetisch aus diesem System zu befreien und somit eine neue Power in die Linie zu bringen. Für dich und alle, die dir folgen werden.

Quellenverzeichnis und Download-Link

1 Joseph Tafur: *Der Spirit von Ayahuasca. Uralte Pflanzenzeremonien für Heilung und spirituelles Erwachen.* Arkana 2019, Seite 289.
2 Wiedergegeben beispielsweise in einer Schrift des Wissenschaftlichen Dienstes des Deutschen Bundestages zur Transgenerationalen Traumatisierung. Vgl. unter: https://www.bundestag.de/resource/blob/501186/5cab3d455ea7c85a1dfbd7ce458d499a/WD-1-040-16-pdf-data.pdf (Stand: 03.03.2020).
3 Mehr Infos unter: www.gabriele-uhlmann.de/patriarchat (Stand: 03.03.2020).
4 Florian Huber: *Kind, versprich mir, dass du dich erschießt. Der Untergang der kleinen Leute 1945.* Berlin Verlag 2015, Seite 253 f.

Download-Link für die Ahnenzeremonien und die Worksheets zu den Übungen
www.randomhouse.de/Du-bist-die-Antwort

Register

Adoption 50
Adoptivfamilie 29, 50
Ahnen passim
- Begegnung mit 15
- friedvolle 51 ff., 79
- Kontakt zu 57 f., 72, 164
- nicht friedvolle 51, 79, 99
- Ort und 58, 139–145
- potenzielle 68
- vergessene 131, 133
Ahnenaltar 58 f., 61, 63, 165
- Aktivierung des 65
- Zweck des 59, 71
Ahnenarbeit 8, 98, 166, 200, 224
- Basis der 49–54
- Familiensystem und 11, 24
- Frau und 102
- friedvolle Ahnen und 54
- Impulse der 115
- klassische 9
- kollektive 142
- kollektive Energie und 237
- kulturelle Heilung und 11
Ahnenbuch 49
Ahnenforschung 14, 49
Ahnen-Guide 74, 80 ff.
- Suche nach 85
Ahnenkommunikation 56 f., 145
Ahnen-Mentor 89, 91
Ahnenteam 79–97
- Heilungsarbeit mit 97
- Transformationsarbeit mit 97
Ahnentraditionen 29
Ahnentrauma 120

Ahnenverehrung 60
Anfang, Ende und 150 f., 238 f., 241

Bewusstsein 29
- kollektives 142, 237
- mystisches 36
- spirituelles 37

Challenge 173 ff., 195
- Commitment und 173
Christentum 30, 60
Christianisierung 37, 58, 80, 102, 140, 144
Commitment 174, 195

DNA 10, 28, 33, 52, 98, 116, 170
- Ebenen der 38
- emotionale 15, 32 f., 36, 117
- physische 32 f.
- spirtuelle 31, 36 f.
- Transformation und 232

Emotionalkörper 34 ff.
- Energiekörper des 35
Energie 26 f., 29, 31, 78, 99, 202 f., 219, 239, 245 ff.
- Ahnenlinie und 42, 130
- feminine 162 f., 173 f., 230, 232, 250 f.
- kollektive 112, 237
- Schock, Unfall und 129
- Sein und 115
- Trauma und 118

- wahre Bedürfnisse und 206
- Worte und 200 f.
Epigenetik 28, 33 f., 116
Epigenom 34
Erfüllung 156, 227
- innere 163
Erleuchtung 7 f., 19 f.
- Verkörperung und 227
Essenz 101, 148–153, 159, 238 f.

Familie 10 f., 14 f., 23 f., 44 f., 49, 63, 149, 194 f.
- Tabuthema in 122
Familienaufstellung 22
Familienmitglied, verschwiegenes 133
Familiensystem 11, 24, 38, 40, 148
Familientraumata 148
Flexibilität 223
Fokus 76, 78, 98, 172, 205
- Fortschritt und 228
Fortschritt 160, 229
Frau 136 f., 159, 162 f., 169
- DNA und 102
- Kollektiv der 71, 246 f., 249
- Lebenswelt der 9, 248
- Missachtung der 102
- Selbstverständnis der 247
Freiheit 207, 223, 249

Geheimnisse 25, 130 f.
Genom 34
Glaubenssatz 25, 28
- Auflösung des 97, 103–106, 109, 251
- übertragener 104

Gleichberechtigung 247
Grundcommitment 225 f.
Grundenergie 100, 164, 222

Heilung 8, 75, 99, 130, 139
- Ahnenlinie und 11, 59, 62, 80, 148, 153
- kulturelle 11
- spirituelle 36
- ungünstiger Glaubenssatz und 97
Hexenverfolgung 28, 37
Hingabe 174, 225, 250

Intention 64, 66, 71, 75 ff., 79, 97, 99, 250
- Heilung und 75

Kampfenergie 195
Karriere-Ahnin 71
Kind, uneheliches 132
Kinderfreiheit 137, 139
Kinderlosigkeit siehe Kinderfreiheit
Kolonialisierung 80, 139
Kopfenergie 216
Kraftplatz 64, 97, 141
Krafttier 83, 93
Kulturalisierung 80

Lebensenergie 25
Leistungsprinzip 160
Liebe 21, 70, 78, 80, 100, 110, 113, 174, 188, 194, 201, 208, 241

Materie, Geist und 98
Missbrauch 11, 33, 39, 41, 119
Missionierung 59, 80, 139
Muster 8 f., 14, 17, 41, 43, 104, 133
- epigenetische 52
- familiäre 11, 148
- spirituelle 98

Nordstern 149, 162 f., 171 ff., 178 f., 194, 226 ff., 249
- Bestimmung, Tun und 182 f.
- Beziehung, Liebe und 188 f.
- dritte Spitze 186 f.
- erste Spitze 182 f.
- fünf Spitzen des 177
- fünfte Spitze 189 f.
- Gesundheit, Körper und 184 f.
- Spiritualität, Seele und 189 f.
- vierte Spitze 188 f.
- Wohlstand, Finanzen und 186 f.
- zweite Spitze 184 f.

Passion 164, 201
Patriarchat 102 f., 136 f., 169, 178, 250
Potenzial 7, 175, 237
- Ahnen-Guide und 80, 101
- Freiheit und 249
- seelisches 224, 227
- Trauma und 45

Retraumatisierung 41
Ritual 73, 77 f.

Schmerz 11, 80, 116, 142
- kollektiver 116
Schöpfung 150, 177 f.
- Essenz der 152 f.
Schöpfungsenergie, feminine 177
Schutzengel 52, 81, 83, 93, 108
Seele 69, 78 f., 98 f., 162, 169, 179, 189, 240
- Potenzial der 175, 224
Seelenempfindung 218 ff.
Seelenheimat 172
Seelenzweck 173
Spirale 168, 170
- des Seins 148
- Tanz auf 167 f., 246
Spirit 35 ff., 59, 67
Spirit Guide 81, 83 ff., 93, 143, 180
Spiritualität 37
- Kern der 19
- Erleuchtung und 19
- europäische 144
- feminine 102
- westliche 7, 19
Stammbaum 11, 27, 49
Standortbestimmung 172, 176, 191
Stella Polaris siehe Nordstern
Struktur, patriarchale 132
System, patriarchales 154, 169, 251

Tod 29, 42 f., 52, 56, 70, 151, 239 ff.
- unerwarteter 130
- früher 133
Trauma 11, 23, 25, 28, 38 f., 40–45, 116 f.

- Ahnenlinie und 45
- auflösen 122 f.
- DNA und 33
- epigenetisches 103
- Flucht und 119 f.
- historisches 41 f., 102, 126
- in Ahnenlinie 117–121
- individuelles 41
- kollektives 41, 117
- Missbrauch und 119
- Nachkommen und
- Schock und 129 f.
- soziales 41 f.
- Unfall und 129

Übergang 238, 240 f.
- bewusster 242
- Checkliste für 243 ff.
Übung (Das Jetzt beleuchten) 182–190
Übung (Dein Unique Soul Purpose) 214–218
Übung (Dein Wozu für dich) 208–213
Übung (Deine Werte) 196 ff.
Übung (Klarheit durch Kontrast) 192 f.
Unique Soul Purpose (USP) 173, 214, 217 ff.

Vergänglichkeit 238
Verhaltensweisen 17, 33, 40, 51, 98, 175
- kollektive 10
- neue 224

Vermächtnis 235 ff.
Verstandesenergie 216
Vision 8 f., 11, 23, 73, 80, 138 f., 148 ff., 154, 159, 167–176, 179, 223–227
- Ursachenforschung und 202
Visionsarbeit 207, 219
Visionsenergie, feminine 221

Wachstum 160
Weiblichkeit 247, 249 f.
Wurzeln 10 f., 22, 24 f., 27, 31, 60, 91, 119, 165 f., 232
- spirituelle 62

Zeremonie 9, 11, 48, 72 f., 97 ff., 131, 135, 142
- Elemente der 76, 78
- Grundlagen der 74–79
- Intention und 77
- Kraft der 114 ff.
Zeremonie (Ahnen-Guide) 82–88
Zeremonie (Ahnen-Mentor) 92–96
Zeremonie (ausgeschlossene Ahnen) 134 f.
Zeremonie (Glaubenssatz) 107–114
Zeremonie (Trauma) 124–129
Zeremonienarbeit 73
Zielwert 194 f., 223
Zweckwert 194 f., 223
- Intention und 195